T&P BOOKS

TAILANDESE
VOCABOLARIO

PER STUDIO AUTODIDATTICO

ITALIANO-
TAILANDESE

Le parole più utili
Per ampliare il proprio lessico e affinare
le proprie abilità linguistiche

7000 parole

Vocabolario Italiano-Thailandese per studio autodidattico - 7000 parole
Di Andrey Taranov

I vocabolari T&P Books si propongono come strumento di aiuto per apprendere, memorizzare e revisionare l'uso di termini stranieri. Il dizionario si divide in vari argomenti che includono la maggior parte delle attività quotidiane, tra cui affari, scienza, cultura, ecc.

Il processo di apprendimento delle parole attraverso i dizionari divisi in liste tematiche della collana T&P Books offre i seguenti vantaggi:

- Le fonti d'informazione correttamente raggruppate garantiscono un buon risultato nella memorizzazione delle parole
- La possibilità di memorizzare gruppi di parole con la stessa radice (piuttosto che memorizzarle separatamente)
- Piccoli gruppi di parole facilitano il processo di apprendimento per associazione, utile al potenziamento lessicale
- Il livello di conoscenza della lingua può essere valutato attraverso il numero di parole apprese

T&P Books Publishing
www.tpbooks.com

ISBN: 978-1-78767-245-1

Questo libro è disponibile anche in formato e-book.
Visitate il sito www.tpbooks.com o le principali librerie online.

VOCABOLARIO THAILANDESE
per studio autodidattico

I vocabolari T&P Books si propongono come strumento di aiuto per apprendere, memorizzare e revisionare l'uso di termini stranieri. Il vocabolario contiene oltre 7000 parole di uso comune ordinate per argomenti.

- Il vocabolario contiene le parole più comunemente usate
- È consigliato in aggiunta ad un corso di lingua
- Risponde alle esigenze degli studenti di lingue straniere sia essi principianti o di livello avanzato
- Pratico per un uso quotidiano, per gli esercizi di revisione e di autovalutazione
- Consente di valutare la conoscenza del proprio lessico

Caratteristiche specifiche del vocabolario:

- Le parole sono ordinate secondo il proprio significato e non alfabeticamente
- Le parole sono riportate in tre colonne diverse per facilitare il metodo di revisione e autovalutazione
- I gruppi di parole sono divisi in sottogruppi per facilitare il processo di apprendimento
- Il vocabolario offre una pratica e semplice trascrizione fonetica per ogni termine straniero

Il vocabolario contiene 198 argomenti tra cui:

Concetti di Base, Numeri, Colori, Mesi, Stagioni, Unità di Misura, Abbigliamento e Accessori, Cibo e Alimentazione, Ristorante, Membri della Famiglia, Parenti, Personalità, Sentimenti, Emozioni, Malattie, Città, Visita Turistica, Acquisti, Denaro, Casa, Ufficio, Lavoro d'Ufficio, Import-export, Marketing, Ricerca di un Lavoro, Sport, Istruzione, Computer, Internet, Utensili, Natura, Paesi, Nazionalità e altro ancora ...

INDICE

GUIDA ALLA PRONUNCIA

Alfabeto fonetico T&P	Esempio thailandese	Esempio italiano

Vocali

[a]	ห้า [hâ:] – hâa	macchia
[e]	เป็นลม [pen lom] – bpen lom	meno, leggere
[i]	วินัย [wí? naj] – wí–nai	vittoria
[o]	โกน [ko:n] – gohn	notte
[u]	ขุ่นเคือง [kʰùn kʰɯ:aŋ] – khùn kheuang	prugno
[aa]	ราคา [ra: kʰa:] – raa–khaa	scusare
[oo]	ภูมิใจ [pʰu:m tɕaj] – phoom jai	discutere
[ee]	บัญชี [ban tɕʰi:] – ban–chee	scacchi
[eu]	เดือน [dɯ:an] – deuan	Come [u], vocale posteriore alta, ma senza le labbra arrotondate.
[er]	เงิน [ŋɤn] – ngern	Come [o], vocale posteriore, ma senza le labbra arrotondate.
[ae]	แปล [plɛ:] – bplae	essere
[ay]	เลข [lê:k] – lâyk	essere
[ai]	ไปป [paj] – bpai	marinaio
[oi]	โพย [pʰo:j] – phoi	vassoio
[ya]	สัญญา [sǎn ja:] – sǎn–yaa	piazza
[oie]	อบเชย [?òp tɕʰɤ:j] – òp–choie	Combinazione [ə:i]
[ieo]	หน้าเชียว [nâ: si:aw] – nâa sieow	KIA (auto)

Consonanti iniziali

[b]	บาง [ba:ŋ] – baang	bianco
[d]	สีแดง [sǐ: dɛ:ŋ] – sěe daeng	doccia
[f]	มันฝรั่ง [man fà ràŋ] – man fà–ràng	ferrovia
[h]	เฮลซิงกิ [he:n siŋ kì?] – hayn–sing–gì	[h] aspirate
[y]	ยี่สิบ [jî: sìp] – yêe sìp	New York
[g]	กรง [kroŋ] – grorng	guerriero
[kh]	เลขา [le: kʰǎ:] – lay–khǎa	[k] aspirate
[l]	เล็ก [lék] – lék	saluto
[m]	เมลอน [me: lɔ:n] – may–lorn	mostra
[n]	หนัง [nǎŋ] – nǎng	notte
[ng]	เงือก [ŋɯ:ak] – ngêuak	fango
[bp]	เป็น [pen] – bpen	pieno
[ph]	เผา [pʰàw] – phào	[p] aspirate
[r]	เบอร์รี่ [bɤ: rî:] – ber–rêe	ritmo, raro
[s]	ซ่อน [sôn] – sôrn	sapere
[dt]	ดนตรี [don tri:] – don–dtree	tattica
[j]	ปั้นจั่น [pân tɕàn] – bpân jàn	come [tch] ma più schiacciato

Alfabeto fonetico T&P	Esempio thailandese	Esempio italiano
[ch]	วิชา [wiʔ tɕʰaː] – wí–chaa	[tsch] aspirate
[th]	แถว [tʰɛːw] – thǎe	[t] aspirate
[w]	เคียว [kʰiːaw] – khieow	week-end

Consonanti finali

[k]	แม่เหล็ก [mɛː lèk] – mâe lèk	cometa
[m]	เพิ่ม [pʰɤːm] – phêrm	mostra
[n]	เนียน [niːan] – nian	notte
[ng]	เป็นห่วง [pen hùːaŋ] – bpen hùang	fango
[p]	ไม่ขยับ [mâj kʰà ja p] – mâi khà–yàp	pieno
[t]	ลูกเป็ด [lûːk pèt] – lôok bpèt	tattica

Note di commento

Tono medio - [ā] การคูณ [gaan khon]
Tono basso - [à] แจกจ่าย [jàek jàai]
Tono decrescente - [â] แต่ม [dtâem]
Tono alto - [á] แซ็กโซโฟน [sáek-soh-fohn]
Tono crescente - [ǎ] เนินเขา [nern khǎo]

ABBREVIAZIONI
usate nel vocabolario

Italiano. Abbreviazioni

agg	-	aggettivo
anim.	-	animato
avv	-	avverbio
cong	-	congiunzione
ecc.	-	eccetera
f	-	sostantivo femminile
f pl	-	femminile plurale
fem.	-	femminile
form.	-	formale
inanim.	-	inanimato
inform.	-	familiare
m	-	sostantivo maschile
m pl	-	maschile plurale
m, f	-	maschile, femminile
masc.	-	maschile
mil.	-	militare
pl	-	plurale
pron	-	pronome
qc	-	qualcosa
qn	-	qualcuno
sing.	-	singolare
v aus	-	verbo ausiliare
vi	-	verbo intransitivo
vi, vt	-	verbo intransitivo, transitivo
vr	-	verbo riflessivo
vt	-	verbo transitivo

CONCETTI DI BASE

Concetti di base. Parte 1

1. Pronomi

tu	คุณ	khun
lui	เขา	khǎo
lei	เธอ	ther
esso	มัน	man
noi	เรา	rao
voi	คุณทั้งหลาย	khun tháng lǎai
Lei	คุณ	khun
Voi	คุณทั้งหลาย	khun tháng lǎai
loro (masc.)	เขา	khǎo
loro (fem.)	เธอ	ther

2. Saluti. Convenevoli. Saluti di congedo

Salve!	สวัสดี!	sà-wàt-dee
Buongiorno!	สวัสดี ครับ/ค่ะ!	sà-wàt-dee khráp/khâ
Buongiorno! (la mattina)	อรุณสวัสดิ์!	a-run sà-wàt
Buon pomeriggio!	สวัสดีตอนบ่าย	sà-wàt-dee dtorn-bàai
Buonasera!	สวัสดีตอนค่ำ	sà-wàt-dee dtorn-khâm
salutare (vt)	ทักทาย	thák thaai
Ciao! Salve!	สวัสดี!	sà-wàt-dee
saluto (m)	คำทักทาย	kham thák thaai
salutare (vt)	ทักทาย	thák thaai
Come sta?	คุณสบายดีไหม?	khun sà-baai dee mǎi
Come stai?	สบายดีไหม?	sà-baai dee mǎi
Che c'è di nuovo?	มีอะไรใหม?	mee à-rai mài
Arrivederci!	ลาก่อน!	laa gòrn
Ciao!	บาย!	baai
A presto!	พบกันใหม่	phóp gan mài
Addio! (inform.)	ลาก่อน!	laa gòrn
Addio! (form.)	สวัสดี!	sà-wàt-dee
congedarsi (vr)	บอกลา	bòrk laa
Ciao! (A presto!)	ลาก่อน!	laa gòrn
Grazie!	ขอบคุณ!	khòrp khun
Grazie mille!	ขอบคุณมาก!	khòrp khun mâak
Prego	ยินดีช่วย	yin dee chûay
Non c'è di che!	ไม่เป็นไร	mâi bpen rai
Di niente	ไม่เป็นไร	mâi bpen rai

Scusa!	ขอโทษที!	khŏr thôht thee
Scusi!	ขอโทษ ครับ/ค่ะ!	khŏr thôht khráp / khâ
scusare (vt)	ให้อภัย	hâi a-phai
scusarsi (vr)	ขอโทษ	khŏr thôht
Chiedo scusa	ขอโทษ	khŏr thôht
Mi perdoni!	ขอโทษ!	khŏr thôht
perdonare (vt)	อภัย	a-phai
Non fa niente	ไม่เป็นไร!	mâi bpen rai
per favore	โปรด	bpròht
Non dimentichi!	อย่าลืม!	yàa leum
Certamente!	แน่นอน!	nâe norn
Certamente no!	ไม่ใช่แน่!	mâi châi nâe
D'accordo!	โอเค!	oh-khay
Basta!	พอแล้ว	phor láew

3. Numeri cardinali. Parte 1

zero (m)	ศูนย์	sŏon
uno	หนึ่ง	nèung
due	สอง	sŏrng
tre	สาม	săam
quattro	สี่	sèe
cinque	ห้า	hâa
sei	หก	hòk
sette	เจ็ด	jèt
otto	แปด	bpàet
nove	เก้า	gâo
dieci	สิบ	sìp
undici	สิบเอ็ด	sìp èt
dodici	สิบสอง	sìp sŏrng
tredici	สิบสาม	sìp săam
quattordici	สิบสี่	sìp sèe
quindici	สิบห้า	sìp hâa
sedici	สิบหก	sìp hòk
diciassette	สิบเจ็ด	sìp jèt
diciotto	สิบแปด	sìp bpàet
diciannove	สิบเก้า	sìp gâo
venti	ยี่สิบ	yêe sìp
ventuno	ยี่สิบเอ็ด	yêe sìp èt
ventidue	ยี่สิบสอง	yêe sìp sŏrng
ventitre	ยี่สิบสาม	yêe sìp săam
trenta	สามสิบ	săam sìp
trentuno	สามสิบเอ็ด	săam-sìp-èt
trentadue	สามสิบสอง	săam-sìp-sŏrng
trentatre	สามสิบสาม	săam-sìp-săam
quaranta	สี่สิบ	sèe sìp
quarantuno	สี่สิบเอ็ด	sèe-sìp-èt

| quarantadue | สี่สิบสอง | sèe-sìp-sǒrng |
| quarantatre | สี่สิบสาม | sèe-sìp-sǎam |

cinquanta	ห้าสิบ	hâa sìp
cinquantuno	ห้าสิบเอ็ด	hâa-sìp-èt
cinquantadue	ห้าสิบสอง	hâa-sìp-sǒrng
cinquantatre	หาสิบสาม	hâa-sìp-sǎam

sessanta	หกสิบ	hòk sìp
sessantuno	หกสิบเอ็ด	hòk-sìp-èt
sessantadue	หกสิบสอง	hòk-sìp-sǒrng
sessantatre	หกสิบสาม	hòk-sìp-sǎam

settanta	เจ็ดสิบ	jèt sìp
settantuno	เจ็ดสิบเอ็ด	jèt-sìp-èt
settantadue	เจ็ดสิบสอง	jèt-sìp-sǒrng
settantatre	เจ็ดสิบสาม	jèt-sìp-sǎam

ottanta	แปดสิบ	bpàet sìp
ottantuno	แปดสิบเอ็ด	bpàet-sìp-èt
ottantadue	แปดสิบสอง	bpàet-sìp-sǒrng
ottantatre	แปดสิบสาม	bpàet-sìp-sǎam

novanta	เก้าสิบ	gâo sìp
novantuno	เก้าสิบเอ็ด	gâo-sìp-èt
novantadue	เก้าสิบสอง	gâo-sìp-sǒrng
novantatre	เกาสิบสาม	gâo-sìp-sǎam

4. Numeri cardinali. Parte 2

cento	หนึ่งร้อย	nèung rói
duecento	สองรุอย	sǒrng rói
trecento	สามรอย	sǎam rói
quattrocento	สี่รอย	sèe rói
cinquecento	หารุอย	hâa rói
seicento	หกรุอย	hòk rói
settecento	เจ็ดรอย	jèt rói
ottocento	แปดรอย	bpàet rói
novecento	เการอย	gâo rói

mille	หนึ่งพัน	nèung phan
duemila	สองพัน	sǒrng phan
tremila	สามพัน	sǎam phan
diecimila	หนึ่งหมื่น	nèung mèun
centomila	หนึ่งแสน	nèung sǎen
milione (m)	ลาน	láan
miliardo (m)	พันลาน	phan láan

5. Numeri. Frazioni

| frazione (f) | เศษส่วน | sàyt sùan |
| un mezzo | หนึ่งสวนสอง | nèung sùan sǒrng |

| un terzo | หนึ่งส่วนสาม | nèung sùan săam |
| un quarto | หนึ่งสวนสี่ | nèung sùan sèe |

un ottavo	หนึ่งส่วนแปด	nèung sùan bpàet
un decimo	หนึ่งสวนสิบ	nèung sùan sìp
due terzi	สองส่วนสาม	sŏrng sùan săam
tre quarti	สามสวนสี่	săam sùan sèe

6. Numeri. Operazioni aritmetiche di base

sottrazione (f)	การลบ	gaan lóp
sottrarre (vt)	ลบ	lóp
divisione (f)	การหาร	gaan hăan
dividere (vt)	หาร	hăan

addizione (f)	การบวก	gaan bùak
addizionare (vt)	บวก	bùak
aggiungere (vt)	เพิ่ม	phêrm
moltiplicazione (f)	การคูณ	gaan khon
moltiplicare (vt)	คูณ	khoon

7. Numeri. Varie

cifra (f)	ตัวเลข	dtua lâyk
numero (m)	เลข	lâyk
numerale (m)	ตัวเลข	dtua lâyk

meno (m)	เครื่องหมายลบ	khrêuang măai lóp
più (m)	เครื่องหมายบวก	khrêuang măai bùak
formula (f)	สูตร	sòot

calcolo (m)	การนับ	gaan náp
contare (vt)	นับ	náp
calcolare (vt)	นับ	náp
comparare (vt)	เปรียบเทียบ	bprìap thîap

| Quanto? | เท่าไหร่? | thâo rài |
| Quanti? | กี่...? | gèe...? |

somma (f)	ผลรวม	phŏn ruam
risultato (m)	ผลลัพธ์	phŏn láp
resto (m)	ที่เหลือ	thêe lĕua

qualche ...	สองสาม	sŏrng săam
un po' di ...	นิดหน่อย	nít nòi
alcuni, pochi (non molti)	น้อย	nói
resto (m)	ที่เหลือ	thêe lĕua
uno e mezzo	หนึ่งครึ่ง	nèung khrêung
dozzina (f)	โหล	lŏh

| in due | เป็นสองส่วน | bpen sŏrng sùan |
| in parti uguali | เทาเทียมกัน | thâo thiam gan |

| metà (f), mezzo (m) | ครึ่ง | khrêung |
| volta (f) | ครั้ง | khráng |

8. I verbi più importanti. Parte 1

accorgersi (vr)	สังเกต	săng-gàyt
afferrare (vt)	จับ	jàp
affittare (dare in affitto)	เช่า	châo
aiutare (vt)	ช่วย	chûay
amare (qn)	รัก	rák

andare (camminare)	ไป	bpai
annotare (vt)	จด	jòt
appartenere (vi)	เป็นของของ...	bpen khŏrng khŏrng...
aprire (vt)	เปิด	bpèrt
arrivare (vi)	มา	maa
aspettare (vt)	รอ	ror

avere (vt)	มี	mee
avere fame	หิว	hĭw
avere fretta	รีบ	rêep

avere paura	กลัว	glua
avere sete	กระหายน้ำ	grà-hăai náam
avvertire (vt)	เตือน	dteuan
cacciare (vt)	ลา	lâa
cadere (vi)	ตก	dtòk

cambiare (vt)	เปลี่ยน	bplìan
capire (vt)	เข้าใจ	khâo jai
cenare (vi)	ทานอาหารเย็น	thaan aa-hăan yen
cercare (vt)	หา	hăa
cessare (vt)	หยุด	yùt
chiedere (~ aiuto)	เรียก	rîak

chiedere (domandare)	ถาม	thăam
cominciare (vt)	เริ่ม	rêrm
comparare (vt)	เปรียบเทียบ	bprìap thîap

| confondere (vt) | สับสน | sàp sŏn |
| conoscere (qn) | รู้จัก | róo jàk |

conservare (vt)	รักษา	rák-săa
consigliare (vt)	แนะนำ	náe nam
contare (calcolare)	นับ	náp

| contare su ... | พึ่งพา | phêung phaa |
| continuare (vt) | ทำต่อไป | tham dtòr bpai |

controllare (vt)	ควบคุม	khûap khum
correre (vi)	วิ่ง	wîng
costare (vt)	ราคา	raa-khaa
creare (vt)	สร้าง	sâang
cucinare (vi)	ทำอาหาร	tham aa-hăan

9. I verbi più importanti. Parte 2

dare (vt)	ให้	hâi
dare un suggerimento	บอกใบ้	bòrk bâi
decorare (adornare)	ประดับ	bprà-dàp
difendere (~ un paese)	ปกป้อง	bpòk bpôrng
dimenticare (vt)	ลืม	leum
dire (~ la verità)	บอก	bòrk
dirigere (compagnia, ecc.)	บริหาร	bor-rí-hǎan
discutere (vt)	หารือ	hǎa-reu
domandare (vt)	ขอ	khǒr
dubitare (vi)	สงสัย	sǒng-sǎi
entrare (vi)	เข้า	khâo
esigere (vt)	เรียกร้อง	rîak rórng
esistere (vi)	มีอยู่	mee yòo
essere (vi)	เป็น	bpen
essere d'accordo	เห็นด้วย	hěn dûay
fare (vt)	ทำ	tham
fare colazione	ทานอาหารเช้า	thaan aa-hǎan cháo
fare il bagno	ไปว่ายน้ำ	bpai wâai náam
fermarsi (vr)	หยุด	yùt
fidarsi (vr)	เชื่อ	chêua
finire (vt)	จบ	jòp
firmare (~ un documento)	ลงนาม	long naam
giocare (vi)	เล่น	lên
girare (~ a destra)	เลี้ยว	líeow
gridare (vi)	ตะโกน	dtà-gohn
indovinare (vt)	คาดเดา	khâat dao
informare (vt)	แจง	jâeng
ingannare (vt)	หลอก	lòrk
insistere (vi)	ยืนยัน	yeun yan
insultare (vt)	ดูถูก	doo thòok
interessarsi di ...	สนใจใน	sǒn jai nai
invitare (vt)	เชิญ	chern
lamentarsi (vr)	บ่น	bòn
lasciar cadere	ทิ้งให้ตก	thíng hâi dtòk
lavorare (vi)	ทำงาน	tham ngaan
leggere (vi, vt)	อ่าน	àan
liberare (vt)	ปลดปล่อย	bplòt bplòi

10. I verbi più importanti. Parte 3

mancare le lezioni	พลาด	phlâat
mandare (vt)	ส่ง	sòng
menzionare (vt)	กล่าวถึง	glàao thěung
minacciare (vt)	ขู่	khòo

mostrare (vt)	แสดง	sà-daeng
nascondere (vt)	ซ่อน	sôrn
nuotare (vi)	ว่ายน้ำ	wâai náam
obiettare (vt)	ค้าน	kháan
occorrere (vimp)	ต้องการ	dtôrng gaan
ordinare (~ il pranzo)	สั่ง	sàng

ordinare (mil.)	สั่งการ	sàng gaan
osservare (vt)	สังเกตการณ์	săng-gàyt gaan
pagare (vi, vt)	จ่าย	jàai
parlare (vi, vt)	พูด	phôot
partecipare (vi)	มีส่วนร่วม	mee sùan rûam

pensare (vi, vt)	คิด	khít
perdonare (vt)	ให้อภัย	hâi a-phai
permettere (vt)	อนุญาต	a-nú-yâat
piacere (vi)	ชอบ	chôrp
piangere (vi)	ร้องไห้	rórng hâi

pianificare (vt)	วางแผน	waang phăen
possedere (vt)	เป็นเจ้าของ	bpen jâo khŏrng
potere (v aus)	สามารถ	săa-mâat
pranzare (vi)	ทานอาหารเที่ยง	thaan aa-hăan thîang
preferire (vt)	ชอบ	chôrp

pregare (vi, vt)	ภาวนา	phaa-wá-naa
prendere (vt)	เอา	ao
prevedere (vt)	คาดหวัง	khâat wăng
promettere (vt)	สัญญา	săn-yaa
pronunciare (vt)	ออกเสียง	òrk sĭang

proporre (vt)	เสนอ	sà-nĕr
punire (vt)	ลงโทษ	long thôht
raccomandare (vt)	แนะนำ	náe nam
ridere (vi)	หัวเราะ	hŭa rór
rifiutarsi (vr)	ปฏิเสธ	bpà-dtì-sàyt

rincrescere (vi)	เสียใจ	sĭa jai
ripetere (ridire)	ซ้ำ	sám
riservare (vt)	จอง	jorng
rispondere (vi, vt)	ตอบ	dtòrp
rompere (spaccare)	แตก	dtàek
rubare (~ i soldi)	ขโมย	khà-moi

11. I verbi più importanti. Parte 4

salvare (~ la vita a qn)	กู้	gôo
sapere (vt)	รู้	róo
sbagliare (vi)	ทำผิด	tham phìt
scavare (vt)	ขุด	khùt
scegliere (vt)	เลือก	lêuak

| scendere (vi) | ลง | long |
| scherzare (vi) | ล้อเล่น | lór lên |

scrivere (vt)	เขียน	khĭan
scusare (vt)	ใหอภัย	hâi a-phai
scusarsi (vr)	ขอโทษ	khŏr thôht

sedersi (vr)	นั่ง	nâng
seguire (vt)	ไปตาม...	bpai dtaam...
sgridare (vt)	ดุดา	dù dàa
significare (vt)	หมาย	măai
sorridere (vi)	ยิ้ม	yím

sottovalutare (vt)	ดูถูก	doo thòok
sparare (vi)	ยิง	ying
sperare (vi, vt)	หวัง	wăng
spiegare (vt)	อธิบาย	à-thí-baai
studiare (vt)	เรียน	rian

stupirsi (vr)	ประหลาดใจ	bprà-làat jai
tacere (vi)	นิ่งเงียบ	nîng ngîap
tentare (vt)	พยายาม	phá-yaa-yaam
toccare (~ con le mani)	แตะตอง	dtàe dtôrng
tradurre (vt)	แปล	bplae

trovare (vt)	พบ	phóp
uccidere (vt)	ฆา	khâa
udire (percepire suoni)	ไดยิน	dâai yin
unire (vt)	สมาน	sà-măan
uscire (vi)	ออกไป	òrk bpai

vantarsi (vr)	โอ้อวด	ôh ùat
vedere (vt)	เห็น	hĕn
vendere (vt)	ขาย	khăai
volare (vi)	บิน	bin
volere (desiderare)	ตองการ	dtôrng gaan

12. Colori

colore (m)	สี	sĕe
sfumatura (f)	สีออน	sĕe òrn
tono (m)	สีสัน	sĕe săn
arcobaleno (m)	สายรุ้ง	săai rúng

bianco (agg)	สีขาว	sĕe khăao
nero (agg)	สีดำ	sĕe dam
grigio (agg)	สีเทา	sĕe thao

verde (agg)	สีเขียว	sĕe khĭeow
giallo (agg)	สีเหลือง	sĕe lĕuang
rosso (agg)	สีแดง	sĕe daeng

blu (agg)	สีน้ำเงิน	sĕe nám ngern
azzurro (agg)	สีฟ้า	sĕe fáa
rosa (agg)	สีชมพู	sĕe chom-poo
arancione (agg)	สีสม	sĕe sôm
violetto (agg)	สีมวง	sĕe mûang

marrone (agg)	สีน้ำตาล	sĕe nám dtaan
d'oro (agg)	สีทอง	sĕe thorng
argenteo (agg)	สีเงิน	sĕe ngern

beige (agg)	สีน้ำตาลอ่อน	sĕe nám dtaan òrn
color crema (agg)	สีครีม	sĕe khreem
turchese (agg)	สีเขียวแกม น้ำเงิน	sĕe khĭeow gaem náam ngern

rosso ciliegia (agg)	สีแดงเชอร์รี่	sĕe daeng cher-rêe
lilla (agg)	สีม่วงอ่อน	sĕe mûang-òrn
rosso lampone (agg)	สีแดงเขม	sĕe daeng khâym

chiaro (agg)	อ่อน	òrn
scuro (agg)	แก่	gàe
vivo, vivido (agg)	สด	sòt

colorato (agg)	สี	sĕe
a colori	สี	sĕe
bianco e nero (agg)	ขาวดำ	khăao-dam
in tinta unita	สีเดียว	sĕe dieow
multicolore (agg)	หลากสี	làak sĕe

13. Domande

Chi?	ใคร?	khrai
Che cosa?	อะไร?	a-rai
Dove? (in che luogo?)	ที่ไหน?	thêe năi
Dove? (~ vai?)	ที่ไหน?	thêe năi
Di dove?, Da dove?	จากที่ไหน?	jàak thêe năi
Quando?	เมื่อไหร่?	mêua rài
Perché? (per quale scopo?)	ทำไม?	tham-mai
Perché? (per quale ragione?)	ทำไม?	tham-mai

Per che cosa?	เพื่ออะไร?	phêua a-rai
Come?	อย่างไร?	yàang rai
Che? (~ colore è?)	อะไร?	a-rai
Quale?	ไหน?	năi

A chi?	สำหรับใคร?	săm-ràp khrai
Di chi?	เกี่ยวกับใคร?	gìeow gàp khrai
Di che cosa?	เกี่ยวกับอะไร?	gìeow gàp a-rai
Con chi?	กับใคร?	gàp khrai

Quanti?	กี่...?	gèe...?
Quanto?	เท่าไหร่?	thâo rài
Di chi?	ของใคร?	khŏrng khrai

14. Parole grammaticali. Avverbi. Parte 1

Dove?	ที่ไหน?	thêe năi
qui (in questo luogo)	ที่นี่	thêe nêe
lì (in quel luogo)	ที่นั่น	thêe nân

da qualche parte (essere ~)	ที่ใดที่หนึ่ง	thêe dai thêe nèung
da nessuna parte	ไม่มีที่ไหน	mâi mee thêe nǎi
vicino a ...	ข้าง	khâang
vicino alla finestra	ข้างหน้าต่าง	khâang nâa dtàang
Dove?	ที่ไหน?	thêe nǎi
qui (vieni ~)	ที่นี่	thêe nêe
ci (~ vado stasera)	ที่นั่น	thêe nân
da qui	จากที่นี่	jàak thêe nêe
da lì	จากที่นั่น	jàak thêe nân
vicino, accanto (avv)	ใกล้	glâi
lontano (avv)	ไกล	glai
vicino (~ a Parigi)	ใกล้	glâi
vicino (qui ~)	ใกล้ๆ	glâi glâi
non lontano	ไม่ไกล	mâi glai
sinistro (agg)	ซ้าย	sáai
a sinistra (rimanere ~)	ทางซ้าย	khâang sáai
a sinistra (girare ~)	ซ้าย	sáai
destro (agg)	ขวา	khwǎa
a destra (rimanere ~)	ข้างขวา	khâang kwǎa
a destra (girare ~)	ขวา	khwǎa
davanti	ข้างหน้า	khâang nâa
anteriore (agg)	หน้า	nâa
avanti	หน้า	nâa
dietro (avv)	ข้างหลัง	khâang lǎng
da dietro	จากข้างหลัง	jàak khâang lǎng
indietro	หลัง	lǎng
mezzo (m), centro (m)	กลาง	glaang
in mezzo, al centro	ตรงกลาง	dtrorng glaang
di fianco	ข้าง	khâang
dappertutto	ทุกที่	thúk thêe
attorno	รอบ	rôrp
da dentro	จากข้างใน	jàak khâang nai
da qualche parte (andare ~)	ที่ไหน	thêe nǎi
dritto (direttamente)	ตรงไป	dtrorng bpai
indietro	กลับ	glàp
da qualsiasi parte	จากที่ใด	jàak thêe dai
da qualche posto (veniamo ~)	จากที่ใด	jàak thêe dai
in primo luogo	ข้อที่หนึ่ง	khôr thêe nèung
in secondo luogo	ข้อที่สอง	khôr thêe sǒrng
in terzo luogo	ขอที่สาม	khôr thêe sǎam
all'improvviso	ในทันที	nai than thee
all'inizio	ตอนแรก	dtorn-râek

per la prima volta	เป็นครั้งแรก	bpen khráng râek
molto tempo prima di...	นานุก่อน	naan gòrn
di nuovo	ใหม่	mài
per sempre	ให้จบสิ้น	hâi jòp sîn

mai	ไม่เคย	mâi khoie
ancora	อีกครั้งหนึ่ง	èek khráng nèung
adesso	ตอนนี้	dtorn-née
spesso (avv)	บ่อย	bòi
allora	เวลานั้น	way-laa nán
urgentemente	อย่างเร่งด่วน	yàang râyng dùan
di solito	มักจะ	mák jà

a proposito, ...	อนึ่ง	à-nèung
è possibile	เป็นไปได้	bpen bpai dâai
probabilmente	อาจจะ	àat jà
forse	อาจจะ	àat jà
inoltre ...	นอกจากนั้น...	nôrk jàak nán...
ecco perché ...	นั้นเป็นเหตุผลที่...	nân bpen hàyt phǒn thêe...
nonostante (~ tutto)	แม้ว่า...	máe wâa...
grazie a ...	เนื่องจาก...	nêuang jàak...

che cosa (pron)	อะไร	a-rai
che (cong)	ที่	thêe
qualcosa (qualsiasi cosa)	อะไร	a-rai
qualcosa (le serve ~?)	อะไรก็ตาม	a-rai gôr dtaam
niente	ไม่มีอะไร	mâi mee a-rai

chi (pron)	ใคร	khrai
qualcuno (annuire a ~)	บางคน	baang khon
qualcuno (dipendere da ~)	บางคน	baang khon

nessuno	ไม่มีใคร	mâi mee khrai
da nessuna parte	ไม่ไปไหน	mâi bpai nǎi
di nessuno	ไม่เป็นของของใคร	mâi bpen khǒrng khǒrng khrai
di qualcuno	ของคนหนึ่ง	khǒrng khon nèung

così (era ~ arrabbiato)	มาก	mâak
anche (penso ~ a ...)	ด้วย	dûay
anche, pure	ด้วย	dûay

15. Parole grammaticali. Avverbi. Parte 2

Perché?	ทำไม?	tham-mai
per qualche ragione	เพราะเหตุผลอะไร	phrór hàyt phǒn à-rai
perché ...	เพราะว่า...	phrór wâa
per qualche motivo	ด้วยจุดประสงค์อะไร	dûay jùt bprà-sǒng a-rai

e (cong)	และ	láe
o (sì ~ no?)	หรือ	rěu
ma (però)	แต่	dtàe
per (~ me)	สำหรับ	sǎm-ràp
troppo	เกินไป	gern bpai

solo (avv)	เท่านั้น	thâo nán
esattamente	ตรง	dtrorng
circa (~ 10 dollari)	ประมาณ	bprà-maan
approssimativamente	ประมาณ	bprà-maan
approssimativo (agg)	ประมาณ	bprà-maan
quasi	เกือบ	gèuap
resto	ที่เหลือ	thêe lĕua
l'altro (~ libro)	อีก	èek
altro (differente)	อื่น	èun
ogni (agg)	ทุก	thúk
qualsiasi (agg)	ใดๆ	dai dai
molti	หลาย	lăai
molto (avv)	มาก	mâak
molta gente	หลายคน	lăai khon
tutto, tutti	ทุกๆ	thúk thúk
in cambio di ...	ที่จะเปลี่ยนเป็น	thêe jà bplìan bpen
in cambio	แทน	thaen
a mano (fatto ~)	ใชมือ	chái meu
poco probabile	แทบจะไม่	thâep jà mâi
probabilmente	อาจจะ	àat jà
apposta	โดยเจตนา	doi jàyt-dtà-naa
per caso	บังเอิญ	bang-ern
molto (avv)	มาก	mâak
per esempio	ยกตัวอย่าง	yók dtua yàang
fra (~ due)	ระหว่าง	rá-wàang
fra (~ più di due)	ทามกลาง	tâam-glaang
tanto (quantità)	มากมาย	mâak maai
soprattutto	โดยเฉพาะ	doi chà-phór

Concetti di base. Parte 2

16. Contrari

| ricco (agg) | รวย | ruay |
| povero (agg) | จน | jon |

| malato (agg) | เจ็บป่วย | jèp bpùay |
| sano (agg) | สบายดี | sà-baai dee |

| grande (agg) | ใหญ่ | yài |
| piccolo (agg) | เล็ก | lék |

| rapidamente | อย่างเร็ว | yàang reo |
| lentamente | อยางชา | yàang cháa |

| veloce (agg) | เร็ว | reo |
| lento (agg) | ชา | cháa |

| allegro (agg) | ยินดี | yin dee |
| triste (agg) | เสียใจ | sĭa jai |

| insieme | ด้วยกัน | dûay gan |
| separatamente | ตางหาก | dtàang hàak |

| ad alta voce (leggere ~) | ออกเสียง | òrk sĭang |
| in silenzio | อยางเงียบๆ | yàang ngîap ngîap |

| alto (agg) | สูง | sŏong |
| basso (agg) | ต่ำ | dtàm |

| profondo (agg) | ลึก | léuk |
| basso (agg) | ตื้น | dtêun |

| sì | ใช่ | châi |
| no | ไม่ใช่ | mâi châi |

| lontano (agg) | ไกล | glai |
| vicino (agg) | ใกล | glâi |

| lontano (avv) | ไกล | glai |
| vicino (avv) | ใกลๆ | glâi glâi |

| lungo (agg) | ยาว | yaao |
| corto (agg) | สั้น | sân |

| buono (agg) | ใจดี | jai dee |
| cattivo (agg) | เลวราย | leo ráai |

| sposato (agg) | แต่งงานแล้ว | dtàeng ngaan láew |
| celibe (agg) | เป็นโสด | bpen sòht |

| vietare (vt) | ห้าม | hâam |
| permettere (vt) | อนุญาต | a-nú-yâat |

| fine (f) | จบ | jòp |
| inizio (m) | จุดเริ่มต้น | jùt rêrm-dtôn |

| sinistro (agg) | ซ้าย | sáai |
| destro (agg) | ขวา | khwǎa |

| primo (agg) | แรก | râek |
| ultimo (agg) | สุดท้าย | sùt tháai |

| delitto (m) | อาชญากรรม | àat-yaa-gam |
| punizione (f) | การลงโทษ | gaan long thôht |

| ordinare (vt) | สั่ง | sàng |
| obbedire (vi) | เชื่อฟัง | chêua fang |

| dritto (agg) | ตรง | dtrorng |
| curvo (agg) | โค้ง | khóhng |

| paradiso (m) | สวรรค์ | sà-wǎn |
| inferno (m) | นรก | ná-rók |

| nascere (vi) | เกิด | gèrt |
| morire (vi) | ตาย | dtaai |

| forte (agg) | แข็งแรง | khǎeng raeng |
| debole (agg) | อ่อนแอ | òrn ae |

| vecchio (agg) | แก่ | gàe |
| giovane (agg) | หนุ่ม | nùm |

| vecchio (agg) | เก่าแก่ | gào gàe |
| nuovo (agg) | ใหม่ | mài |

| duro (agg) | แข็ง | khǎeng |
| morbido (agg) | อ่อน | òrn |

| caldo (agg) | อุ่น | ùn |
| freddo (agg) | หนาว | nǎao |

| grasso (agg) | อ้วน | ûan |
| magro (agg) | ผอม | phǒrm |

| stretto (agg) | แคบ | khâep |
| largo (agg) | กว้าง | gwâang |

| buono (agg) | ดี | dee |
| cattivo (agg) | ไม่ดี | mâi dee |

| valoroso (agg) | กล้าหาญ | glâa hǎan |
| codardo (agg) | ขี้ขลาด | khêe khlàat |

17. Giorni della settimana

lunedì (m)	วันจันทร์	wan jan
martedì (m)	วันอังคาร	wan ang-khaan
mercoledì (m)	วันพุธ	wan phút
giovedì (m)	วันพฤหัสบดี	wan phá-réu-hàt-sà-bor-dee
venerdì (m)	วันศุกร์	wan sùk
sabato (m)	วันเสาร์	wan săo
domenica (f)	วันอาทิตย์	wan aa-thít

oggi (avv)	วันนี้	wan née
domani	พรุ่งนี้	phrûng-née
dopodomani	วันมะรืนนี้	wan má-reun née
ieri (avv)	เมื่อวานนี้	mêua waan née
l'altro ieri	เมื่อวานซืนนี้	mêua waan-seun née

giorno (m)	วัน	wan
giorno (m) lavorativo	วันทำงาน	wan tham ngaan
giorno (m) festivo	วันนักขัตฤกษ์	wan nák-khàt-rêrk
giorno (m) di riposo	วันหยุด	wan yùt
fine (m) settimana	วันสุดสัปดาห์	wan sùt sàp-daa

tutto il giorno	ทั้งวัน	tháng wan
l'indomani	วันรุ่งขึ้น	wan rûng khêun
due giorni fa	สองวันก่อน	sŏrng wan gòrn
il giorno prima	วันก่อนหน้านี้	wan gòrn nâa née
quotidiano (agg)	รายวัน	raai wan
ogni giorno	ทุกวัน	thúk wan

settimana (f)	สัปดาห์	sàp-daa
la settimana scorsa	สัปดาห์ก่อน	sàp-daa gòrn
la settimana prossima	สัปดาห์หน้า	sàp-daa nâa
settimanale (agg)	รายสัปดาห์	raai sàp-daa
ogni settimana	ทุกสัปดาห์	thúk sàp-daa
due volte alla settimana	สัปดาห์ละสองครั้ง	sàp-daa lá sŏrng khráng
ogni martedì	ทุกวันอังคาร	túk wan ang-khaan

18. Ore. Giorno e notte

mattina (f)	เช้า	cháo
di mattina	ตอนเช้า	dtorn cháo
mezzogiorno (m)	เที่ยงวัน	thîang wan
nel pomeriggio	ตอนบาย	dtorn bàai

sera (f)	เย็น	yen
di sera	ตอนเย็น	dtorn yen
notte (f)	คืน	kheun
di notte	กลางคืน	glaang kheun
mezzanotte (f)	เที่ยงคืน	thîang kheun

secondo (m)	วินาที	wí-naa-thee
minuto (m)	นาที	naa-thee
ora (f)	ชั่วโมง	chûa mohng

mezzora (f)	ครึ่งชั่วโมง	khrêung chûa mohng
un quarto d'ora	สิบห้านาที	sìp hâa naa-thee
quindici minuti	สิบห้านาที	sìp hâa naa-thee
ventiquattro ore	24 ชั่วโมง	yêe sìp sèe · chûa mohng

levata (f) del sole	พระอาทิตย์ขึ้น	phrá aa-thít khêun
alba (f)	ใกล้รุ่ง	glâi rûng
mattutino (m)	เช้า	cháo
tramonto (m)	พระอาทิตย์ตก	phrá aa-thít dtòk

di buon mattino	ตอนเช้า	dtorn cháo
stamattina	เช้านี้	cháo née
domattina	พรุ่งนี้เช้า	phrûng-née cháo

oggi pomeriggio	บ่ายนี้	bàai née
nel pomeriggio	ตอนบ่าย	dtorn bàai
domani pomeriggio	พรุ่งนี้บ่าย	phrûng-née bàai

stasera	คืนนี้	kheun née
domani sera	คืนพรุ่งนี้	kheun phrûng-née

alle tre precise	3 โมงตรง	sǎam mohng dtrorng
verso le quattro	ประมาณ 4 โมง	bprà-maan sèe mohng
per le dodici	ภายใน 12 โมง	phaai nai sìp sǒng mohng

fra venti minuti	อีก 20 นาที	èek yêe sìp naa-thee
fra un'ora	อีกหนึ่งชั่วโมง	èek nèung chûa mohng
puntualmente	ทันเวลา	than way-laa

un quarto di ...	อีกสิบห้านาที	èek sìp hâa naa-thee
entro un'ora	ภายในหนึ่งชั่วโมง	phaai nai nèung chûa mohng
ogni quindici minuti	ทุก 15 นาที	thúk sìp hâa naa-thee
giorno e notte	ทั้งวัน	tháng wan

19. Mesi. Stagioni

gennaio (m)	มกราคม	mók-gà-raa khom
febbraio (m)	กุมภาพันธ์	gum-phaa phan
marzo (m)	มีนาคม	mee-naa khom
aprile (m)	เมษายน	may-sǎa-yon
maggio (m)	พฤษภาคม	phréut-sà-phaa khom
giugno (m)	มิถุนายน	mí-thù-naa-yon

luglio (m)	กรกฎาคม	gà-rá-gà-daa-khom
agosto (m)	สิงหาคม	sǐng hǎa khom
settembre (m)	กันยายน	gan-yaa-yon
ottobre (m)	ตุลาคม	dtù-laa khom
novembre (m)	พฤศจิกายน	phréut-sà-jì-gaa-yon
dicembre (m)	ธันวาคม	than-waa khom

primavera (f)	ฤดูใบไม้ผลิ	réu-doo bai máai phlì
in primavera	ฤดูใบไม้ผลิ	réu-doo bai máai phlì
primaverile (agg)	ฤดูใบไม้ผลิ	réu-doo bai máai phlì
estate (f)	ฤดูร้อน	réu-doo rórn

| in estate | ฤดูร้อน | réu-doo rórn |
| estivo (agg) | ฤดูรอน | réu-doo rórn |

autunno (m)	ฤดูใบไม้ร่วง	réu-doo bai máai rûang
in autunno	ฤดูใบไม้ร่วง	réu-doo bai máai rûang
autunnale (agg)	ฤดูใบไมรวง	réu-doo bai máai rûang

inverno (m)	ฤดูหนาว	réu-doo năao
in inverno	ฤดูหนาว	réu-doo năao
invernale (agg)	ฤดูหนาว	réu-doo năao
mese (m)	เดือน	deuan
questo mese	เดือนนี้	deuan née
il mese prossimo	เดือนหน้า	deuan nâa
il mese scorso	เดือนที่แลว	deuan thêe láew

un mese fa	หนึ่งเดือนก่อนหน้านี้	nèung deuan gòrn nâa née
fra un mese	อีกหนึ่งเดือน	èek nèung deuan
fra due mesi	อีกสองเดือน	èek sŏrng deuan
un mese intero	ทั้งเดือน	tháng deuan
per tutto il mese	ตลอดทั้งเดือน	dtà-lòrt tháng deuan

mensile (rivista ~)	รายเดือน	raai deuan
mensilmente	ทุกเดือน	thúk deuan
ogni mese	ทุกเดือน	thúk deuan
due volte al mese	เดือนละสองครั้ง	deuan lá sŏrng kráng

anno (m)	ปี	bpee
quest'anno	ปีนี้	bpee née
l'anno prossimo	ปีหน้า	bpee nâa
l'anno scorso	ปีที่แลว	bpee thêe láew
un anno fa	หนึ่งปีก่อน	nèung bpee gòrn
fra un anno	อีกหนึ่งปี	èek nèung bpee
fra due anni	อีกสองปี	èek sŏng bpee
un anno intero	ทั้งปี	tháng bpee
per tutto l'anno	ตลอดทั้งปี	dtà-lòrt tháng bpee

ogni anno	ทุกปี	thúk bpee
annuale (agg)	รายปี	raai bpee
annualmente	ทุกปี	thúk bpee
quattro volte all'anno	ปีละสี่ครั้ง	bpee lá sèe khráng

data (f) (~ di oggi)	วันที่	wan thêe
data (f) (~ di nascita)	วันเดือนปี	wan deuan bpee
calendario (m)	ปฏิทิน	bpà-dtì-thin

mezz'anno (m)	ครึ่งปี	khrêung bpee
semestre (m)	หกเดือน	hòk deuan
stagione (f) (estate, ecc.)	ฤดูกาล	réu-doo gaan
secolo (m)	ศตวรรษ	sà-dtà-wát

20. Orario. Varie

| tempo (m) | เวลา | way-laa |
| istante (m) | ครู่หนึ่ง | khrôo nèung |

momento (m)	ครู่เดียว	khrôo dieow
istantaneo (agg)	เพียงครู่เดียว	phiang khrôo dieow
periodo (m)	ช่วงเวลา	chûang way-laa
vita (f)	ชีวิต	chee-wít
eternità (f)	ตลอดกาล	dtà-lòrt gaan

epoca (f)	สมัย	sà-măi
era (f)	ยุค	yúk
ciclo (m)	วัฏจักร	wát-dtà-jàk
periodo (m)	ช่วง	chûang
scadenza (f)	ระยะเวลา	rá-yá way-laa

futuro (m)	อนาคต	a-naa-khót
futuro (agg)	อนาคตู	a-naa-khót
la prossima volta	ครั้งหน้า	khráng nâa
passato (m)	อดีต	a-dèet
scorso (agg)	ที่ผ่านมา	thêe phàan maa
la volta scorsa	ครั้งที่แล้ว	khráng thêe láew
più tardi	ภายหลัง	phaai lăng
dopo	หลังจาก	lăng jàak
oggigiorno	เวลานี้	way-laa née
adesso, ora	ตอนนี้	dtorn-née
immediatamente	ทันที,	than thee
fra poco, presto	อีกไม่นาน	èek mâi naan
in anticipo	ล่วงหน้า	lûang nâa

tanto tempo fa	นานมาแล้ว	naan maa láew
di recente	เมื่อเร็ว ๆ นี้	mêua reo reo née
destino (m)	ชะตากรรม	chá-dtaa gam
ricordi (m pl)	ความทรงจำ	khwaam song jam
archivio (m)	จดหมายเหตุ	jòt măai hàyt
durante ...	ระหว่าง...	rá-wàang...
a lungo	นาน	naan
per poco tempo	ไม่นาน	mâi naan
presto (al mattino ~)	ล่วงหน้า	lûang nâa
tardi (non presto)	ช้า	cháa

per sempre	ตลอดกาล	dtà-lòrt gaan
cominciare (vt)	เริ่ม	rêrm
posticipare (vt)	เลื่อน	lêuan

simultaneamente	ในเวลาเดียวกัน	nai way-laa dieow gan
tutto il tempo	อย่างถาวร	yàang thăa-won
costante (agg)	ต่อเนื่อง	dtòr nêuang
temporaneo (agg)	ชั่วคราว	chûa khraao

a volte	บางครั้ง	baang khráng
raramente	ไม่บ่อย	mâi bòi
spesso (avv)	บ่อย	bòi

21. Linee e forme

quadrato (m)	สี่เหลี่ยมจัตุรัส	sèe lìam jàt-dtù-ràt
quadrato (agg)	สี่เหลี่ยมจัตุรัส	sèe lìam jàt-dtù-ràt

cerchio (m)	วงกลม	wong glom
rotondo (agg)	กลม	glom
triangolo (m)	รูปสามเหลี่ยม	rôop săam lìam
triangolare (agg)	สามเหลี่ยม	săam lìam
ovale (m)	รูปกลมรี	rôop glom ree
ovale (agg)	กลมรี	glom ree
rettangolo (m)	สี่เหลี่ยมมุมฉาก	sèe lìam mum chàak
rettangolare (agg)	สี่เหลี่ยมมุมฉาก	sèe lìam mum chàak
piramide (f)	พีระมิด	phee-rá-mít
rombo (m)	รูปสี่เหลี่ยม	rôop sèe lìam
	ขนมเปียกปูน	khà-nŏm bpìak bpoon
trapezio (m)	รูปสี่เหลี่ยมคางหมู	rôop sèe lìam khaang mŏo
cubo (m)	ลูกบาศก์	lôok bàat
prisma (m)	ปริซึม	bprì seum
circonferenza (f)	เส้นรอบวง	sên rôrp wong
sfera (f)	ทรงกลม	song glom
palla (f)	ลูกกลม	lôok glom
diametro (m)	เส้นผ่านศูนย์กลาง	sên phàan sŏon-glaang
raggio (m)	เส้นรัศมี	sên rát-sà-mĕe
perimetro (m)	เส้นรอบวง	sên rôrp wong
centro (m)	กลาง	glaang
orizzontale (agg)	แนวนอน	naew norn
verticale (agg)	แนวตั้ง	naew dtâng
parallela (f)	เส้นขนาน	sên khà-năan
parallelo (agg)	ขนาน	khà-năan
linea (f)	เส้น	sên
tratto (m)	เส้น	sên
linea (f) retta	เส้นตรง	sên dtrorng
linea (f) curva	เส้นโค้ง	sên khóhng
sottile (uno strato ~)	บาง	baang
contorno (m)	เส้นขอบ	sâyn khòrp
intersezione (f)	เส้นตัด	sên dtàt
angolo (m) retto	มุมฉาก	mum chàak
segmento	เซกเมนต์	sâyk-mayn
settore (m)	เซกเตอร	sâyk-dtêr
lato (m)	ขาง	khâang
angolo (m)	มุม	mum

22. Unità di misura

peso (m)	น้ำหนัก	nám nàk
lunghezza (f)	ความยาว	khwaam yaao
larghezza (f)	ความกวาง	khwaam gwâang
altezza (f)	ความสูง	khwaam sŏong
profondità (f)	ความลึก	khwaam léuk
volume (m)	ปริมาณ	bpà-rí-maan
area (f)	บริเวณ	bor-rí-wayn
grammo (m)	กรัม	gram

milligrammo (m)	มิลลิกรัม	min-lí gram
chilogrammo (m)	กิโลกรัม	gì-loh gram
tonnellata (f)	ตัน	dtan
libbra (f)	ปอนด์	bporn
oncia (f)	ออนซ์	orn

metro (m)	เมตร	máyt
millimetro (m)	มิลลิเมตร	min-lí mâyt
centimetro (m)	เซ็นติเมตร	sen dtì mâyt
chilometro (m)	กิโลเมตร	gì-loh máyt
miglio (m)	ไมล์	mai

pollice (m)	นิ้ว	níw
piede (f)	ฟุต	fút
iarda (f)	หลา	lǎa

metro (m) quadro	ตารางเมตร	dtaa-raang máyt
ettaro (m)	เฮกตาร์	hêek dtaa

litro (m)	ลิตร	lít
grado (m)	องศา	ong-sǎa
volt (m)	โวลต์	wohn
ampere (m)	แอมแปร์	aem-bpae
cavallo vapore (m)	แรงม้า	raeng máa

quantità (f)	จำนวน	jam-nuan
un po' di ...	นิดหน่อย	nít nói
metà (f)	ครึ่ง	khrêung
dozzina (f)	โหล	lǒh
pezzo (m)	ส่วน	sùan

dimensione (f)	ขนาด	khà-nàat
scala (f) (modello in ~)	มาตราส่วน	mâat-dtraa sùan

minimo (agg)	น้อยที่สุด	nói thêe sùt
minore (agg)	เล็กที่สุด	lék thêe sùt
medio (agg)	กลาง	glaang
massimo (agg)	สูงสุด	sǒong sùt
maggiore (agg)	ใหญ่ที่สุด	yài têe sùt

23. Contenitori

barattolo (m) di vetro	ขวดโหล	khùat lǒh
latta, lattina (f)	กระป๋อง	grà-bpǒrng
secchio (m)	ถัง	thǎng
barile (m), botte (f)	ถัง	thǎng

catino (m)	กะทะ	gà-thá
serbatoio (m) (per liquidi)	ถังเก็บน้ำ	thǎng gèp nám
fiaschetta (f)	กระติกน้ำ	grà-dtìk nám
tanica (f)	ภาชนะ	phaa-chá-ná
cisterna (f)	ถังบรรจุ	thǎng ban-jù
tazza (f)	แก้ว	gâew
tazzina (f) (~ di caffé)	ถ้วย	thûay

piattino (m)	จานรอง	jaan rorng
bicchiere (m) (senza stelo)	แก้ว	gâew
calice (m)	แก้วไวน์	gâew wai
casseruola (f)	หม้อ	môr

| bottiglia (f) | ขวด | khùat |
| collo (m) (~ della bottiglia) | ปาก | bpàak |

caraffa (f)	คนโท	khon-thoh
brocca (f)	เหยือก	yèuak
recipiente (m)	ภาชนะ	phaa-chá-ná
vaso (m) di coccio	หม้อ	môr
vaso (m) di fiori	แจกัน	jae-gan

boccetta (f) (~ di profumo)	กระติก	grà-dtìk
fiala (f)	ขวดเล็ก	khùat lék
tubetto (m)	หลอด	lòrt

sacco (m) (~ di patate)	ถุง	thǔng
sacchetto (m) (~ di plastica)	ถุง	thǔng
pacchetto (m) (~ di sigarette, ecc.)	ซอง	sorng

scatola (f) (~ per scarpe)	กล่อง	glòrng
cassa (f) (~ di vino, ecc.)	ลัง	lang
cesta (f)	ตะกร้า	dtà-grâa

24. Materiali

materiale (m)	วัสดุ	wát-sà-dù
legno (m)	ไม้	máai
di legno	ไม้	máai

| vetro (m) | แก้ว | gâew |
| di vetro | แกว | gâew |

| pietra (f) | หิน | hǐn |
| di pietra | หิน | hǐn |

| plastica (f) | พลาสติก | pláat-dtìk |
| di plastica | พลาสติก | pláat-dtìk |

| gomma (f) | ยาง | yaang |
| di gomma | ยาง | yaang |

| stoffa (f) | ผ้า | phâa |
| di stoffa | ผา | phâa |

| carta (f) | กระดาษ | grà-dàat |
| di carta | กระดาษ | grà-dàat |

cartone (m)	กระดาษแข็ง	grà-dàat khǎeng
di cartone	กระดาษแข็ง	grà-dàat khǎeng
polietilene (m)	โพลีเอทิลีน	phoh-lee-ay-thí-leen

cellofan (m)	เซลโลเฟน	sayn loh-fayn
linoleum (m)	เสื่อน้ำมัน	sèua náam man
legno (m) compensato	ไม้อัด	máai àt
porcellana (f)	เครื่องเคลือบดินเผา	khrêuang khlêuap din phǎo
di porcellana	เครื่องเคลือบดินเผา	khrêuang khlêuap din phǎo
argilla (f)	ดินเหนียว	din nǐeow
d'argilla	ดินเหนียว	din nǐeow
ceramica (f)	เซรามิก	say-raa mík
ceramico	เซรามิก	say-raa mík

25. Metalli

metallo (m)	โลหะ	loh-hà
metallico	โลหะ	loh-hà
lega (f)	โลหะสัมฤทธิ์	loh-hà sǎm-rít
oro (m)	ทอง	thorng
d'oro	ทอง	thorng
argento (m)	เงิน	ngern
d'argento	เงิน	ngern
ferro (m)	เหล็ก	lèk
di ferro	เหล็ก	lèk
acciaio (m)	เหล็กกล้า	lèk glâa
d'acciaio	เหล็กกล้า	lèk glâa
rame (m)	ทองแดง	thorng daeng
di rame	ทองแดง	thorng daeng
alluminio (m)	อะลูมิเนียม	a-loo-mí-niam
di alluminio, alluminico	อะลูมิเนียม	a-loo-mí-niam
bronzo (m)	ทองบรอนซ์	thorng-bron
di bronzo	ทองบรอนซ์	thorng-bron
ottone (m)	ทองเหลือง	thorng lěuang
nichel (m)	นิกเกิล	ník-gêrn
platino (m)	ทองคำขาว	thorng kham khǎao
mercurio (m)	ปรอท	bpa -ròrt
stagno (m)	ดีบุก	dee-bùk
piombo (m)	ตะกั่ว	dtà-gùa
zinco (m)	สังกะสี	sǎng-gà-sěe

ESSERE UMANO

Essere umano. Il corpo umano

26. L'uomo. Concetti di base

uomo (m) (essere umano)	มนุษย์	má-nút
uomo (m) (adulto maschio)	ผู้ชาย	phôo chaai
donna (f)	ผู้หญิง	phôo yĭng
bambino (m) (figlio)	เด็ก, ลูก	dèk, lôok
bambina (f)	เด็กผู้หญิง	dèk phôo yĭng
bambino (m)	เด็กผู้ชาย	dèk phôo chaai
adolescente (m, f)	วัยรุ่น	wai rûn
vecchio (m)	ชายชรา	chaai chá-raa
vecchia (f)	หญิงชรา	yĭng chá-raa

27. Anatomia umana

organismo (m)	ร่างกาย	râang gaai
cuore (m)	หัวใจ	hŭa jai
sangue (m)	เลือด	lêuat
arteria (f)	เส้นเลือดแดง	sâyn lêuat daeng
vena (f)	เส้นเลือดดำ	sâyn lêuat dam
cervello (m)	สมอง	sà-mŏrng
nervo (m)	เส้นประสาท	sên bprà-sàat
nervi (m pl)	เส้นประสาท	sên bprà-sàat
vertebra (f)	กระดูกสันหลัง	grà-dòok sǎn-lǎng
colonna (f) vertebrale	สันหลัง	sǎn lǎng
stomaco (m)	กระเพาะอาหาร	grà phór aa-hǎan
intestini (m pl)	ลำไส้	lam sâi
intestino (m)	ลำไส้	lam sâi
fegato (m)	ตับ	dtàp
rene (m)	ไต	dtai
osso (m)	กระดูก	grà-dòok
scheletro (m)	โครงกระดูก	khrohng grà-dòok
costola (f)	ซี่โครง	sêe khrohng
cranio (m)	กะโหลก	gà-lòhk
muscolo (m)	กล้ามเนื้อ	glâam néua
bicipite (m)	กล้ามเนื้อไบเซ็ปส์	glâam néua bai-sép
tricipite (m)	กล้ามเนื้อไทรเซปส์	gglâam néua thrai-sâyp
tendine (m)	เส้นเอ็น	sâyn en
articolazione (f)	ข้อต่อ	khôr dtòr

polmoni (m pl)	ปอด	bpòrt
genitali (m pl)	อวัยวะเพศ	a-wai-wá phâyt
pelle (f)	ผิวหนัง	phǐw nǎng

28. Testa

testa (f)	หัว	hǔa
viso (m)	หน้า	nâa
naso (m)	จมูก	jà-mòok
bocca (f)	ปาก	bpàak

occhio (m)	ตา	dtaa
occhi (m pl)	ตาๆ	dtaa
pupilla (f)	รูม่านตา	roo mâan dtaa
sopracciglio (m)	คิ้ว	khíw
ciglio (m)	ขนตา	khǒn dtaa
palpebra (f)	เปลือกตา	bplèuak dtaa

lingua (f)	ลิ้น	lín
dente (m)	ฟัน	fan
labbra (f pl)	ริมฝีปาก	rim fěe bpàak
zigomi (m pl)	โหนกแก้ม	nòhk gâem
gengiva (f)	เหงือก	ngèuak
palato (m)	เพดานปาก	phay-daan bpàak

narici (f pl)	รูจมูก	roo jà-mòok
mento (m)	คาง	khaang
mascella (f)	ขากรรไกร	khǎa gan-grai
guancia (f)	แก้ม	gâem

fronte (f)	หน้าผาก	nâa phàak
tempia (f)	ขมับ	khà-màp
orecchio (m)	หู	hǒo
nuca (f)	หลังศีรษะ	lǎng sěe-sà
collo (m)	คอ	khor
gola (f)	ลำคอ	lam khor

capelli (m pl)	ผม	phǒm
pettinatura (f)	ทรงผม	song phǒm
taglio (m)	ทรงผม	song phǒm
parrucca (f)	ผมปลอม	phǒm bplorm

baffi (m pl)	หนวด	nùat
barba (f)	เครา	krao
portare (~ la barba, ecc.)	ลองไว้	lorng wái
treccia (f)	ผมเปีย	phǒm bpia
basette (f pl)	จอน	jorn

rosso (agg)	ผมแดง	phǒm daeng
brizzolato (agg)	ผมหงอก	phǒm ngòrk
calvo (agg)	หัวล้าน	hǔa láan
calvizie (f)	หัวล้าน	hǔa láan
coda (f) di cavallo	ผมทรงหางม้า	phǒm song hǎang máa
frangetta (f)	ผมม้า	phǒm máa

29. Corpo umano

mano (f)	มือ	meu
braccio (m)	แขน	khǎen
dito (m)	นิ้ว	níw
dito (m) del piede	นิ้วเท้า	níw tháo
pollice (m)	นิ้วโป้ง	níw bpôhng
mignolo (m)	นิ้วก้อย	níw gôi
unghia (f)	เล็บ	lép
pugno (m)	กำปั้น	gam bpân
palmo (m)	ฝ่ามือ	fàa meu
polso (m)	ข้อมือ	khôr meu
avambraccio (m)	แขนช่วงล่าง	khǎen chûang lâang
gomito (m)	ข้อศอก	khôr sòrk
spalla (f)	ไหล่	lài
gamba (f)	ขา	khǎa
pianta (f) del piede	เท้า	tháo
ginocchio (m)	หัวเข่า	hǔa khào
polpaccio (m)	น่อง	nôrng
anca (f)	สะโพก	sà-phôhk
tallone (m)	ส้นเท้า	sôn tháo
corpo (m)	ร่างกาย	râang gaai
pancia (f)	ท้อง	thórng
petto (m)	อก	òk
seno (m)	หน้าอก	nâa òk
fianco (m)	ข้าง	khâang
schiena (f)	หลัง	lǎng
zona (f) lombare	หลังส่วนล่าง	lǎng sùan lâang
vita (f)	เอว	eo
ombelico (m)	สะดือ	sà-deu
natiche (f pl)	ก้น	gôn
sedere (m)	ก้น	gôn
neo (m)	ไฝเสน่ห์	fǎi sà-này
voglia (f) (~ di fragola)	ปาน	bpaan
tatuaggio (m)	รอยสัก	roi sàk
cicatrice (f)	แผลเป็น	phlǎe bpen

Abbigliamento e Accessori

30. Indumenti. Soprabiti

vestiti (m pl)	เสื้อผ้า	sêua phâa
soprabito (m)	เสื้อนอก	sêua nôk
abiti (m pl) invernali	เสื้อกันหนาว	sêua gan năao
cappotto (m)	เสื้อโค้ท	sêua khóht
pelliccia (f)	เสื้อโค้ทขนสัตว์	sêua khóht khŏn sàt
pellicciotto (m)	แจคเก็ตขนสัตว์	jáek-gèt khŏn sàt
piumino (m)	แจ็คเก็ตกันหนาว	jàek-gèt gan năao
giubbotto (m), giaccha (f)	แจ๊คเก็ต	jáek-gèt
impermeabile (m)	เสื้อกันฝน	sêua gan fŏn
impermeabile (agg)	ซึ่งกันน้ำได้	sêung gan náam dâai

31. Abbigliamento uomo e donna

camicia (f)	เสื้อ	sêua
pantaloni (m pl)	กางเกง	gaang-gayng
jeans (m pl)	กางเกงยีนส์	gaang-gayng yeen
giacca (f) (~ di tweed)	แจ็คเก็ตสูท	jáek-gèt sòot
abito (m) da uomo	ชุดสูท	chút sòot
abito (m)	ชุดเดรส	chút draet
gonna (f)	กระโปรง	grà bprohng
camicetta (f)	เสื้อ	sêua
giacca (f) a maglia	แจคเก็ตถัก	jáek-gèt thàk
giacca (f) tailleur	แจคเก็ต	jáek-gèt
maglietta (f)	เสื้อยืด	sêua yêut
pantaloni (m pl) corti	กางเกงขาสั้น	gaang-gayng khăa sân
tuta (f) sportiva	ชุดวอรม	chút wom
accappatoio (m)	เสื้อคลุมอาบน้ำ	sêua khlum àap náam
pigiama (m)	ชุดนอน	chút norn
maglione (m)	เสื้อไหมพรม	sêua măi phrom
pullover (m)	เสื้อกันหนาวแบบสวม	sêua gan năao bàep sŭam
gilè (m)	เสื้อกั๊ก	sêua gák
frac (m)	เสื้อเทลโค้ต	sêua thayn-khóht
smoking (m)	ชุดทักซิโต	chút thák sí dôh
uniforme (f)	เครื่องแบบ	khrêuang bàep
tuta (f) da lavoro	ชุดทำงาน	chút tam ngaan
salopette (f)	ชุดเอี่ยม	chút íam
camice (m) (~ del dottore)	เสื้อคลุม	sêua khlum

32. Abbigliamento. Biancheria intima

biancheria (f) intima	ชุดชั้นใน	chút chán nai
boxer (m pl)	กางเกงในชาย	gaang-gayng nai chaai
mutandina (f)	กางเกงในสตรี	gaang-gayng nai sàt-dtree
maglietta (f) intima	เสื้อชั้นใน	sêua chán nai
calzini (m pl)	ถุงเท้า	thǔng tháo
camicia (f) da notte	ชุดนอนสตรี	chút norn sàt-dtree
reggiseno (m)	ยกทรง	yók song
calzini (m pl) alti	ถุงเท้ายาว	thǔng tháo yaao
collant (m)	ถุงน่องเต็มตัว	thǔng nôrng dtem dtua
calze (f pl)	ถุงน่อง	thǔng nôrng
costume (m) da bagno	ชุดว่ายน้ำ	chút wâai náam

33. Copricapo

cappello (m)	หมวก	mùak
cappello (m) di feltro	หมวก	mùak
cappello (m) da baseball	หมวกเบสบอล	mùak bàyt-bon
coppola (f)	หมวกติงลี่	mùak dting lêe
basco (m)	หูมวกเบเร่ต์	mùak bay-rây
cappuccio (m)	ฮูด	hóot
panama (m)	หมวกปานามา	mùak bpaa-naa-maa
berretto (m) a maglia	หมวกไหมพรม	mùak mǎi phrom
fazzoletto (m) da capo	ผ้าโพกศีรษะ	phâa phôhk sěe-sà
cappellino (m) donna	หมวกสตรี	mùak sàt-dtree
casco (m) (~ di sicurezza)	หมวกนิรภัย	mùak ní-rá-phai
bustina (f)	หมวกหนีบ	mùak nèep
casco (m) (~ moto)	หมวกกันน็อค	mùak ní-rá-phai
bombetta (f)	หมวกกลมทรงสูง	mùak glom song sǒong
cilindro (m)	หมวกทรงสูง	mùak song sǒong

34. Calzature

calzature (f pl)	รองเท้า	rorng tháo
stivaletti (m pl)	รองเท้า	rorng tháo
scarpe (f pl)	รองเท้า	rorng tháo
stivali (m pl)	รองเท้าบูท	rorng tháo bòot
pantofole (f pl)	รองเทาแตะในบ้าน	rorng tháo dtàe nai bâan
scarpe (f pl) da tennis	รองเท้ากีฬา	rorng tháo gee-laa
scarpe (f pl) da ginnastica	รองเท้าผ้าใบ	rorng tháo phâa bai
sandali (m pl)	รองเทาแตะ	rorng tháo dtàe
calzolaio (m)	คนซ่อมรองเท้า	khon sôrm rorng tháo
tacco (m)	สนรองเทา	sôn rorng tháo

paio (m)	คู่	khôo
laccio (m)	เชือกรองเท้า	chêuak rorng tháo
allacciare (vt)	ผูกเชือกรองเท้า	phòok chêuak rorng tháo
calzascarpe (m)	ที่ซอนรองเท้า	thêe chón rorng tháo
lucido (m) per le scarpe	ยาขัดรองเทา	yaa khàt rorng tháo

35. Tessuti. Stoffe

cotone (m)	ฝ้าย	fâai
di cotone	ฝ้าย	fâai
lino (m)	แฟลกซ์	fláek
di lino	แฟลกซ์	fláek

seta (f)	ไหม	măi
di seta	ไหม	măi
lana (f)	ขนสัตว์	khŏn sàt
di lana	ขนสัตว์	khŏn sàt

velluto (m)	กำมะหยี่	gam-má-yèe
camoscio (m)	หนังกลับ	năng glàp
velluto (m) a coste	ผ้าลูกฟูก	phâa lôok fôok

nylon (m)	ไนลอน	nai-lorn
di nylon	ไนลอน	nai-lorn
poliestere (m)	โพลีเอสเตอร์	poh-lee-àyt-dtêr
di poliestere	โพลีเอสเตอร์	poh-lee-àyt-dtêr

pelle (f)	หนัง	năng
di pelle	หนัง	năng
pelliccia (f)	ขนสัตว์	khŏn sàt
di pelliccia	ขนสัตว์	khŏn sàt

36. Accessori personali

guanti (m pl)	ถุงมือ	thŭng meu
manopole (f pl)	ถุงมือ	thŭng meu
sciarpa (f)	ผ้าพันคอ	phâa phan khor

occhiali (m pl)	แว่นตา	wâen dtaa
montatura (f)	กรอบแว่น	gròrp wâen
ombrello (m)	ร่ม	rôm
bastone (m)	ไม้เท้า	máai tháo
spazzola (f) per capelli	แปรงหวีผม	bpraeng wĕe phŏm
ventaglio (m)	พัด	phát

cravatta (f)	เนคไท	nâyk-thai
cravatta (f) a farfalla	โบว์หูกระตาย	boh hŏo grà-dtàai
bretelle (f pl)	สายเอี่ยม	săai íam
fazzoletto (m)	ผ้าเช็ดหน้า	phâa chét-nâa

pettine (m)	หวี	wĕe
fermaglio (m)	ที่หนีบผม	têe nèep phŏm

| forcina (f) | กิ๊บ | gíp |
| fibbia (f) | หัวเข็มขัด | hŭa khĕm khàt |

| cintura (f) | เข็มขัด | khĕm khàt |
| spallina (f) | สายกระเป๋า | săai grà-bpăo |

borsa (f)	กระเป๋า	grà-bpăo
borsetta (f)	กระเป๋าถือ	grà-bpăo thĕu
zaino (m)	กระเป๋าสะพายหลัง	grà-bpăo sà-phaai lăng

37. Abbigliamento. Varie

moda (f)	แฟชั่น	fae-chân
di moda	คานิยม	khâa ní-yom
stilista (m)	นักออกแบบแฟชั่น	nák òrk bàep fae-chân

collo (m)	คอปกเสื้อ	khor bpòk sêua
tasca (f)	กระเป๋า	grà-bpăo
tascabile (agg)	กระเป๋า	grà-bpăo
manica (f)	แขนเสื้อ	khăen sêua
asola (f) per appendere	ที่แขวนเสื้อ	thêe khwăen sêua
patta (f) (~ dei pantaloni)	ซิปกางเกง	síp gaang-gayng

cerniera (f) lampo	ซิป	síp
chiusura (f)	ซิป	síp
bottone (m)	กระดุม	grà dum
occhiello (m)	รูกระดุม	roo grà dum
staccarsi (un bottone)	หลุดออก	lùt òrk

cucire (vi, vt)	เย็บ	yép
ricamare (vi, vt)	ปัก	bpàk
ricamo (m)	ลายปัก	laai bpàk
ago (m)	เข็มเย็บผ้า	khĕm yép phâa
filo (m)	เส้นตาย	sây-dâai
cucitura (f)	รอยเย็บ	roi yép

sporcarsi (vr)	สกปรก	sòk-gà-bpròk
macchia (f)	รอยเปื้อน	roi bpêuan
sgualcirsi (vr)	พับเป็นรอยยน	pháp bpen roi yôn
strappare (vt)	ฉีก	chèek
tarma (f)	แมลงกินผ้า	má-laeng gin phâa

38. Cura della persona. Cosmetici

dentifricio (m)	ยาสีฟัน	yaa sĕe fan
spazzolino (m) da denti	แปรงสีฟัน	bpraeng sĕe fan
lavarsi i denti	แปรงฟัน	bpraeng fan

rasoio (m)	มีดโกน	mêet gohn
crema (f) da barba	ครีมโกนหนวด	khreem gohn nùat
rasarsi (vr)	โกน	gohn
sapone (m)	สบู่	sà-bòo

shampoo (m)	แชมพู	chaem-phoo
forbici (f pl)	กรรไกร	gan-grai
limetta (f)	ตะไบเล็บ	dtà-bai lép
tagliaunghie (m)	กรรไกรตัดเล็บ	gan-grai dtàt lép
pinzette (f pl)	แหนบ	nàep
cosmetica (f)	เครื่องสำอาง	khrêuang săm-aang
maschera (f) di bellezza	มาสกหุน้า	mâak nâa
manicure (m)	การแต่งเล็บ	gaan dtàeng lép
fare la manicure	แต่งเล็บ	dtàeng lép
pedicure (m)	การแต่งเล็บเท้า	gaan dtàeng lép táo
borsa (f) del trucco	กระเป๋าเครื่องสำอาง	grà-bpăo khrêuang săm-aang
cipria (f)	แป้งฝุ่น	bpâeng-fùn
portacipria (m)	ตลับแป้ง	dtà-làp bpâeng
fard (m)	แป้งทาแก้ม	bpâeng thaa gâem
profumo (m)	น้ำหอม	nám hŏrm
acqua (f) da toeletta	น้ำหอมออนๆ	náam hŏrm òn òn
lozione (f)	โลชั่น	loh-chân
acqua (f) di Colonia	โคโลญจ์	khoh-lohn
ombretto (m)	อายแชโดว์	aai-chae-doh
eyeliner (m)	อายไลเนอร์	aai lai-ner
mascara (m)	มาสคารา	mâat-khaa-râa
rossetto (m)	ลิปสติก	líp-sà-dtìk
smalto (m)	น้ำยาทาเล็บ	nám yaa-thaa lép
lacca (f) per capelli	สเปรย์ฉีดผม	sà-bpray chèet phŏm
deodorante (m)	ยาดับกลิ่น	yaa dàp glìn
crema (f)	ครีม	khreem
crema (f) per il viso	ครีมทาหน้า	khreem thaa nâa
crema (f) per le mani	ครีมทามือ	khreem thaa meu
crema (f) antirughe	ครีมลดริ้วรอย	khreem lót ríw roi
crema (f) da giorno	ครีมกลางวัน	khreem klaang wan
crema (f) da notte	ครีมกลางคืน	khreem klaang kheun
da giorno	กลางวัน	glaang wan
da notte	กลางคืน	glaang kheun
tampone (m)	ผ้าอนามัยแบบสอด	phâa a-naa-mai bàep sòrt
carta (f) igienica	กระดาษชำระ	grà-dàat cham-rá
fon (m)	เครื่องเป่าผม	khrêuang bpào phŏm

39. Gioielli

gioielli (m pl)	เครื่องเพชรพลอย	khrêuang phét phloi
prezioso (agg)	เพชรพลอย	phét phloi
marchio (m)	ตราฮอลมาร์ค	dtraa hon-mâak
anello (m)	แหวน	wăen
anello (m) nuziale	แหวนแต่งงาน	wăen dtàeng ngaan
braccialetto (m)	กำไลขอมือ	gam-lai khŏr meu
orecchini (m pl)	ตุ้มหู	dtûm hŏo

collana (f)	สร้อยคอ	sôi khor
corona (f)	มงกุฎ	mong-gùt
perline (f pl)	สรอยคอลูกปัด	sôi khor lôok bpàt

diamante (m)	เพชร	phét
smeraldo (m)	มรกต	mor-rá-gòt
rubino (m)	พลอยสีทับทิม	phloi sěe tháp-thim
zaffiro (m)	ไพลิน	phai-lin
perle (f pl)	ไข่มุก	khài múk
ambra (f)	อำพัน	am phan

40. Orologi da polso. Orologio

orologio (m) (~ da polso)	นาฬิกา	naa-lí-gaa
quadrante (m)	หน้าปัด	nâa bpàt
lancetta (f)	เข็ม	khěm
braccialetto (m)	สายนาฬิกาข้อมือ	sǎai naa-lí-gaa khôr meu
cinturino (m)	สายรัดข้อมือ	sǎai rát khôr meu

pila (f)	แบตเตอรี่	bàet-dter-rêe
essere scarico	หมด	mòt
cambiare la pila	เปลี่ยนแบตเตอรี่	bplìan bàet-dter-rêe
andare avanti	เดินเร็วเกินไป	dern reo gern bpai
andare indietro	เดินช้า	dern cháa

orologio (m) da muro	นาฬิกาแขวนผนัง	naa-lí-gaa khwǎen phà-nǎng
clessidra (f)	นาฬิกาทราย	naa-lí-gaa saai
orologio (m) solare	นาฬิกาแดด	naa-lí-gaa dàet
sveglia (f)	นาฬิกาปลุก	naa-lí-gaa bplùk
orologiaio (m)	ช่างซ่อมนาฬิกา	châang sôrm naa-lí-gaa
riparare (vt)	ซ่อม	sôrm

Cibo. Alimentazione

41. Cibo

carne (f)	เนื้อ	néua
pollo (m)	ไก่	gài
pollo (m) novello	เนื้อลูกไก่	néua lôok gài
anatra (f)	เป็ด	bpèt
oca (f)	หาน	hàan
cacciagione (f)	สัตว์ที่ล่า	sàt thêe lâa
tacchino (m)	ไก่งวง	gài nguang
maiale (m)	เนื้อหมู	néua mŏo
vitello (m)	เนื้อลูกวัว	néua lôok wua
agnello (m)	เนื้อแกะ	néua gàe
manzo (m)	เนื้อวัว	néua wua
coniglio (m)	เนื้อกระต่าย	néua grà-dtàai
salame (m)	ไส้กรอก	sâi gròrk
w?rstel (m)	ไสกรอกเวียนนา	sâi gròrk wian-naa
pancetta (f)	หมูเบคอน	mŏo bay-khorn
prosciutto (m)	แฮม	haem
prosciutto (m) affumicato	แฮมแกมมอน	haem gaem-morn
pâté (m)	ปาเต	bpaa dtay
fegato (m)	ตับ	dtàp
carne (f) trita	เนื้อสับ	néua sàp
lingua (f)	ลิ้น	lín
uovo (m)	ไข่	khài
uova (f pl)	ไข่	khài
albume (m)	ไข่ขาว	khài khăao
tuorlo (m)	ไขแดง	khài daeng
pesce (m)	ปลา	bplaa
frutti (m pl) di mare	อาหารทะเล	aa hăan thá-lay
crostacei (m pl)	สัตว์พวกกุ้งกั้งปู	sàt phûak gûng gâng bpoo
caviale (m)	ไข่ปลา	khài-bplaa
granchio (m)	ปู	bpoo
gamberetto (m)	กุ้ง	gûng
ostrica (f)	หอยนางรม	hŏi naang rom
aragosta (f)	กุ้งมังกร	gûng mang-gon
polpo (m)	ปลาหมึก	bplaa mèuk
calamaro (m)	ปลาหมึกกล้วย	bplaa mèuk-glûay
storione (m)	ปลาสเตอร์เจียน	bpláa sà-dtêr jian
salmone (m)	ปลาแซลมอน	bplaa saen-morn
ippoglosso (m)	ปลาตาเดียว	bplaa dtaa-dieow
merluzzo (m)	ปลาค็อด	bplaa khót

scombro (m)	ปลาแม็คเคอเร็ล	bplaa máek-kay-a-rěn
tonno (m)	ปลาทูน่า	bplaa thoo-nâa
anguilla (f)	ปลาไหล	bplaa lǎi

trota (f)	ปลาเทราท์	bplaa thrau
sardina (f)	ปลาซาร์ดีน	bplaa saa-deen
luccio (m)	ปลาไพค์	bplaa phai
aringa (f)	ปลาเฮอร์ริง	bplaa her-ring

pane (m)	ขนมปัง	khà-nǒm bpang
formaggio (m)	เนยแข็ง	noie khǎeng
zucchero (m)	น้ำตาล	nám dtaan
sale (m)	เกลือ	gleua

riso (m)	ข้าว	khâao
pasta (f)	พาสต้า	phâat-dtâa
tagliatelle (f pl)	ก๋วยเตี๋ยว	gǔay-dtǐeow

burro (m)	เนย	noie
olio (m) vegetale	น้ำมันพืช	nám man phêut
olio (m) di girasole	น้ำมันดอกทานตะวัน	nám man dòrk thaan dtà-wan
margarina (f)	เนยเทียม	noie thiam

| olive (f pl) | มะกอก | má-gòrk |
| olio (m) d'oliva | น้ำมันมะกอก | nám man má-gòrk |

latte (m)	นม	nom
latte (m) condensato	นมข้น	nom khôn
yogurt (m)	โยเกิร์ต	yoh-gèrt
panna (f) acida	ซาวร์ครีม	saao khreem
panna (f)	ครีม	khreem

maionese (m)	มายองเนส	maa-yorng-nâyt
crema (f)	สวนผสมของเนย	sùan phà-sǒm khǒrng
	และน้ำตาล	noie láe nám dtaan

cereali (m pl)	เมล็ดธัญพืช	má-lét than-yá-phêut
farina (f)	แป้ง	bpâeng
cibi (m pl) in scatola	อาหารกระป๋อง	aa-hǎan grà-bpǒrng

fiocchi (m pl) di mais	ดูอรุ่นเฟลค	khorn-flâyk
miele (m)	น้ำผึ้ง	nám phêung
marmellata (f)	แยม	yaem
gomma (f) da masticare	หมากฝรั่ง	màak fà-ràng

42. Bevande

acqua (f)	น้ำ	nám
acqua (f) potabile	น้ำดื่ม	nám dèum
acqua (f) minerale	น้ำแร่	nám râe

liscia (non gassata)	ไม่มีฟอง	mâi mee forng
gassata (agg)	น้ำอัดลม	nám àt lom
frizzante (agg)	มีฟอง	mee forng

45

| ghiaccio (m) | น้ำแข็ง | nám khăeng |
| con ghiaccio | ใส่น้ำแข็ง | sài nám khăeng |

analcolico (agg)	ไม่มีแอลกอฮอล์	mâi mee aen-gor-hor
bevanda (f) analcolica	เครื่องดื่มที่ไม่มีแอลกอฮอล์	krêuang dèum têe mâi mee aen-gor-hor
bibita (f)	เครื่องดื่มให้ความสดชื่น	khrêuang dèum hâi khwaam sòt chêun
limonata (f)	น้ำเลมอนเนด	nám lay-morn-nâyt

bevande (f pl) alcoliche	เหล้า	lǎu
vino (m)	ไวน์	wai
vino (m) bianco	ไวน์ขาว	wai khǎao
vino (m) rosso	ไวน์แดง	wai daeng

liquore (m)	สุรา	sù-raa
champagne (m)	แชมเปญ	chaem-bpayn
vermouth (m)	เหล้าองุ่นขาวซึ่งมีกลิ่นหอม	lâo a-ngùn khǎao sêung mee glìn hǒrm

whisky	เหล้าวิสกี้	lǎu wít-sa -gêe
vodka (f)	เหล้าวอดก้า	lǎu wórt-gâa
gin (m)	เหล้ายิน	lǎu yin
cognac (m)	เหล้าคอนยัก	lǎu khorn yák
rum (m)	เหล้ารัม	lǎu ram

caffè (m)	กาแฟ	gaa-fae
caffè (m) nero	กาแฟดำ	gaa-fae dam
caffè latte (m)	กาแฟใส่นม	gaa-fae sài nom
cappuccino (m)	กาแฟคาปูชิโน	gaa-fae khaa bpoo chí noh
caffè (m) solubile	กาแฟสำเร็จรูป	gaa-fae săm-rèt rôop

latte (m)	นม	nom
cocktail (m)	ค็อกเทล	khók-tayn
frullato (m)	มิลค์เชค	min-châyk

succo (m)	น้ำผลไม้	nám phŏn-lá-máai
succo (m) di pomodoro	น้ำมะเขือเทศ	nám má-khĕua thâyt
succo (m) d'arancia	น้ำส้ม	nám sôm
spremuta (f)	น้ำผลไม้คั้นสด	nám phŏn-lá-máai khán sòt

birra (f)	เบียร์	bia
birra (f) chiara	เบียร์ไลท์	bia lai
birra (f) scura	เบียร์ดาร์ค	bia dàak

tè (m)	ชา	chaa
tè (m) nero	ชาดำ	chaa dam
tè (m) verde	ชาเขียว	chaa khĭeow

43. Verdure

ortaggi (m pl)	ผัก	phàk
verdura (f)	ผักใบเขียว	phàk bai khĭeow
pomodoro (m)	มะเขือเทศ	má-khĕua thâyt

cetriolo (m)	แตงกวา	dtaeng-gwaa
carota (f)	แครอท	khae-rót
patata (f)	มันฝรั่ง	man fà-ràng
cipolla (f)	หัวหอม	hŭa hŏrm
aglio (m)	กระเทียม	grà-thiam

cavolo (m)	กะหล่ำปลี	gà-làm bplee
cavolfiore (m)	ดอกกะหล่ำ	dòrk gà-làm
cavoletti (m pl) di Bruxelles	กะหล่ำดาว	gà-làm-daao
broccolo (m)	บร็อคโคลี่	bròrk-khoh-lêe

barbabietola (f)	บีทรูท	bee-trôot
melanzana (f)	มะเขือยาว	má-khĕua-yaao
zucchina (f)	แตงซูคินี	dtaeng soo-khí-nee
zucca (f)	ฟักทอง	fák-thorng
rapa (f)	หัวผักกาด	hŭa-phàk-gàat

prezzemolo (m)	ผักชีฝรั่ง	phàk chee fà-ràng
aneto (m)	ผักชีลาว	phàk-chee-laao
lattuga (f)	ผักกาดหอม	phàk gàat hŏrm
sedano (m)	คึ่นช่าย	khêun-châai
asparago (m)	หน่อไม้ฝรั่ง	nòr máai fà-ràng
spinaci (m pl)	ผักขม	phàk khŏm

pisello (m)	ถั่วลันเตา	thùa-lan-dtao
fave (f pl)	ถั่ว	thùa
mais (m)	ข้าวโพด	khâao-phôht
fagiolo (m)	ถั่วรูปไต	thùa rôop dtai

peperone (m)	พริกหยวก	phrík-yùak
ravanello (m)	หัวไชเท้า	hŭa chai tháo
carciofo (m)	อาร์ติโชค	aa dtì chôhk

44. Frutta. Noci

frutto (m)	ผลไม้	phŏn-lá-máai
mela (f)	แอปเปิ้ล	àep-bpêrn
pera (f)	แพร	phae
limone (m)	มะนาว	má-naao
arancia (f)	ส้ม	sôm
fragola (f)	สตรอว์เบอร์รี่	sà-dtror-ber-rêe

mandarino (m)	ส้มแมนดาริน	sôm maen daa rin
prugna (f)	พลัม	phlam
pesca (f)	ลูกทอ	lôok thór
albicocca (f)	แอปริคอท	ae-bprì-khôrt
lampone (m)	ราสเบอร์รี่	râat-ber-rêe
ananas (m)	สับปะรด	sàp-bpà-rót

banana (f)	กล้วย	glûay
anguria (f)	แตงโม	dtaeng moh
uva (f)	องุ่น	a-ngùn
amarena (f)	เชอร์รี่	cher-rêe
ciliegia (f)	เชอร์รี่ป่า	cher-rêe bpàa

melone (m)	เมลอน	may-lorn
pompelmo (m)	สมโอ	sôm oh
avocado (m)	อะโวคาโด	a-who-khaa-doh
papaia (f)	มะละกอ	má-lá-gor
mango (m)	มะม่วง	má-mûang
melagrana (f)	ทับทิม	tháp-thim
ribes (m) rosso	เรดเคอร์แรนท์	râyt-khêr-raen
ribes (m) nero	แบล็คเคอร์แรนท์	blàek khêr-raen
uva (f) spina	กูสเบอร์รี่	gòot-ber-rêe
mirtillo (m)	บิลเบอร์รี่	bil-ber-rêe
mora (f)	แบล็คเบอร์รี่	blàek ber-rêe
uvetta (f)	ลูกเกด	lôok gàyt
fico (m)	มะเดื่อฝรั่ง	má dèua fà-ràng
dattero (m)	ลูกอินทผลัม	lôok in-thá-plǎm
arachide (f)	ถั่วลิสง	thùa-lí-sǒng
mandorla (f)	อัลมอนด์	an-morn
noce (f)	วอลนัต	wor-lá-nát
nocciola (f)	เฮเซลนัท	hay sayn nát
noce (f) di cocco	มะพร้าว	má-phráao
pistacchi (m pl)	ถั่วพิสตาชิโอ	thùa phít dtaa chí oh

45. Pane. Dolci

pasticceria (f)	ขนม	khà-nǒm
pane (m)	ขนมปัง	khà-nǒm bpang
biscotti (m pl)	คุกกี้	khúk-gêe
cioccolato (m)	ช็อกโกแลต	chók-goh-láet
al cioccolato (agg)	ช็อกโกแลต	chók-goh-láet
caramella (f)	ลูกกวาด	lôok gwàat
tortina (f)	ขนมเค้ก	khà-nǒm kháyk
torta (f)	ขนมเค้ก	khà-nǒm kháyk
crostata (f)	ขนมพาย	khà-nǒm phaai
ripieno (m)	ไส้ในขนม	sâi nai khà-nǒm
marmellata (f)	แยม	yaem
marmellata (f) di agrumi	แยมผิวส้ม	yaem phǐw sôm
wafer (m)	วาฟเฟิล	waaf-fern
gelato (m)	ไอศกรีม	ai-sà-greem
budino (m)	พุดดิ้ง	phút-dîng

46. Pietanze cucinate

piatto (m) (~ principale)	มื้ออาหาร	méu aa-hǎan
cucina (f)	อาหาร	aa-hǎan
ricetta (f)	ตำราอาหาร	dtam-raa aa-hǎan
porzione (f)	ส่วน	sùan
insalata (f)	สลัด	sà-làt

minestra (f)	ซุป	súp
brodo (m)	ซุปน้ำใส	súp nám-săi
panino (m)	แซนด์วิช	saen-wít
uova (f pl) al tegamino	ไข่ทอด	khài thôrt

| hamburger (m) | แฮมเบอร์เกอร์ | haem-ber-gêr |
| bistecca (f) | สเต็กเนื้อ | sà-dtèk néua |

contorno (m)	เครื่องเคียง	khrêuang khiang
spaghetti (m pl)	สปาเก็ตตี้	sà-bpaa-gèt-dtêe
purè (m) di patate	มันฝรั่งบด	man fà-ràng bòt
pizza (f)	พิซซา	phít-sâa
porridge (m)	ข้าวต้ม	khâao-dtôm
frittata (f)	ไข่เจียว	khài jieow

bollito (agg)	ต้ม	dtôm
affumicato (agg)	รมควัน	rom khwan
fritto (agg)	ทอด	thôrt
secco (agg)	ตากแห้ง	dtàak hâeng
congelato (agg)	แช่แข็ง	châe khăeng
sottoaceto (agg)	ดอง	dorng

dolce (gusto)	หวาน	wăan
salato (agg)	เค็ม	khem
freddo (agg)	เย็น	yen
caldo (agg)	ร้อน	rórn
amaro (agg)	ขม	khŏm
buono, gustoso (agg)	อร่อย	à-ròi

cuocere, preparare (vt)	ต้ม	dtôm
cucinare (vi)	ทำอาหาร	tham aa-hăan
friggere (vt)	ทอด	thôrt
riscaldare (vt)	อุ่น	ùn

salare (vt)	ใส่เกลือ	sài gleua
pepare (vt)	ใส่พริกไทย	sài phrík thai
grattugiare (vt)	ขูด	khòot
buccia (f)	เปลือก	bplèuak
sbucciare (vt)	ปอกเปลือก	bpòrk bplêuak

47. Spezie

sale (m)	เกลือ	gleua
salato (agg)	เค็ม	khem
salare (vt)	ใส่เกลือ	sài gleua

pepe (m) nero	พริกไทย	phrík thai
peperoncino (m)	พริกแดง	phrík daeng
senape (f)	มัสตาร์ด	mát-dtàat
cren (m)	ฮอสแรดิช	hórt rae dìt

condimento (m)	เครื่องปรุงรส	khrêuang bprung rót
spezie (f pl)	เครื่องเทศ	khrêuang thâyt
salsa (f)	ซอส	sós

49

aceto (m)	น้ำส้มสายชู	nám sôm săai choo
anice (m)	เทียนสัตตบุษย์	thian-sàt-dtà-bùt
basilico (m)	ใบโหระพา	bai hŏh rá phaa
chiodi (m pl) di garofano	กานพลู	gaan-phloo
zenzero (m)	ขิง	khĭng
coriandolo (m)	ผักชีลา	pàk-chee-laa
cannella (f)	อบเชย	òp-choie

sesamo (m)	งา	ngaa
alloro (m)	ใบกระวาน	bai grà-waan
paprica (f)	พริกป่น	phrík bpòn
cumino (m)	เทียนตากบ	thian dtaa gòp
zafferano (m)	หญ้าฝรั่น	yâa fà-ràn

48. Pasti

| cibo (m) | อาหาร | aa-hăan |
| mangiare (vi, vt) | กิน | gin |

colazione (f)	อาหารเช้า	aa-hăan cháo
fare colazione	ทานอาหารเช้า	thaan aa-hăan cháo
pranzo (m)	ขาวเที่ยง	khâao thîang
pranzare (vi)	ทานอาหารเที่ยง	thaan aa-hăan thîang
cena (f)	อาหารเย็น	aa-hăan yen
cenare (vi)	ทานอาหารเย็น	thaan aa-hăan yen

| appetito (m) | ความอยากอาหาร | kwaam yàak aa hăan |
| Buon appetito! | กินให้อร่อย! | gin hâi a-ròi |

aprire (vt)	เปิด	bpèrt
rovesciare (~ il vino, ecc.)	ทำหก	tham hòk
rovesciarsi (vr)	ทำหกออกมา	tham hòk òrk maa
bollire (vi)	ต้ม	dtôm
far bollire	ต้ม	dtôm
bollito (agg)	ต้ม	dtôm
raffreddare (vt)	แช่เย็น	châe yen
raffreddarsi (vr)	แช่เย็น	châe yen

| gusto (m) | รสชาติ | rót châat |
| retrogusto (m) | รส | rót |

essere a dieta	ลดน้ำหนัก	lót nám nàk
dieta (f)	อาหารพิเศษ	aa-hăan phí-sàyt
vitamina (f)	วิตามิน	wí-dtaa-min
caloria (f)	แคลอรี่	khae-lor-rêe
vegetariano (m)	คนกินเจ	khon gin jay
vegetariano (agg)	มังสวิรัติ	mang-sà-wí-rát

grassi (m pl)	ไขมัน	khăi man
proteine (f pl)	โปรตีน	bproh-dteen
carboidrati (m pl)	คาร์โบไฮเดรต	kaa-boh-hai-dràyt
fetta (f), fettina (f)	แผ่น	phàen
pezzo (m) (~ di torta)	ชิ้น	chín
briciola (f) (~ di pane)	เศษ	sàyt

49. Preparazione della tavola

cucchiaio (m)	ช้อน	chórn
coltello (m)	มีด	mêet
forchetta (f)	ส้อม	sôrm
tazza (f)	แก้ว	gâew
piatto (m)	จาน	jaan
piattino (m)	จานรอง	jaan rorng
tovagliolo (m)	ผ้าเช็ดปาก	phâa chét bpàak
stuzzicadenti (m)	ไม้จิ้มฟัน	máai jîm fan

50. Ristorante

ristorante (m)	ร้านอาหาร	ráan aa-hăan
caffè (m)	ร้านกาแฟ	ráan gaa-fae
pub (m), bar (m)	ร้านเหล้า	ráan lâo
sala (f) da tè	ร้านน้ำชา	ráan nám chaa
cameriere (m)	คนเสิร์ฟชาย	khon sèrf chaai
cameriera (f)	คนเสิร์ฟหญิง	khon sèrf yĭng
barista (m)	บาร์เทนเดอร์	baa-thayn-dêr
menù (m)	เมนู	may-noo
lista (f) dei vini	รายการไวน์	raai gaan wai
prenotare un tavolo	จองโต๊ะ	jorng dtó
piatto (m)	มื้ออาหาร	méu aa-hăan
ordinare (~ il pranzo)	สั่ง	sàng
fare un'ordinazione	สั่งอาหาร	sàng aa-hăan
aperitivo (m)	เครื่องดื่มเหล้า	khrêuang dèum lâo
	ก่อนอาหาร	gòrn aa-hăan
antipasto (m)	ของกินเล่น	khŏrng gin lâyn
dolce (m)	ของหวาน	khŏrng wăan
conto (m)	คิดเงิน	khít ngern
pagare il conto	จ่ายค่าอาหาร	jàai khâa aa hăan
dare il resto	ให้เงินทอน	hâi ngern thorn
mancia (f)	เงินทิป	ngern thíp

Famiglia, parenti e amici

51. Informazioni personali. Moduli

nome (m)	ชื่อ	chêu
cognome (m)	นามสกุล	naam sà-gun
data (f) di nascita	วันเกิด	wan gèrt
luogo (m) di nascita	สถานที่เกิด	sà-thăan thêe gèrt
nazionalità (f)	สัญชาติ	săn-châat
domicilio (m)	ที่อยู่อาศัย	thêe yòo aa-săi
paese (m)	ประเทศ	bprà-thâyt
professione (f)	อาชีพ	aa-chêep
sesso (m)	เพศ	phâyt
statura (f)	ความสูง	khwaam sŏong
peso (m)	น้ำหนัก	nám nàk

52. Membri della famiglia. Parenti

madre (f)	มารดา	maan-daa
padre (m)	บิดา	bì-daa
figlio (m)	ลูกชาย	lôok chaai
figlia (f)	ลูกสาว	lôok săao
figlia (f) minore	ลูกสาวคนเล็ก	lôok săao khon lék
figlio (m) minore	ลูกชายคนเล็ก	lôok chaai khon lék
figlia (f) maggiore	ลูกสาวคนโต	lôok săao khon dtoh
figlio (m) maggiore	ลูกชายคนโต	lôok chaai khon dtoh
fratello (m) maggiore	พี่ชาย	phêe chaai
fratello (m) minore	น้องชาย	nórng chaai
sorella (f) maggiore	พี่สาว	phêe săao
sorella (f) minore	น้องสาว	nórng săao
cugino (m)	ลูกพี่ลูกน้อง	lôok phêe lôok nórng
cugina (f)	ลูกพี่ลูกน้อง	lôok phêe lôok nórng
mamma (f)	แม่	mâe
papà (m)	พ่อ	phôr
genitori (m pl)	พ่อแม่	phôr mâe
bambino (m)	เด็ก, ลูก	dèk, lôok
bambini (m pl)	เด็กๆ	dèk dèk
nonna (f)	ย่า, ยาย	yâa, yaai
nonno (m)	ปู่, ตา	bpòo, dtaa
nipote (m) (figlio di un figlio)	หลานชาย	lăan chaai
nipote (f)	หลานสาว	lăan săao

nipoti (pl)	หลานๆ	lăan
zio (m)	ลุง	lung
zia (f)	ป้า	bpâa
nipote (m) (figlio di un fratello)	หลานชาย	lăan chaai
nipote (f)	หลานสาว	lăan săao

suocera (f)	แม่ยาย	mâe yaai
suocero (m)	พ่อสามี	phôr săa-mee
genero (m)	ลูกเขย	lôok khŏie
matrigna (f)	แม่เลี้ยง	mâe líang
patrigno (m)	พ่อเลี้ยง	phôr líang

neonato (m)	ทารก	thaa-rók
infante (m)	เด็กเล็ก	dèk lék
bimbo (m), ragazzino (m)	เด็ก	dèk

moglie (f)	ภรรยา	phan-rá-yaa
marito (m)	สามี	săa-mee
coniuge (m)	สามี	săa-mee
coniuge (f)	ภรรยา	phan-rá-yaa

sposato (agg)	แต่งงานแล้ว	dtàeng ngaan láew
sposata (agg)	แต่งงานแล้ว	dtàeng ngaan láew
celibe (agg)	เป็นโสด	bpen sòht
scapolo (m)	ชายโสด	chaai sòht
divorziato (agg)	หย่าแล้ว	yàa láew
vedova (f)	แม่หม้าย	mâe mâai
vedovo (m)	พ่อหม้าย	phôr mâai

parente (m)	ญาติ	yâat
parente (m) stretto	ญาติใกล้ชิด	yâat glâi chít
parente (m) lontano	ญาติห่างๆ	yâat hàang hàang
parenti (m pl)	ญาติๆ	yâat

orfano (m)	เด็กชายกำพร้า	dèk chaai gam phráa
orfana (f)	เด็กหญิงกำพรา	dèk yĭng gam phráa
tutore (m)	ผู้ปกครอง	phôo bpòk khrorng
adottare (~ un bambino)	บุญธรรม	bun tham
adottare (~ una bambina)	บุญธรรม	bun tham

53. Amici. Colleghi

amico (m)	เพื่อน	phêuan
amica (f)	เพื่อน	phêuan
amicizia (f)	มิตรภาพ	mít-dtrà-phâap
essere amici	เป็นเพื่อน	bpen phêuan

amico (m) (inform.)	เพื่อนสนิท	phêuan sà-nìt
amica (f) (inform.)	เพื่อนสนิท	phêuan sà-nìt
partner (m)	หุ้นส่วน	hûn sùan

capo (m)	หัวหน้า	hŭa-nâa
capo (m), superiore (m)	ผู้บังคับบัญชา	phôo bang-kháp ban-chaa
proprietario (m)	เจ้าของ	jâo khŏrng

| subordinato (m) | ลูกน้อง | lôok nórng |
| collega (m) | เพื่อนรวมงาน | phêuan rûam ngaan |

conoscente (m)	ผู้คุ้นเคย	phôo khún khoie
compagno (m) di viaggio	เพื่อนรวมทาง	pêuan rûam thaang
compagno (m) di classe	เพื่อนรุ่น	phêuan rûn

vicino (m)	เพื่อนบ้านผู้ชาย	phêuan bâan pôo chaai
vicina (f)	เพื่อนบ้านผู้หญิง	phêuan bâan phôo yǐng
vicini (m pl)	เพื่อนบ้าน	phêuan bâan

54. Uomo. Donna

donna (f)	ผู้หญิง	phôo yǐng
ragazza (f)	หญิงสาว	yǐng sǎao
sposa (f)	เจ้าสาว	jâo sǎao

bella (agg)	สวย	sǔay
alta (agg)	สูง	sǒong
snella (agg)	ผอม	phǒrm
bassa (agg)	เตี้ย	dtîa

| bionda (f) | ผมสีทอง | phǒm sěe thorng |
| bruna (f) | ผมสีคล้ำ | phǒm sěe khlám |

da donna (agg)	สตรี	sàt-dtree
vergine (f)	บริสุทธิ์	bor-rí-sùt
incinta (agg)	ตั้งครรภ์	dtâng khan

uomo (m) (adulto maschio)	ผู้ชาย	phôo chaai
biondo (m)	ผมสีทอง	phǒm sěe thorng
bruno (m)	ผมสีคล้ำ	phǒm sěe khlám
alto (agg)	สูง	sǒong
basso (agg)	เตี้ย	dtîa

sgarbato (agg)	หยาบคาย	yàap kaai
tozzo (agg)	แข็งแรง	khǎeng raeng
robusto (agg)	กำยำ	gam-yam
forte (agg)	แข็งแรง	khǎeng raeng
forza (f)	ความแข็งแรง	khwaam khǎeng raeng

grasso (agg)	ท้วม	thúam
bruno (agg)	ผิวดำ	phǐw dam
snello (agg)	ผอม	phǒrm
elegante (agg)	สง่า	sà-ngàa

55. Età

età (f)	อายุ	aa-yú
giovinezza (f)	วัยเยาว์	wai yao
giovane (agg)	หนุ่ม	nùm
più giovane (agg)	อายุน้อยกว่า	aa-yú nói gwàa

più vecchio (agg)	อายุสูงกว่า	aa-yú sŏong gwàa
giovane (m)	ชายหนุ่ม	chaai nùm
adolescente (m, f)	วัยรุ่น	wai rûn
ragazzo (m)	คนหนุ่ม	khon nùm
vecchio (m)	ชายชรา	chaai chá-raa
vecchia (f)	หญิงชรา	yĭng chá-raa
adulto (m)	ผู้ใหญ่	phôo yài
di mezza età	วัยกลาง	wai glaang
anziano (agg)	วัยชรา	wai chá-raa
vecchio (agg)	แก่	gàe
pensionamento (m)	การเกษียณอายุ	gaan gà-sĭan aa-yú
andare in pensione	เกษียณ	gà-sĭan
pensionato (m)	ผู้เกษียณอายุ	phôo gà-sĭan aa-yú

56. Bambini

bambino (m), bambina (f)	เด็ก, ลูก	dèk, lôok
bambini (m pl)	เด็กๆ	dèk dèk
gemelli (m pl)	แฝด	fàet
culla (f)	เปล	bplay
sonaglio (m)	ของเล่นกุ๊งกิ๊ง	khŏrng lên gúng-gîng
pannolino (m)	ผ้าอ้อม	phâa ôrm
tettarella (f)	จุกนม	jùk-nom
carrozzina (f)	รถเข็นเด็ก	rót khĕn dèk
scuola (f) materna	โรงเรียนอนุบาล	rohng rian a-nú-baan
baby-sitter (f)	คนเฝ้าเด็ก	khon fâo dèk
infanzia (f)	วัยเด็ก	wai dèk
bambola (f)	ตุ๊กตา	dtúk-dtaa
giocattolo (m)	ของเล่น	khŏrng lên
gioco (m) di costruzione	ชุดของเล่นก่อสร้าง	chút khŏrng lên gòr sâang
educato (agg)	มีกิริยา มารยาทดี	mee gì-rí-yaa maa-rá-yâat dee
maleducato (agg)	ไม่มีมารยาท	mâi mee maa-rá-yâat
viziato (agg)	เสียคน	sĭa khon
essere disubbidiente	ซน	son
birichino (agg)	ซน	son
birichinata (f)	ความเกเร	kwaam gay-ray
bambino (m) birichino	เด็กเกเร	dèk gay-ray
ubbidiente (agg)	ที่เชื่อฟัง	thêe chêua fang
disubbidiente (agg)	ที่ไม่เชื่อฟัง	thêe mâi chêua fang
docile (agg)	ที่เชื่อฟังผู้ใหญ่	thée chêua fang phôo yài
intelligente (agg)	ฉลาด	chà-làat
bambino (m) prodigio	เด็กมีพรสวรรค์	dèk mee phon sà-wăn

57. Coppie sposate. Vita di famiglia

baciare (vt)	จูบ	jòop
baciarsi (vr)	จูบ	jòop
famiglia (f)	ครอบครัว	khrôrp khrua
familiare (agg)	ครอบครัว	khrôrp khrua
coppia (f)	ผัวเมีย	phǔa mia
matrimonio (m)	การแตงงาน	gaan dtàeng ngaan
focolare (m) domestico	บาน	bâan
dinastia (f)	วงศตระกูล	wong dtrà-goon
appuntamento (m)	การออกเดท	gaan òrk dàyt
bacio (m)	การจูบ	gaan jòop
amore (m)	ความรัก	khwaam rák
amare (qn)	รัก	rák
amato (agg)	ที่รัก	thêe rák
tenerezza (f)	ความละเมียดละไม	khwaam lá-mîat lá-mai
dolce, tenero (agg)	ละเมียดละไม	lá-mîat lá-mai
fedeltà (f)	ความซื่อ	khwaam sêu
fedele (agg)	ซื่อ	sêu
premura (f)	การดูแล	gaan doo lae
premuroso (agg)	ชอบดูแล	chôrp doo lae
sposi (m pl) novelli	คู่แตงงานใหม่	khôo dtàeng ngaan mài
luna (f) di miele	ฮันนีมูน	han-nee-moon
sposarsi (per una donna)	แตงงาน	dtàeng ngaan
sposarsi (per un uomo)	แตงงาน	dtàeng ngaan
nozze (f pl)	การสมรส	gaan sǒm rót
nozze (f pl) d'oro	การสมรส ครบรอบ50ปี	gaan sǒm rót khróp rôrp hâa-sìp bpee
anniversario (m)	วันครบรอบ	wan khróp rôrp
amante (m)	คู่รัก	khôo rák
amante (f)	เมียนอย	mia nói
adulterio (m)	การคบชู้	gaan khóp chóo
tradire (commettere adulterio)	คบชู	khóp chóo
geloso (agg)	หึงหวง	hěung hǔang
essere geloso	หึง	hěung
divorzio (m)	การหย่าราง	gaan yàa ráang
divorziare (vi)	หยา	yàa
litigare (vi)	ทะเลาะ	thá-lór
fare pace	ประนีประนอม	bprà-nee-bprà-nom
insieme	ดวยกัน	dûay gan
sesso (m)	เพศสัมพันธ์	phâyt sǎm-phan
felicità (f)	ความสุข	khwaam sùk
felice (agg)	มีความสุข	mee khwaam sùk
disgrazia (f)	เหตุราย	hàyt ráai
infelice (agg)	ไมมีความสุข	mâi mee khwaam sùk

Personalità. Sentimenti. Emozioni

58. Sentimenti. Emozioni

sentimento (m)	ความรู้สึก	khwaam róo sèuk
sentimenti (m pl)	ความรู้สึก	khwaam róo sèuk
sentire (vt)	รู้สึก	róo sèuk
fame (f)	ความหิว	khwaam hǐw
avere fame	หิว	hǐw
sete (f)	ความกระหาย	khwaam grà-hǎai
avere sete	กระหาย	grà-hǎai
sonnolenza (f)	ความง่วง	khwaam ngûang
avere sonno	ง่วง	ngûang
stanchezza (f)	ความเหนื่อย	khwaam nèuay
stanco (agg)	เหนื่อย	nèuay
stancarsi (vr)	เหนื่อย	nèuay
umore (m) (buon ~)	อารมณ์	aa-rom
noia (f)	ความเบื่อ	khwaam bèua
annoiarsi (vr)	เบื่อ	bèua
isolamento (f)	ความเหงา	khwaam ngǎo
isolarsi (vr)	ปลีกวิเวก	bplèek wí-wâyk
preoccupare (vt)	ทำให้...เป็นห่วง	tham hâi...bpen hùang
essere preoccupato	กังวล	gang-won
agitazione (f)	ความเป็นห่วง	khwaam bpen hùang
preoccupazione (f)	ความวิตกกังวล	khwaam wí-dtòk gang-won
preoccupato (agg)	เป็นห่วงใหญ	bpen hùang yài
essere nervoso	กระวนกระวาย	grà won grà waai
andare in panico	ตื่นตระหนก	dtèun dtrà-nòk
speranza (f)	ความหวัง	khwaam wǎng
sperare (vi, vt)	หวัง	wǎng
certezza (f)	ความแน่ใจ	khwaam nâe jai
sicuro (agg)	แน่ใจ	nâe jai
incertezza (f)	ความไม่มั่นใจ	khwaam mâi mân jai
incerto (agg)	ไม่มันใจ	mâi mân jai
ubriaco (agg)	เมา	mao
sobrio (agg)	ไม่เมา	mâi mao
debole (agg)	อ่อนแอ	òrn ae
fortunato (agg)	มีความสุข	mee khwaam sùk
spaventare (vt)	ทำให้...กลัว	tham hâi...glua
furia (f)	ความโกรธเคือง	khwaam gròht kheuang
rabbia (f)	ความเดือดดาล	khwaam dèuat daan
depressione (f)	ความหดหู่	khwaam hòt-hòo
disagio (m)	อึดอัด	èut àt

conforto (m)	สบาย	sà-baai
rincrescere (vi)	เสียดาย	sĭa daai
rincrescimento (m)	ความเสียดาย	khwaam sĭa daai
sfortuna (f)	โชคราย	chôhk ráai
tristezza (f)	ความเศรา	khwaam sâo
vergogna (f)	ความละอายใจ	khwaam lá-aai jai
allegria (f)	ความปีติ	khwaam bpì-dtì
entusiasmo (m)	ความกระตือรือรน	khwaam grà-dteu-reu-rón
entusiasta (m)	คนที่กระตือรือรน	khon thêe grà-dteu-reu-rón
mostrare entusiasmo	แสดงความ	sà-daeng khwaam
	กระตือรือรน	grà-dteu-reu-rón

59. Personalità. Carattere

carattere (m)	นิสัย	ní-sǎi
difetto (m)	ขอเสีย	khôr sĭa
mente (f)	สติ	sà-dtì
intelletto (m)	สติ	sà-dtì
coscienza (f)	มโนธรรม	má-noh tham
abitudine (f)	นิสัย	ní-sǎi
capacità (f)	ความสามารถ	khwaam sǎa-mâat
sapere (~ nuotare)	สามารถ	sǎa-mâat
paziente (agg)	อดทน	òt thon
impaziente (agg)	ใจรอนใจเร็ว	jai rórn jai reo
curioso (agg)	อยากรูอยากเห็น	yàak róo yàak hěn
curiosità (f)	ความอยากรูอยากเห็น	khwaam yàak róo yàak hěn
modestia (f)	ความถอมตน	khwaam thòrm dton
modesto (agg)	ถอมตน	thòrm dton
immodesto (agg)	หยาบโลน	yàap lohn
pigrizia (f)	ความขี้เกียจ	khwaam khêe gìat
pigro (agg)	ขี้เกียจ	khêe gìat
poltrone (m)	คนขี้เกียจ	khon khêe gìat
furberia (f)	ความเจาเลห์	khwaam jâo lây
furbo (agg)	เจาเลห	jâo lây
diffidenza (f)	ความหวาดระแวง	khwaam wàat rá-waeng
diffidente (agg)	เคลือบแคลง	khlêuap-khlaeng
generosità (f)	ความเอื้อเฟื้อ	khwaam êua féua
generoso (agg)	มีน้ำใจ	mee nám jai
di talento	มีพรสวรรค์	mee phon sà-wǎn
talento (m)	พรสวรรค	phon sà-wǎn
coraggioso (agg)	กลาหาญ	glâa hǎan
coraggio (m)	ความกลาหาญ	khwaam glâa hǎan
onesto (agg)	ซื่อสัตย	sêu sàt
onestà (f)	ความซื่อสัตย์	khwaam sêu sàt
prudente (agg)	ระมัดระวัง	rá mát rá-wang
valoroso (agg)	กลา	glâa

| serio (agg) | เอาจริงเอาจัง | ao jing ao jang |
| severo (agg) | เขมงวด | khêm ngûat |

deciso (agg)	เด็ดเดี่ยว	dèt dìeow
indeciso (agg)	ไม่เด็ดขาด	mâi dèt khàat
timido (agg)	อาย	aai
timidezza (f)	ความขวยอาย	khwaam khǔay aai

fiducia (f)	ความไว้ใจ	khwaam wái jai
fidarsi (vr)	ไว้เนื้อเชื่อใจ	wái néua chêua jai
fiducioso (agg)	เชื่อใจ	chêua jai

sinceramente	อย่างจริงใจ	yàang jing jai
sincero (agg)	จริงใจ	jing jai
sincerità (f)	ความจริงใจ	khwaam jing jai
aperto (agg)	เปิดเผย	bpèrt phǒie

tranquillo (agg)	ใจเย็น	jai yen
sincero (agg)	จริงใจ	jing jai
ingenuo (agg)	หลงเชื่อ	lǒng chêua
distratto (agg)	ใจลอย	jai loi
buffo (agg)	ตลก	dtà-lòk

avidità (f)	ความโลภ	khwaam lôhp
avido (agg)	โลภ	lôhp
avaro (agg)	ขี้เหนียว	khêe nǐeow
cattivo (agg)	เลว	leo
testardo (agg)	ดื้อ	dêu
antipatico (agg)	ไม่น่าพึงพอใจ	mâi nâa pheung phor jai

egoista (m)	คนที่เห็นแก่ตัว	khon thêe hěn gàe dtua
egoistico (agg)	เห็นแก่ตัว	hěn gàe dtua
codardo (m)	คนขี้ขลาด	khon khêe khlàat
codardo (agg)	ขี้ขลาด	khêe khlàat

60. Dormire. Sogni

dormire (vi)	นอน	norn
sonno (m) (stato di sonno)	ความนอน	khwaam norn
sogno (m)	ความฝัน	khwaam fǎn
sognare (fare sogni)	ฝัน	fǎn
sonnolento (agg)	งวง	ngûang

letto (m)	เตียง	dtiang
materasso (m)	ฟูกนอน	fôok norn
coperta (f)	ผาหม	phâa hòm
cuscino (m)	หมอน	mǒrn
lenzuolo (m)	ผาปูที่นอน	phâa bpoo thêe norn

insonnia (f)	อาการนอนไม่หลับ	aa-gaan norn mâi làp
insonne (agg)	นอนไม่หลับ	norn mâi làp
sonnifero (m)	ยานอนหลับ	yaa-norn-làp
prendere il sonnifero	กินยานอนหลับ	gin yaa-norn-làp
avere sonno	งวง	ngûang

sbadigliare (vi)	หาว	hăao
andare a letto	ไปนอน	bpai norn
fare il letto	ปูที่นอน	bpoo thêe norn
addormentarsi (vr)	หลับ	làp
incubo (m)	ฝันร้าย	făn ráai
russare (m)	การกรน	gaan-kron
russare (vi)	กรน	gron
sveglia (f)	นาฬิกาปลุก	naa-lí-gaa bplùk
svegliare (vt)	ปลุก	bplùk
svegliarsi (vr)	ตื่น	dtèun
alzarsi (vr)	ลุกขึ้น	lúk khêun
lavarsi (vr)	ล้างหน้าล้างตา	láang nâa láang dtaa

61. Umorismo. Risata. Felicità

umorismo (m)	อารมณ์ขัน	aa-rom khăn
senso (m) dello humour	อารมณ์	aa-rom
divertirsi (vr)	เริงรื่น	rerng rêun
allegro (agg)	เริงรื่น	rerng rêun
allegria (f)	ความรื่นเริง	khwaam rêun-rerng
sorriso (m)	รอยยิ้ม	roi yím
sorridere (vi)	ยิ้ม	yím
mettersi a ridere	เริ่มหัวเราะ	rêrm hŭa rór
ridere (vi)	หัวเราะ	hŭa rór
riso (m)	การหัวเราะ	gaan hŭa rór
aneddoto (m)	เรื่องขำขัน	rêuang khăm khăn
divertente (agg)	ตลก	dtà-lòk
ridicolo (agg)	ขบขัน	khòp khăn
scherzare (vi)	ล้อเล่น	lór lên
scherzo (m)	ตลก	dtà-lòk
gioia (f) (fare salti di ~)	ความสุขสันต์	khwaam sùk-săn
rallegrarsi (vr)	โมทนา	moh-thá-naa
allegro (agg)	ยินดี	yin dee

62. Discussione. Conversazione. Parte 1

comunicazione (f)	การสื่อสาร	gaan sèu săan
comunicare (vi)	สื่อสาร	sèu săan
conversazione (f)	การสนทนา	gaan sŏn-thá-naa
dialogo (m)	บทสนทนา	bòt sŏn-thá-naa
discussione (f)	การหารือ	gaan hăa-reu
dibattito (m)	การโต้แย้ง	gaan dtôh yáeng
discutere (vi)	โต้แย้ง	dtôh yáeng
interlocutore (m)	คู่สนทนา	khôo sŏn-tá-naa
tema (m)	หัวข้อ	hŭa khôr

punto (m) di vista	แง่คิด	ngâe khít
opinione (f)	ความคิดเห็น	khwaam khít hěn
discorso (m)	สุนทรพจน์	sǔn tha ra phót
discussione (f)	การหารือ	gaan hǎa-reu
discutere (~ una proposta)	หารือ	hǎa-reu
conversazione (f)	การสนทนา	gaan sǒn-thá-naa
conversare (vi)	คุยกัน	khui gan
incontro (m)	การพบกัน	gaan phóp gan
incontrarsi (vr)	พบ	phóp
proverbio (m)	สุภาษิต	sù-phaa-sìt
detto (m)	คำกล่าว	kham glàao
indovinello (m)	ปริศนา	bprìt-sà-nǎa
fare un indovinello	ถามปริศนา	thǎam bprìt-sà-nǎa
parola (f) d'ordine	รหัสผ่าน	rá-hàt phàan
segreto (m)	ความลับ	khwaam láp
giuramento (m)	คำสาบาน	kham sǎa-baan
giurare (prestare giuramento)	สาบาน	sǎa baan
promessa (f)	คำสัญญา	kham sǎn-yaa
promettere (vt)	สัญญา	sǎn-yaa
consiglio (m)	คำแนะนำ	kham náe nam
consigliare (vt)	แนะนำ	náe nam
seguire il consiglio	ทำตามคำแนะนำ	tham dtaam kham náe nam
ubbidire (ai genitori)	เชื่อฟัง	chêua fang
notizia (f)	ข่าว	khàao
sensazione (f)	ข่าวดัง	khàao dang
informazioni (f pl)	ข้อมูล	khôr moon
conclusione (f)	ข้อสรุป	khôr sà-rùp
voce (f)	เสียง	sǐang
complimento (m)	คำชมเชย	kham chom choie
gentile (agg)	ใจดี	jai dee
parola (f)	คำ	kham
frase (f)	วลี	wá-lee
risposta (f)	คำตอบ	kham dtòrp
verità (f)	ความจริง	khwaam jing
menzogna (f)	การโกหก	gaan goh-hòk
pensiero (m)	ความคิด	khwaam khít
idea (f)	ความคิด	khwaam khít
fantasia (f)	จินตนาการ	jin-dtà-naa gaan

63. Discussione. Conversazione. Parte 2

rispettato (agg)	ที่นับถือ	thêe náp thěu
rispettare (vt)	นับถือ	náp thěu
rispetto (m)	ความนับถือ	khwaam náp thěu
Egregio ...	ทาน	thâan
presentare (~ qn)	แนะนำ	náe nam

fare la conoscenza di …	รู้จัก	róo jàk
intenzione (f)	ความตั้งใจ	khwaam dtâng jai
avere intenzione	ตั้งใจ	dtâng jai
augurio (m)	การขอพร	gaan khŏr phon
augurare (vt)	ขอ	khŏr
sorpresa (f)	ความประหลาดใจ	khwaam bprà-làat jai
sorprendere (stupire)	ทำให้...ประหลาดใจ	tham hâi...bprà-làat jai
stupirsi (vr)	ประหลาดใจ	bprà-làat jai
dare (vt)	ให้	hâi
prendere (vt)	รับ	ráp
rendere (vt)	ให้คืน	hâi kheun
restituire (vt)	เอาคืน	ao kheun
scusarsi (vr)	ขอโทษ	khŏr thôht
scusa (f)	คำขอโทษ	kham khŏr thôht
perdonare (vt)	ให้อภัย	hâi a-phai
parlare (vi, vt)	คุยกัน	khui gan
ascoltare (vi)	ฟัง	fang
ascoltare fino in fondo	ฟังจนจบ	fang jon jòp
capire (vt)	เข้าใจ	khâo jai
mostrare (vt)	แสดง	sà-daeng
guardare (vt)	ดู	doo
chiamare (rivolgersi a)	เรียก	rîak
dare fastidio	รบกวน	róp guan
disturbare (vt)	รบกวน	róp guan
consegnare (vt)	ส่ง	sòng
richiesta (f)	ข้อร้องขอ	khŏr rórng khŏr
chiedere (vt)	ร้องขอ	rórng khŏr
esigenza (f)	ขอเรียกร้อง	khŏr rîak rórng
esigere (vt)	เรียกร้อง	rîak rórng
stuzzicare (vt)	แซว	saew
canzonare (vt)	ล้อเลียน	lór lian
burla (f), beffa (f)	ขอล้อเลียน	khŏr lór lian
soprannome (m)	ชื่อเล่น	chêu lên
allusione (f)	การพูดเป็นนัย	gaan phôot bpen nai
alludere (vi)	พูดเป็นนัย	phôot bpen nai
intendere (cosa intendi dire?)	หมายความว่า	măai khwaam wâa
descrizione (f)	คำพรรณนา	kham phan-ná-naa
descrivere (vt)	พรรณนา	phan-ná-naa
lode (f)	คำชม	kham chom
lodare (vt)	ชม	chom
delusione (f)	ความผิดหวัง	khwaam phìt wăng
deludere (vt)	ทำให้...ผิดหวัง	tham hâi...phìt wăng
rimanere deluso	ผิดหวัง	phìt wăng
supposizione (f)	ข้อสมมุติ	khŏr sŏm mút
supporre (vt)	สมมุติ	sŏm mút

| avvertimento (m) | คำเตือน | kham dteuan |
| avvertire (vt) | เตือน | dteuan |

64. Discussione. Conversazione. Parte 3

| persuadere (vt) | เกลี้ยกล่อม | glîak-glôrm |
| tranquillizzare (vt) | ทำให้...สงบ | tham hâi...sà-ngòp |

silenzio (m) (il ~ è d'oro)	ความเงียบ	khwaam ngîap
tacere (vi)	เงียบ	ngîap
sussurrare (vt)	กระซิบ	grà síp
sussurro (m)	เสียงกระซิบ	sĭang grà síp

francamente	พูดตรงๆ	phôot dtrorng dtrorng
secondo me ...	ในสายตาของ	nai sǎai dtaa-kŏrng
	ผม/ฉัน...	phŏm/chǎn...

dettaglio (m)	รายละเอียด	raai lá-ìat
dettagliato (agg)	โดยละเอียด	doi lá-ìat
dettagliatamente	อย่างละเอียด	yàang lá-ìat

| suggerimento (m) | คำบอกใบ้ | kham bòrk bâi |
| suggerire (vt) | บอกใบ้ | bòrk bâi |

sguardo (m)	การมอง	gaan morng
gettare uno sguardo	มอง	morng
fisso (agg)	จอง	jôrng
battere le palpebre	กระพริบตา	grà phríp dtaa
ammiccare (vi)	ขยิบตา	khà-yìp dtaa
accennare col capo	พยักหน้า	phá-yák nâa

sospiro (m)	การถอนหายใจ	gaan thŏrn hǎai jai
sospirare (vi)	ถอนหายใจ	thŏrn hǎai-jai
sussultare (vi)	สั่น	sàn
gesto (m)	อิริยาบถ	i-rí-yaa-bòt
toccare (~ il braccio)	สัมผัส	sǎm-phàt
afferrare (~ per il braccio)	จับ	jàp
picchiettare (~ la spalla)	แตะ	dtàe

Attenzione!	ระวัง!	rá-wang
Davvero?	จริงหรือ?	jing rěu
Sei sicuro?	คุณแน่ใจหรือ?	khun nâe jai rěu
Buona fortuna!	ขอให้โชคดี!	khŏr hâi chôhk dee
Capito!	ฉันเข้าใจ!	chǎn khâo jai
Peccato!	น่าเสียดาย!	nâa sĭa-daai

65. Accordo. Rifiuto

accordo (m)	การยินยอม	gaan yin yorm
essere d'accordo	ยินยอม	yin yorm
approvazione (f)	คำอนุมัติ	kham a-nú-mát
approvare (vt)	อนุมัติ	a-nú-mát

rifiuto (m)	คำปฏิเสธ	kham bpà-dtì-sàyt
rifiutarsi (vr)	ปฏิเสธ	bpà-dtì-sàyt
Perfetto!	เยี่ยม!	yîam
Va bene!	ดีเลย!	dee loie
D'accordo!	โอเค!	oh-khay
vietato, proibito (agg)	ไม่ได้รับอนุญาต	mâi dâai ráp a-nú-yâat
è proibito	ห้าม	hâam
è impossibile	มันเป็นไปไม่ได้	man bpen bpai mâi dâai
sbagliato (agg)	ไม่ถูกต้อง	mâi thòok dtôrng
respingere (~ una richiesta)	ปฏิเสธ	bpà-dtì-sàyt
sostenere (~ un'idea)	สนับสนุน	sà-nàp-sà-nǔn
accettare (vt)	ยอมรับ	yorm ráp
confermare (vt)	ยืนยัน	yeun yan
conferma (f)	คำยืนยัน	kham yeun yan
permesso (m)	คำอนุญาต	kham a-nú-yâat
permettere (vt)	อนุญาต	a-nú-yâat
decisione (f)	การตัดสินใจ	gaan dtàt sǐn jai
non dire niente	ไม่พูดอะไร	mâi phôot a-rai
condizione (f)	เงื่อนไข	ngêuan khǎi
pretesto (m)	ข้ออ้าง	khôr âang
lode (f)	คำชม	kham chom
lodare (vt)	ชม	chom

66. Successo. Fortuna. Fiasco

successo (m)	ความสำเร็จ	khwaam sǎm-rèt
con successo	ให้เป็นผลสำเร็จ	hâi bpen phǒn sǎm-rèt
ben riuscito (agg)	ที่สำเร็จ	thêe sǎm-rèt
fortuna (f)	โชค	chôhk
Buona fortuna!	ขอให้โชคดี!	khǒr hâi chôhk dee
fortunato (giorno ~)	มีโชค	mee chôhk
fortunato (persona ~a)	มีโชคดี	mee chôhk dee
fiasco (m)	ความล้มเหลว	khwaam lóm lěo
disdetta (f)	โชคร้าย	chôhk ráai
sfortuna (f)	โชคร้าย	chôhk ráai
fallito (agg)	ไม่ประสบ	mâi bprà-sòp
	ความสำเร็จ	khwaam sǎm-rèt
disastro (m)	ความล้มเหลว	khwaam lóm lěo
orgoglio (m)	ความภาคภูมิใจ	khwaam phâak phoom jai
orgoglioso (agg)	ภูมิใจ	phoom jai
essere fiero di ...	ภูมิใจ	phoom jai
vincitore (m)	ผู้ชนะ	phôo chá-ná
vincere (vi)	ชนะ	chá-ná
perdere (subire una sconfitta)	แพ้	pháe
tentativo (m)	ความพยายาม	khwaam phá-yaa-yaam

tentare (vi)	พยายาม	phá-yaa-yaam
chance (f)	โอกาส	oh-gàat

67. Dispute. Sentimenti negativi

grido (m)	เสียงตะโกน	sĭang dtà-gohn
gridare (vi)	ตะโกน	dtà-gohn
mettersi a gridare	เริ่มตะโกน	rêrm dtà-gohn

litigio (m)	การทะเลาะ	gaan thá-lór
litigare (vi)	ทะเลาะ	thá-lór
lite (f)	ความทะเลาะ	khwaam thá-lór
dare scandalo (litigare)	ตีโพยตีพาย	dtee phoi dtee phaai
conflitto (m)	ความขัดแย้ง	khwaam khàt yáeng
fraintendimento (m)	การเข้าใจผิด	gaan khâo jai phìt

insulto (m)	คำดูถูก	kham doo thòok
insultare (vt)	ดูถูก	doo thòok
offeso (agg)	โดนดูถูก	dohn doo thòok
offesa (f)	ความเคียดแค้น	khwaam khîat-kháen
offendere (qn)	ลวงเกิน	lûang gern
offendersi (vr)	ถือสา	thĕu săa

indignazione (f)	ความโกรธแค้น	khwaam gròht kháen
indignarsi (vr)	ขุ่นเคือง	khùn kheuang
lamentela (f)	คำร้อง	kham rórng
lamentarsi (vr)	บ่น	bòn

scusa (f)	คำขอโทษ	kham khŏr thôht
scusarsi (vr)	ขอโทษ	khŏr thôht
chiedere scusa	ขออภัย	khŏr a-phai

critica (f)	คำวิจารณ์	kham wí-jaan
criticare (vt)	วิจารณ์	wí-jaan
accusa (f)	การกล่าวหา	gaan glàao hăa
accusare (vt)	กล่าวหา	glàao hăa

vendetta (f)	การแก้แค้น	gaan gâe kháen
vendicare (vt)	แก้แค้น	gâe kháen
vendicarsi (vr)	แกแค้น	gâe kháen

disprezzo (m)	ความดูหมิ่น	khwaam doo mìn
disprezzare (vt)	ดูหมิ่น	doo mìn
odio (m)	ความเกลียดชัง	khwaam glìat chang
odiare (vt)	เกลียด	glìat

nervoso (agg)	กระวนกระวาย	grà won grà waai
essere nervoso	กระวนกระวาย	grà won grà waai
arrabbiato (agg)	โกรธ	gròht
fare arrabbiare	ทำให้...โกรธ	tham hâi...gròht

umiliazione (f)	ความเสียดเย้ย	khwaam sìat yóie
umiliare (vt)	ฉีกหน้า	chèek nâa
umiliarsi (vr)	ฉีกหน้าตนเอง	chèek nâa dton ayng

shock (m)	ความตกตะลึง	khwaam dtòk dtà-leung
scandalizzare (vt)	ทำให้...ตกตะลึง	tham hâi...dtòk dtà-leung
problema (m) (avere ~i)	ปัญหา	bpan-hǎa
spiacevole (agg)	ไมนาพึงพอใจ	mâi nâa pheung phor jai
spavento (m), paura (f)	ความกลัว	khwaam glua
terribile (una tempesta ~)	แย	yâe
spaventoso (un racconto ~)	นากลัว	nâa glua
orrore (m)	ความกลัว	khwaam glua
orrendo (un crimine ~)	แยมาก	yâe mâak
cominciare a tremare	เริ่มตัวสั่น	rêrm dtua sàn
piangere (vi)	รองไห้	rórng hâi
mettersi a piangere	เริ่มรองไห้	rêrm rórng hâi
lacrima (f)	น้ำตา	nám dtaa
colpa (f)	ความผิด	khwaam phìt
senso (m) di colpa	ผิด	phìt
vergogna (f)	เสียเกียรติ	sǐa gìat
protesta (f)	การประะทวง	gaan bprà-thúang
stress (m)	ความวาวุนใจ	khwaam wáa-wûn-jai
disturbare (vt)	รบกวน	róp guan
essere arrabbiato	โกรธจัด	gròht jàt
arrabbiato (agg)	โกรธ	gròht
porre fine a ...	ยุติ	yút-dtì
(~ una relazione)		
rimproverare (vt)	ดุด่า	dù dàa
spaventarsi (vr)	ตกใจ	dtòk jai
colpire (vt)	ตี	dtee
picchiarsi (vr)	สู	sôo
regolare (~ un conflitto)	ยุติ	yút-dtì
scontento (agg)	ไมพอใจ	mâi phor jai
furioso (agg)	โกรธจัด	gròht jàt
Non sta bene!	มันไม่ค่อยดี	man mâi khôi dee
Fa male!	มันไมดีเลย	man mâi dee loie

Medicinali

68. Malattie

malattia (f)	โรค	rôhk
essere malato	ป่วย	bpùay
salute (f)	สุขภาพ	sùk-khà-phâap
raffreddore (m)	น้ำมูกไหล	nám môok lăi
tonsillite (f)	ตอมทอนซิลอักเสบ	dtòm thorn-sin àk-sàyp
raffreddore (m)	หวัด	wàt
raffreddarsi (vr)	เป็นหวัด	bpen wàt
bronchite (f)	โรคหลอดลมอักเสบ	rôhk lòrt lom àk-sàyp
polmonite (f)	โรคปอดบวม	rôhk bpòrt-buam
influenza (f)	ไขหวัดใหญ	khâi wàt yài
miope (agg)	สายตาสั้น	săai dtaa sân
presbite (agg)	สายตายาว	săai dtaa yaao
strabismo (m)	ตาเหล	dtaa làiy
strabico (agg)	เป็นตาเหล	bpen dtaa kăiy rĕu làiy
cateratta (f)	ตอกระจก	dtôr grà-jòk
glaucoma (m)	ตอหิน	dtôr hĭn
ictus (m) cerebrale	โรคหลอดเลือดสมอง	rôhk lòrt lêuat sà-mŏrng
attacco (m) di cuore	อาการหัวใจวาย	aa-gaan hŭa jai waai
infarto (m) miocardico	กลามเนื้อหัวใจตาย	glâam néua hŭa jai dtaai
	เหตุขาดเลือด	hàyt khàat lêuat
paralisi (f)	อัมพาต	am-má-phâat
paralizzare (vt)	ทำใหเป็นอัมพาต	tham hâi bpen am-má-phâat
allergia (f)	ภูมิแพ้	phoom pháe
asma (f)	โรคหืด	rôhk hèut
diabete (m)	โรคเบาหวาน	rôhk bao wăan
mal (m) di denti	อาการปวดฟัน	aa-gaan bpùat fan
carie (f)	ฟันผุ	fan phù
diarrea (f)	อาการทองเสีย	aa-gaan thórng sĭa
stitichezza (f)	อาการทองผูก	aa-gaan thórng phòok
disturbo (m) gastrico	อาการปวดทอง	aa-gaan bpùat thórng
intossicazione (f) alimentare	ภาวะอาหารเป็นพิษ	phaa-wá aa hăan bpen pít
intossicarsi (vr)	กินอาหารเป็นพิษ	gin aa hăan bpen phít
artrite (f)	โรคขออักเสบ	rôhk khôr àk-sàyp
rachitide (f)	โรคกระดูกออน	rôhk grà-dòok òrn
reumatismo (m)	โรครูมาติก	rôhk roo-maa-dtìk
aterosclerosi (f)	ภาวะหลอดเลือดแข็ง	phaa-wá lòrt lêuat khăeng
gastrite (f)	โรคกระเพาะอาหาร	rôhk grà-phór aa-hăan
appendicite (f)	ไสติ่งอักเสบ	sâi dtìng àk-sàyp

| colecistite (f) | โรคถุงน้ำดีอักเสบ | rôhk thǔng nám dee àk-sàyp |
| ulcera (f) | แผลเปื่อย | phlǎe bpèuay |

morbillo (m)	โรคหัด	rôhk hàt
rosolia (f)	โรคหัดเยอรมัน	rôhk hàt yer-rá-man
itterizia (f)	โรคดีซ่าน	rôhk dee sâan
epatite (f)	โรคตับอักเสบ	rôhk dtàp àk-sàyp

schizofrenia (f)	โรคจิตเภท	rôhk jìt-dtà-phâyt
rabbia (f)	โรคพิษสุนัขบ้า	rôhk phít sù-nák bâa
nevrosi (f)	โรคประสาท	rôhk bprà-sàat
commozione (f) cerebrale	สมองกระทบกระเทือน	sà-mǒrng grà-thóp grà-theuan

cancro (m)	มะเร็ง	má-reng
sclerosi (f)	การแข็งตัวของเนื้อเยื่อรางกาย	gaan kǎeng dtua kǒng néua yêua râang gaai
sclerosi (f) multipla	โรคปลอกประสาทเสื่อมแข็ง	rôhk bplòk bprà-sàat sèuam kǎeng

alcolismo (m)	โรคพิษสุราเรื้อรัง	rôhk phít sù-raa réua rang
alcolizzato (m)	คนขี้เหล้า	khon khêe lâo
sifilide (f)	โรคซิฟิลิส	rôhk sí-fí-lít
AIDS (m)	โรคเอดส	rôhk àyt

tumore (m)	เนื้องอก	néua ngôk
maligno (agg)	ร้าย	ráai
benigno (agg)	ไมร้าย	mâi ráai

febbre (f)	ไข้	khâi
malaria (f)	ไข้มาลาเรีย	kâi maa-laa-ria
cancrena (f)	เนื้อตายเน่าๆ	néua dtaai nâo
mal (m) di mare	ภาวะเมาคลื่น	phaa-wá mao khlêun
epilessia (f)	โรคลมบ้าหมู	rôhk lom bâa-mǒo

epidemia (f)	โรคระบาด	rôhk rá-bàat
tifo (m)	โรครากสาดใหญ่	rôhk râak-sàat yài
tubercolosi (f)	วัณโรค	wan-ná-rôhk
colera (m)	อหิวาตกโรค	a-hì-wâat-gà-rôhk
peste (f)	กาฬโรค	gaan-lá-rôhk

69. Sintomi. Cure. Parte 1

sintomo (m)	อาการ	aa-gaan
temperatura (f)	อุณหภูมิ	un-hà-phoom
febbre (f) alta	อุณหภูมิสูง	un-hà-phoom sǒong
polso (m)	ชีพจร	chêep-phá-jon

capogiro (m)	อาการเวียนหัว	aa-gaan wian hǔa
caldo (agg)	รอน	rórn
brivido (m)	หนาวสั่น	nǎao sàn
pallido (un viso ~)	หน้าเซียว	nâa sieow
tosse (f)	การไอ	gaan ai
tossire (vi)	ไอ	ai

starnutire (vi)	จาม	jaam
svenimento (m)	การเป็นลม	gaan bpen lom
svenire (vi)	เป็นลม	bpen lom

livido (m)	ฟกช้ำ	fók chám
bernoccolo (m)	บวม	buam
farsi un livido	ชน	chon
contusione (f)	รอยฟกช้ำ	roi fók chám
farsi male	ได้รอยช้ำ	dâai roi chám

zoppicare (vi)	กะโผลกกะเผลก	gà-phlòhk-gà-phlàyk
slogatura (f)	ข้อหลุด	khôr lùt
slogarsi (vr)	ทำข้อหลุด	tham khôr lùt
frattura (f)	กระดูกหัก	grà-dòok hàk
fratturarsi (vr)	หักกระดูก	hàk grà-dòok

taglio (m)	รอยบาด	roi bàat
tagliarsi (vr)	ทำบาด	tham bàat
emorragia (f)	การเลือดไหล	gaan lêuat lǎi

scottatura (f)	แผลไฟไหม้	phlǎe fai mâi
scottarsi (vr)	ได้รับแผลไฟไหม้	dâai ráp phlǎe fai mâi

pungere (vt)	ตำ	dtam
pungersi (vr)	ตำตัวเอง	dtam dtua ayng
ferire (vt)	ทำให้บาดเจ็บ	tham hâi bàat jèp
ferita (f)	การบาดเจ็บ	gaan bàat jèp
lesione (f)	แผล	phlǎe
trauma (m)	แผลบาดเจ็บ	phlǎe bàat jèp

delirare (vi)	คลุ้มคลั่ง	khlúm khlâng
tartagliare (vi)	พูดตะกุกตะกัก	phôot dtà-gùk-dtà-gàk
colpo (m) di sole	โรคลมแดด	rôhk lom dàet

70. Sintomi. Cure. Parte 2

dolore (m), male (m)	ความเจ็บปวด	khwaam jèp bpùat
scheggia (f)	เสี้ยน	sîan

sudore (m)	เหงื่อ	ngèua
sudare (vi)	เหงื่อออก	ngèua òrk
vomito (m)	การอาเจียน	gaan aa-jian
convulsioni (f pl)	การชัก	gaan chák

incinta (agg)	ตั้งครรภ์	dtâng khan
nascere (vi)	เกิด	gèrt
parto (m)	การคลอด	gaan khlôrt
essere in travaglio di parto	คลอดบุตร	khlôrt bùt
aborto (m)	การแท้งบุตร	gaan tháeng bùt

respirazione (f)	การหายใจ	gaan hǎai-jai
inspirazione (f)	การหายใจเข้า	gaan hǎai-jai khâo
espirazione (f)	การหายใจออก	gaan hǎai-jai òrk
espirare (vi)	หายใจออก	hǎai-jai òrk

inspirare (vi)	หายใจเข้า	hăai-jai khâo
invalido (m)	คนพิการ	khon phí-gaan
storpio (m)	พิการ	phí-gaan
drogato (m)	ผู้ติดยาเสพติด	phôo dtìt yaa-sàyp-dtìt
sordo (agg)	หูหนวก	hŏo nùak
muto (agg)	เป็นใบ้	bpen bâi
sordomuto (agg)	หูหนวกเป็นใบ้	hŏo nùak bpen bâi
matto (agg)	บ้า	bâa
matto (m)	คนบ้า	khon bâa
matta (f)	คนบ้า	khon bâa
impazzire (vi)	เสียสติ	sĭa sà-dtì
gene (m)	ยีน	yeun
immunità (f)	ภูมิคุ้มกัน	phoom khúm gan
ereditario (agg)	เป็นกรรมพันธุ์	bpen gam-má-phan
innato (agg)	แต่กำเนิด	dtàe gam-nèrt
virus (m)	เชื้อไวรัส	chéua wai-rát
microbo (m)	จุลินทรีย์	jù-lin-see
batterio (m)	แบคทีเรีย	bàek-tee-ria
infezione (f)	การติดเชื้อ	gaan dtìt chéua

71. Sintomi. Cure. Parte 3

ospedale (m)	โรงพยาบาล	rohng phá-yaa-baan
paziente (m)	ผู้ป่วย	phôo bpùay
diagnosi (f)	การวินิจฉัยโรค	gaan wí-nít-chăi rôhk
cura (f)	การรักษา	gaan rák-săa
trattamento (m)	การรักษาทางการแพทย์	gaan rák-săa thaang gaan phâet
curarsi (vr)	รับการรักษา	ráp gaan rák-săa
curare (vt)	รักษา	rák-săa
accudire (un malato)	รักษา	rák-săa
assistenza (f)	การดูแลรักษา	gaan doo lae rák-săa
operazione (f)	การผ่าตัด	gaan phàa dtàt
bendare (vt)	พันแผล	phan phlăe
fasciatura (f)	การพันแผล	gaan phan phlăe
vaccinazione (f)	การฉีดวัคซีน	gaan chèet wák-seen
vaccinare (vt)	ฉีดวัคซีน	chèet wák-seen
iniezione (f)	การฉีดยา	gaan chèet yaa
fare una puntura	ฉีดยา	chèet yaa
attacco (m) (~ epilettico)	มีอาการเฉียบพลัน	mee aa-gaan chìap phlan
amputazione (f)	การตัดอวัยวะออก	gaan dtàt a-wai-wá òrk
amputare (vt)	ตัด	dtàt
coma (m)	อาการโคม่า	aa-gaan khoh-mâa
essere in coma	อยู่ในอาการโคม่า	yòo nai aa-gaan khoh-mâa
rianimazione (f)	หน่วยอภิบาล	nùay à-phí-baan
guarire (vi)	ฟื้นตัว	féun dtua

stato (f) (del paziente)	อาการ	aa-gaan
conoscenza (f)	สติสัมปชัญญะ	sà-dtì săm-bpà-chan-yá
memoria (f)	ความทรงจำ	khwaam song jam
estrarre (~ un dente)	ถอน	thŏrn
otturazione (f)	การอุด	gaan ùt
otturare (vt)	อุด	ùt
ipnosi (f)	การสะกดจิต	gaan sà-gòt jìt
ipnotizzare (vt)	สะกดจิต	sà-gòt jìt

72. Medici

medico (m)	แพทย์	phâet
infermiera (f)	พยาบาล	phá-yaa-baan
medico (m) personale	แพทย์ส่วนตัว	phâet sùan dtua
dentista (m)	ทันตแพทย์	than-dtà phâet
oculista (m)	จักษุแพทย์	jàk-sù phâet
internista (m)	อายุรแพทย์	aa-yú-rá-phâet
chirurgo (m)	ศัลยแพทย์	săn-yá-phâet
psichiatra (m)	จิตแพทย์	jìt-dtà-phâet
pediatra (m)	กุมารแพทย์	gù-maan phâet
psicologo (m)	นักจิตวิทยา	nák jìt wít-thá-yaa
ginecologo (m)	นรีแพทย์	ná-ree phâet
cardiologo (m)	หทัยแพทย์	hà-thai phâet

73. Medicinali. Farmaci. Accessori

medicina (f)	ยา	yaa
rimedio (m)	ยา	yaa
prescrivere (vt)	จ่ายยา	jàai yaa
prescrizione (f)	ใบสั่งยา	bai sàng yaa
compressa (f)	ยาเม็ด	yaa mét
unguento (m)	ยาทา	yaa thaa
fiala (f)	หลอดยา	lòrt yaa
pozione (f)	ยาส่วนผสม	yaa sùan phà-sŏm
sciroppo (m)	น้ำเชื่อม	nám chêuam
pillola (f)	ยาเม็ด	yaa mét
polverina (f)	ยาผง	yaa phŏng
benda (f)	ผ้าพันแผล	phâa phan phlăe
ovatta (f)	สำลี	săm-lee
iodio (m)	ไอโอดีน	ai oh-deen
cerotto (m)	พลาสเตอร์	phláat-dtêr
contagocce (m)	ที่หยอดตา	thêe yòrt dtaa
termometro (m)	ปรอท	bpa -ròrt
siringa (f)	เข็มฉีดยา	khĕm chèet-yaa
sedia (f) a rotelle	รถเข็นคนพิการ	rót khĕn khon phí-gaan

stampelle (f pl)	ไม้ค้ำยัน	máai khám yan
analgesico (m)	ยาแก้ปวด	yaa gâe bpùat
lassativo (m)	ยาระบาย	yaa rá-baai
alcol (m)	เอธานอล	ay-thaa-norn
erba (f) officinale	สมุนไพร ทางการแพทย์	sà-mǔn phrai thaang gaan phâet
d'erbe (infuso ~)	สมุนไพร	sà-mǔn phrai

74. Fumo. Prodotti di tabaccheria

tabacco (m)	ยาสูบ	yaa sòop
sigaretta (f)	บุหรี่	bù rèe
sigaro (m)	ซิการ์	sí-gâa
pipa (f)	ไปป์	bpai
pacchetto (m) (di sigarette)	ซอง	sorng

fiammiferi (m pl)	ไม้ขีด	máai khèet
scatola (f) di fiammiferi	กลองไม้ขีด	glòrng máai khèet
accendino (m)	ไฟแช็ก	fai cháek
portacenere (m)	ที่เขี่ยบุหรี่	thêe khìa bù rèe
portasigarette (m)	กลองใส่บุหรี่	glòrng sài bù rèe

| bocchino (m) | ที่ต่อบุหรี่ | thêe dtòr bù rèe |
| filtro (m) | ตัวกรองบุหรี่ | dtua grorng bù rèe |

fumare (vi, vt)	สูบ	sòop
accendere una sigaretta	จุดบุหรี่	jùt bù rèe
fumo (m)	การสูบบุหรี่	gaan sòop bù rèe
fumatore (m)	ผู้สูบบุหรี่	pôo sòop bù rèe

cicca (f), mozzicone (m)	ก้นบุหรี่	gôn bù rèe
fumo (m)	ควันบุหรี่	khwan bù rèe
cenere (f)	ขี้บุหรี่	khêe bù rèe

HABITAT UMANO

Città

75. Città. Vita di città

città (f)	เมือง	meuang
capitale (f)	เมืองหลวง	meuang lŭang
villaggio (m)	หมู่บ้าน	mòo bâan
mappa (f) della città	แผนที่เมือง	phăen thêe meuang
centro (m) della città	ใจกลางเมือง	jai glaang-meuang
sobborgo (m)	ชานเมือง	chaan meuang
suburbano (agg)	ชานเมือง	chaan meuang
periferia (f)	รอบนอกเมือง	rôrp nôrk meuang
dintorni (m pl)	เขตรอบเมือง	khàyt rôrp-meuang
isolato (m)	บล็อกผังเมือง	blòrk phăng meuang
quartiere residenziale	บล็อกที่อยู่อาศัย	blòrk thêe yòo aa-săi
traffico (m)	การจราจร	gaan jà-raa-jon
semaforo (m)	ไฟจราจร	fai jà-raa-jon
trasporti (m pl) urbani	ขนสงมวลชน	khŏn sòng muan chon
incrocio (m)	สี่แยก	sèe yâek
passaggio (m) pedonale	ทางม้าลาย	thaang máa laai
sottopassaggio (m)	อุโมงค์คนเดิน	u-mohng kon dern
attraversare (vt)	ข้าม	khâam
pedone (m)	คนเดินเท้า	khon dern tháo
marciapiede (m)	ทางเท้า	thaang tháo
ponte (m)	สะพาน	sà-phaan
banchina (f)	ทางเลียบแม่น้ำ	thaang lîap mâe náam
fontana (f)	น้ำพุ	nám phú
vialetto (m)	ทางเลียบสวน	thaang lîap sŭan
parco (m)	สวน	sŭan
boulevard (m)	ถนนกว้าง	thà-nŏn gwâang
piazza (f)	จัตุรัส	jàt-dtù-ràt
viale (m), corso (m)	ถนนใหญ่	thà-nŏn yài
via (f), strada (f)	ถนน	thà-nŏn
vicolo (m)	ซอย	soi
vicolo (m) cieco	ทางตัน	thaang dtan
casa (f)	บ้าน	bâan
edificio (m)	อาคาร	aa-khaan
grattacielo (m)	ตึกกระฟ้า	dtèuk rá-fáa
facciata (f)	ด้านหน้าอาคาร	dâan-nâa aa-khaan
tetto (m)	หลังคา	lăng khaa

finestra (f)	หน้าต่าง	nâa dtàang
arco (m)	ซุมประตู	súm bprà-dtoo
colonna (f)	เสา	săo
angolo (m)	มุม	mum
vetrina (f)	หน้าต่างร้านค้า	nâa dtàang ráan kháa
insegna (f) (di negozi, ecc.)	ป้ายราน	bpâai ráan
cartellone (m)	โปสเตอร์	bpòht-dtêr
cartellone (m) pubblicitario	ป้ายโฆษณา	bpâai khôht-sà-naa
tabellone (m) pubblicitario	กระดานปิดประกาศ โฆษณา	grà-daan bpìt bprà-gàat khôht-sà-naa
pattume (m), spazzatura (f)	ขยะ	khà-yà
pattumiera (f)	ถังขยะ	thăng khà-yà
sporcare (vi)	ทิ้งขยะ	thíng khà-yà
discarica (f) di rifiuti	ที่ทิ้งขยะ	thêe thíng khà-yà
cabina (f) telefonica	ตู้โทรศัพท์	dtôo thoh-rá-sàp
lampione (m)	เสาโคม	săo khohm
panchina (f)	มานั่ง	máa nâng
poliziotto (m)	เจ้าหน้าที่ตำรวจ	jâo nâa-thêe dtam-rùat
polizia (f)	ตำรวจ	dtam-rùat
mendicante (m)	ขอทาน	khŏr thaan
barbone (m)	คนไร้บาน	khon rái bâan

76. Servizi cittadini

negozio (m)	ร้านค้า	ráan kháa
farmacia (f)	ร้านขายยา	ráan khăai yaa
ottica (f)	รานตัดแว่น	ráan dtàt wâen
centro (m) commerciale	ศูนย์การค้า	sŏon gaan kháa
supermercato (m)	ซูเปอรมาร์เก็ต	soo-bper-maa-gèt
panetteria (f)	ร้านขนมปัง	ráan khà-nŏm bpang
fornaio (m)	คนอบขนมปัง	khon òp khà-nŏm bpang
pasticceria (f)	ร้านขนม	ráan khà-nŏm
drogheria (f)	ร้านขายของชำ	ráan khăai khŏrng cham
macelleria (f)	รานขายเนื้อ	ráan khăai néua
fruttivendolo (m)	ร้านขายผัก	ráan khăai phàk
mercato (m)	ตลาด	dtà-làat
caffè (m)	ร้านกาแฟ	ráan gaa-fae
ristorante (m)	รานอาหาร	ráan aa-hăan
birreria (f), pub (m)	บาร์	baa
pizzeria (f)	รานพิซซ่า	ráan phís-sâa
salone (m) di parrucchiere	ร้านทำผม	ráan tham phŏm
ufficio (m) postale	โรงไปรษณีย์	rohng bprai-sà-nee
lavanderia (f) a secco	ร้านซักแห้ง	ráan sák hâeng
studio (m) fotografico	ห้องถ่ายภาพ	hôrng thàai phâap
negozio (m) di scarpe	ร้านขายรองเท้า	ráan khăai rorng táo
libreria (f)	รานขายหนังสือ	ráan khăai năng-sěu

negozio (m) sportivo	ร้านขายอุปกรณ์กีฬา	ráan khǎai u-bpà-gon gee-laa
riparazione (f) di abiti	ร้านซ่อมเสื้อผา	ráan sôrm sêua phâa
noleggio (m) di abiti	ร้านเช่าเสื้อออกงาน	ráan châo sêua òrk ngaan
noleggio (m) di film	ร้านเช่าวิดีโอ	ráan châo wí-dee-oh

circo (m)	โรงละครสัตว์	rohng lá-khon sàt
zoo (m)	สวนสัตว์	sǔan sàt
cinema (m)	โรงภาพยนตร์	rohng phâap-phá-yon
museo (m)	พิพิธภัณฑ์	phí-phítha phan
biblioteca (f)	ห้องสมุด	hôrng sà-mùt

teatro (m)	โรงละคร	rohng lá-khon
teatro (m) dell'opera	โรงอุปรากร	rohng ù-bpà-raa-gon
locale notturno (m)	ไนท์คลับ	nai-khláp
casinò (m)	คาสิโน	khaa-sì-noh

moschea (f)	สุเหร่า	sù-rào
sinagoga (f)	โบสถ์ยิว	bòht yiw
cattedrale (f)	อาสนวิหาร	aa sǒn wí-hǎan
tempio (m)	วิหาร	wí-hǎan
chiesa (f)	โบสถ์	bòht

istituto (m)	วิทยาลัย	wít-thá-yaa-lai
università (f)	มหาวิทยาลัย	má-hǎa wít-thá-yaa-lai
scuola (f)	โรงเรียน	rohng rian

prefettura (f)	ศาลากลางจังหวัด	sǎa-laa glaang jang-wàt
municipio (m)	ศาลาเทศบาล	sǎa-laa thâyt-sà-baan
albergo, hotel (m)	โรงแรม	rohng raem
banca (f)	ธนาคาร	thá-naa-khaan

ambasciata (f)	สถานทูต	sà-thǎan thôot
agenzia (f) di viaggi	บริษัททัวร์	bor-rí-sàt thua
ufficio (m) informazioni	สำนักงาน	sǎm-nák ngaan
	ศูนย์ข้อมูล	sǒon khôr moon
ufficio (m) dei cambi	ร้านแลกเงิน	ráan lâek ngern

| metropolitana (f) | รถไฟใต้ดิน | rót fai dtâi din |
| ospedale (m) | โรงพยาบาล | rohng phá-yaa-baan |

| distributore (m) di benzina | ปั้มน้ำมัน | bpám náam man |
| parcheggio (m) | ลานจอดรถ | laan jòrt rót |

77. Mezzi pubblici in città

autobus (m)	รถเมล์	rót may
tram (m)	รถราง	rót raang
filobus (m)	รถโดยสารประจำ	rót doi sǎan bprà-jam
	ทางไฟฟ้า	thaang fai fáa
itinerario (m)	เส้นทาง	sên thaang
numero (m)	หมายเลข	mǎai lâyk

| andare in ... | ไปด้วย | bpai dûay |
| salire (~ sull'autobus) | ขึ้น | khêun |

scendere da ...	ลง	long
fermata (f) (~ dell'autobus)	ป้าย	bpâai
prossima fermata (f)	ป้ายถัดไป	bpâai thàt bpai
capolinea (m)	ป้ายสุดท้าย	bpâai sùt tháai
orario (m)	ตารางเวลา	dtaa-raang way-laa
aspettare (vt)	รอ	ror

biglietto (m)	ตั๋ว	dtŭa
prezzo (m) del biglietto	ค่าตั๋ว	khâa dtŭa

cassiere (m)	คนขายตั๋ว	khon khăai dtŭa
controllo (m) dei biglietti	การตรวจตั๋ว	gaan dtrùat dtŭa
bigliettaio (m)	พนักงานตรวจตั๋ว	phá-nák ngaan dtrùat dtŭa

essere in ritardo	ไปสาย	bpai săai
perdere (~ il treno)	พลาด	phlâat
avere fretta	รีบเร่ง	rêep râyng

taxi (m)	แท็กซี่	tháek-sêe
taxista (m)	คนขับแท็กซี่	khon khàp tháek-sêe
in taxi	โดยแท็กซี่	doi tháek-sêe
parcheggio (m) di taxi	ป้ายจอดแท็กซี่	bpâai jòrt tháek sêe
chiamare un taxi	เรียกแท็กซี่	rîak tháek sêe
prendere un taxi	ขึ้นรถแท็กซี่	khêun rót tháek-sêe

traffico (m)	การจราจร	gaan jà-raa-jon
ingorgo (m)	การจราจรติดขัด	gaan jà-raa-jon dtìt khàt
ore (f pl) di punta	ชั่วโมงเร่งด่วน	chûa mohng râyng dùan
parcheggiarsi (vr)	จอด	jòrt
parcheggiare (vt)	จอด	jòrt
parcheggio (m)	ลานจอดรถ	laan jòrt rót

metropolitana (f)	รถไฟใต้ดิน	rót fai dtâi din
stazione (f)	สถานี	sà-thăa-nee
prendere la metropolitana	ขึ้นรถไฟใต้ดิน	khêun rót fai dtâi din
treno (m)	รถไฟ	rót fai
stazione (f) ferroviaria	สถานีรถไฟ	sà-thăa-nee rót fai

78. Visita turistica

monumento (m)	อนุสาวรีย์	a-nú-săa-wá-ree
fortezza (f)	ป้อม	bpôrm
palazzo (m)	วัง	wang
castello (m)	ปราสาท	bpraa-sàat
torre (f)	หอ	hŏr
mausoleo (m)	สุสาน	sù-săan

architettura (f)	สถาปัตยกรรม	sà-thăa-bpàt-dtà-yá-gam
medievale (agg)	ยุคกลาง	yúk glaang
antico (agg)	โบราณ	boh-raan
nazionale (agg)	แห่งชาติ	hàeng châat
famoso (agg)	ที่มีชื่อเสียง	thêe mee chêu-sĭang
turista (m)	นักท่องเที่ยว	nák thôrng thîeow
guida (f)	มัคคุเทศก์	mák-khú-thâyt

escursione (f)	ทัศนศึกษา	thát-sà-ná-sèuk-sǎa
fare vedere	แสดง	sà-daeng
raccontare (vt)	เลา	lâo
trovare (vt)	หาพบ	hǎa phóp
perdersi (vr)	หลงทาง	lǒng thaang
mappa (f) (~ della metropolitana)	แผนที่	phǎen thêe
piantina (f) (~ della città)	แผนที่	phǎen thêe
souvenir (m)	ของที่ระลึก	khǒrng thêe rá-léuk
negozio (m) di articoli da regalo	รานขาย ของที่ระลึก	ráan khǎai khǒrng thêe rá-léuk
fare foto	ถ่ายภาพ	thàai phâap
fotografarsi	ได้รับการ ถายภาพให	dâai ráp gaan thàai phâap hâi

79. Acquisti

comprare (vt)	ซื้อ	séu
acquisto (m)	ของซื้อ	khǒrng séu
fare acquisti	ไปซื้อของ	bpai séu khǒrng
shopping (m)	การชอปปิง	gaan chôp bping
essere aperto (negozio)	เปิด	bpèrt
essere chiuso	ปิด	bpìt
calzature (f pl)	รองเท้า	rorng tháo
abbigliamento (m)	เสื้อผา	sêua phâa
cosmetica (f)	เครื่องสำอาง	khrêuang sǎm-aang
alimentari (m pl)	อาหาร	aa-hǎan
regalo (m)	ของขวัญ	khǒrng khwǎn
commesso (m)	พนักงานขาย	phá-nák ngaan khǎai
commessa (f)	พนักงานขาย	phá-nák ngaan khǎai
cassa (f)	ที่จ่ายเงิน	thêe jàai ngern
specchio (m)	กระจก	grà-jòk
banco (m)	เคานเตอร์	khao-dtêr
camerino (m)	หองลองเสื้อผา	hôrng lorng sêua phâa
provare (~ un vestito)	ลอง	lorng
stare bene (vestito)	เหมาะ	mò
piacere (vi)	ชอบ	chôrp
prezzo (m)	ราคา	raa-khaa
etichetta (f) del prezzo	ป้ายราคา	bpâai raa-khaa
costare (vt)	ราคา	raa-khaa
Quanto?	ราคาเท่าไหร่?	raa-khaa thâo rài
sconto (m)	ลดราคา	lót raa-khaa
no muy caro (agg)	ไม่แพง	mâi phaeng
a buon mercato	ถูก	thòok
caro (agg)	แพง	phaeng

È caro	มันราคาแพง	man raa-khaa phaeng
noleggio (m)	การเช่า	gaan châo
noleggiare (~ un abito)	เช่า	châo
credito (m)	สินเชื่อ	sĭn chêua
a credito	ซื้อเงินเชื่อ	séu ngern chêua

80. Denaro

soldi (m pl)	เงิน	ngern
cambio (m)	การแลกเปลี่ยน สกุลเงิน	gaan lâek bplìan sà-gun ngern
corso (m) di cambio	อัตราแลกเปลี่ยน สกุลเงิน	àt-dtraa lâek bplìan sà-gun ngern
bancomat (m)	เอทีเอ็ม	ay-thee-em
moneta (f)	เหรียญ	rĭan
dollaro (m)	ดอลลาร์	dorn-lâa
euro (m)	ยูโร	yoo-roh
lira (f)	ลีราอิตาลี	lee-raa ì-dtaa-lee
marco (m)	มาร์ค	mâak
franco (m)	ฟรังค์	frang
sterlina (f)	ปอนด์สเตอร์ลิง	bporn sà-dtêr-ling
yen (m)	เยน	yayn
debito (m)	หนี้	nêe
debitore (m)	ลูกหนี้	lôok nêe
prestare (~ i soldi)	ให้ยืม	hâi yeum
prendere in prestito	ขอยืม	khŏr yeum
banca (f)	ธนาคาร	thá-naa-khaan
conto (m)	บัญชี	ban-chee
versare (vt)	ฝาก	fàak
versare sul conto	ฝากเงินเข้าบัญชี	fàak ngern khâo ban-chee
prelevare dal conto	ถอน	thŏrn
carta (f) di credito	บัตรเครดิต	bàt khray-dìt
contanti (m pl)	เงินสด	ngern sòt
assegno (m)	เช็ค	chék
emettere un assegno	เขียนเช็ค	khĭan chék
libretto (m) di assegni	สมุดเช็ค	sà-mùt chék
portafoglio (m)	กระเป๋าเงิน	grà-bpăo ngern
borsellino (m)	กระเป๋าสตางค์	grà-bpăo sà-dtaang
cassaforte (f)	ตู้เซฟ	dtôo sâyf
erede (m)	ทายาท	thaa-yâat
eredità (f)	มรดก	mor-rá-dòrk
fortuna (f)	เงินจำนวนมาก	ngern jam-nuan mâak
affitto (m), locazione (f)	สัญญาเช่า	săn-yaa châo
canone (m) d'affitto	ค่าเช่า	kâa châo
affittare (dare in affitto)	เช่า	châo
prezzo (m)	ราคา	raa-khaa

| costo (m) | ราคา | raa-khaa |
| somma (f) | จำนวนเงินรวม | jam-nuan ngern ruam |

spendere (vt)	จ่าย	jàai
spese (f pl)	คาจาย	khâa jàai
economizzare (vi, vt)	ประหยัด	bprà-yàt
economico (agg)	ประหยัด	bprà-yàt

pagare (vi, vt)	จ่าย	jàai
pagamento (m)	การจ่ายเงิน	gaan jàai ngern
resto (m) (dare il ~)	เงินทอน	ngern thorn

imposta (f)	ภาษี	phaa-sĕe
multa (f), ammenda (f)	คาปรับ	khâa bpràp
multare (vt)	ปรับ	bpràp

81. Posta. Servizio postale

ufficio (m) postale	โรงไปรษณีย์	rohng bprai-sà-nee
posta (f) (lettere, ecc.)	จดหมาย	jòt mǎai
postino (m)	บุรุษไปรษณีย์	bù-rùt bprai-sà-nee
orario (m) di apertura	เวลาทำการ	way-laa tham gaan

lettera (f)	จดหมาย	jòt mǎai
raccomandata (f)	จดหมายลงทะเบียน	jòt mǎai long thá-bian
cartolina (f)	ไปรษณียบัตร	bprai-sà-nee-yá-bàt
telegramma (m)	โทรเลข	thoh-rá-lâyk
pacco (m) postale	พัสดุ	phát-sà-dù
vaglia (m) postale	การโอนเงิน	gaan ohn ngern

ricevere (vt)	รับ	ráp
spedire (vt)	ฝาก	fàak
invio (m)	การฝาก	gaan fàak

| indirizzo (m) | ที่อยู่ | thêe yòo |
| codice (m) postale | รหัสไปรษณีย์ | rá-hàt bprai-sà-nee |

| mittente (m) | ผู้ฝาก | phôo fàak |
| destinatario (m) | ผู้รับ | phôo ráp |

| nome (m) | ชื่อ | chêu |
| cognome (m) | นามสกุล | naam sà-gun |

tariffa (f)	อัตราค่าส่งไปรษณีย์	àt-dtraa khâa sòng bprai-sà-nee
ordinario (agg)	มาตรฐาน	mâat-dtrà-thǎan
standard (agg)	ประหยัด	bprà-yàt

peso (m)	น้ำหนัก	nám nàk
pesare (vt)	มีน้ำหนัก	mee nám nàk
busta (f)	ซอง	sorng
francobollo (m)	แสตมป์ไปรษณีย์	sà-dtaem bprai-sà-nee
affrancare (vt)	แสตมป์ตราประทับบนซอง	sà-dtaem dtraa bprà-tháp bon song

Abitazione. Casa

82. Casa. Abitazione

casa (f)	บ้าน	bâan
a casa	ที่บ้าน	thêe bâan
cortile (m)	สนาม	sà-nǎam
recinto (m)	รั้ว	rúa
mattone (m)	อิฐ	ìt
di mattoni	อิฐ	ìt
pietra (f)	หิน	hǐn
di pietra	หิน	hǐn
beton (m)	คอนกรีต	khorn-grèet
di beton	คอนกรีต	khorn-grèet
nuovo (agg)	ใหม่	mài
vecchio (agg)	เก่า	gào
fatiscente (edificio ~)	เสื่อมสภาพ	sèuam sà-phâap
moderno (agg)	ทันสมัย	than sà-mǎi
a molti piani	ที่มีหลายชั้น	thêe mee lǎai chán
alto (agg)	สูง	sǒong
piano (m)	ชั้น	chán
di un piano	ชั้นเดียว	chán dieow
pianoterra (m)	ชั้นล่าง	chán lâang
ultimo piano (m)	ชั้นบนสุด	chán bon sùt
tetto (m)	หลังคา	lǎng khaa
ciminiera (f)	ปล่องควัน	bplòrng khwan
tegola (f)	กระเบื้องหลังคา	grà-bêuang lǎng khaa
di tegole	กระเบื้อง	grà-bêuang
soffitta (f)	ห้องใต้หลังคา	hôrng dtâi lǎng-khaa
finestra (f)	หน้าต่าง	nâa dtàang
vetro (m)	แก้ว	gâew
davanzale (m)	ชั้นติดผนัง	chán dtìt phà-nǎng
	ใต้หน้าต่าง	dtâi nâa dtàang
imposte (f pl)	ชัตเตอร์	chát-dtêr
muro (m)	ฝาผนัง	fǎa phà-nǎng
balcone (m)	ระเบียง	rá-biang
tubo (m) pluviale	รางน้ำ	raang náam
su, di sopra	ชั้นบน	chán bon
andare di sopra	ขึ้นไปข้างบน	khêun bpai khâang bon
scendere (vi)	ลง	long
trasferirsi (vr)	ย้ายไป	yáai bpai

83. Casa. Ingresso. Ascensore

entrata (f)	ทางเข้า	thaang khâo
scala (f)	บันได	ban-dai
gradini (m pl)	ขั้นบันได	khân ban-dai
ringhiera (f)	ราวบันได	raao ban-dai
hall (f) (atrio d'ingresso)	ห้องโถง	hôrng thŏhng
cassetta (f) della posta	ตู้จดหมาย	dtôo jòt măai
secchio (m) della spazzatura	ถังขยะ	thăng khà-yà
scivolo (m) per la spazzatura	ช่องทิ้งขยะ	chôrng thíng khà-yà
ascensore (m)	ลิฟต์	líf
montacarichi (m)	ลิฟต์ขนของ	líf khŏn khŏrng
cabina (f) di ascensore	กรงลิฟต์	grorng líf
prendere l'ascensore	ขึ้นลิฟต์	khêun líf
appartamento (m)	อพาร์ตเมนต์	a-phâat-mayn
inquilini (m pl)	ผู้อาศัย	phôo aa-săi
vicino (m)	เพื่อนบ้าน	phêuan bâan
vicina (f)	เพื่อนบ้าน	phêuan bâan
vicini (m pl)	เพื่อนบ้าน	phêuan bâan

84. Casa. Porte. Serrature

porta (f)	ประตู	bprà-dtoo
cancello (m)	ประตูรั้ว	bprà-dtoo rúa
maniglia (f)	ลูกบิดประตู	lôok bìt bprà-dtoo
togliere il catenaccio	ไข	khăi
aprire (vt)	เปิด	bpèrt
chiudere (vt)	ปิด	bpìt
chiave (f)	ลูกกุญแจ	lôok gun-jae
mazzo (m)	พวง	phuang
cigolare (vi)	อ๊อดแอ๊ด	órt-áet
cigolio (m)	เสียงออดแอด	sĭang órt-áet
cardine (m)	บานพับ	baan pháp
zerbino (m)	ที่เช็ดเท้า	thêe chét tháo
serratura (f)	แม่กุญแจ	mâe gun-jae
buco (m) della serratura	รูกุญแจ	roo gun-jae
chiavistello (m)	ไม้ที่วางขวาง	máai thêe waang khwăng
catenaccio (m)	กลอนประตู	glorn bprà-dtoo
lucchetto (m)	ดอกกุญแจ	dòrk gun-jae
suonare (~ il campanello)	กดออด	gòt òrt
suono (m)	เสียงดัง	sĭang dang
campanello (m)	กระดิ่งประตู	grà-dìng bprà-dtoo
pulsante (m)	ปุ่มออดหน้าประตู	bpùm òrt nâa bprà-dtoo
bussata (f)	เสียงเคาะ	sĭang khór
bussare (vi)	เคาะ	khór
codice (m)	รหัส	rá-hàt

81

serratura (f) a codice	กุญแจรหัส	gun-jae rá-hàt
citofono (m)	อินเตอร์คอม	in-dtêr-khom
numero (m) (~ civico)	เลข	lâyk
targhetta (f) di porta	ป้ายหน้าประตู	bpâai nâa bprà-dtoo
spioncino (m)	ชองตาแมว	chôrng dtaa maew

85. Casa di campagna

villaggio (m)	หมู่บ้าน	mòo bâan
orto (m)	สวนผัก	sǔan phàk
recinto (m)	รั้ว	rúa
steccato (m)	รั้วปักดิน	rúa bpàk din
cancelletto (m)	ประตูรั้วเล็กๆ	bprà-dtoo rúa lék lék
granaio (m)	ยุ้งฉาง	yúng chǎang
cantina (f), scantinato (m)	หองใตดิน	hôrng dtâi din
capanno (m)	โรงนา	rohng naa
pozzo (m)	บอน้ำ	bòr náam
stufa (f)	เตา	dtao
attizzare (vt)	จุดไฟ	jùt fai
legna (f) da ardere	ฟืน	feun
ciocco (m)	ทอน	thôrn
veranda (f)	เฉลียงหน้าบ้าน	chà-lĭang nâa bâan
terrazza (f)	ระเบียง	rá-biang
scala (f) d'ingresso	บันไดทางเข้าบ้าน	ban-dai thaang khâo bâan
altalena (f)	ชิงชา	ching cháa

86. Castello. Reggia

castello (m)	ปราสาท	bpraa-sàat
palazzo (m)	วัง	wang
fortezza (f)	ป้อม	bpôrm
muro (m)	กำแพง	gam-phaeng
torre (f)	หอ	hǒr
torre (f) principale	หอกลาง	hǒr klaang
saracinesca (f)	ประตูชักรอก	bprà-dtoo chák rôrk
tunnel (m)	ทางใตดิน	taang dtâi din
fossato (m)	ดูเมือง	khoo meuang
catena (f)	โซ่	sôh
feritoia (f)	ชองยิงธนู	chôrng ying thá-noo
magnifico (agg)	ภัทร	phát
maestoso (agg)	โอโถง	òh thǒhng
inespugnabile (agg)	ที่ไม่สวมารถ	thêe mâi sǎa-mâat
	เจาะเขาไปถึง	jòr khǎo bpai thěung
medievale (agg)	ยุคกลาง	yúk glaang

87. Appartamento

appartamento (m)	อพาร์ตเมนต์	a-phâat-mayn
camera (f), stanza (f)	ห้อง	hôrng
camera (f) da letto	ห้องนอน	hôrng norn
sala (f) da pranzo	ห้องรับประทาน	hôrng ráp bprà-thaan
	อาหาร	aa-hǎan
salotto (m)	ห้องนั่งเล่น	hôrng nâng lên
studio (m)	หองทำงาน	hôrng tham ngaan
ingresso (m)	ห้องเข้า	hôrng khâo
bagno (m)	ห้องน้ำ	hôrng náam
gabinetto (m)	หองสวม	hôrng sûam
soffitto (m)	เพดาน	phay-daan
pavimento (m)	พื้น	phéun
angolo (m)	มุม	mum

88. Appartamento. Pulizie

pulire (vt)	ทำความสะอาด	tham khwaam sà-àat
mettere via	เก็บ	gèp
polvere (f)	ฝุ่น	fùn
impolverato (agg)	มีฝุ่นเยอะ	mee fùn yúh
spolverare (vt)	ปัดกวาด	bpàt gwàat
aspirapolvere (m)	เครื่องดูดฝุ่น	khrêuang dòot fùn
passare l'aspirapolvere	ดูดฝุ่น	dòot fùn
spazzare (vi, vt)	กวาด	gwàat
spazzatura (f)	ฝุ่นกวาด	fùn gwàat
ordine (m)	ความสะอาด	khwaam sà-àat
disordine (m)	ความไม่เป็นระเบียบ	khwaam mâi bpen rá-bìap
frettazzo (m)	ไม้ถูพื้น	mái thǒo phéun
strofinaccio (m)	ผ้าเช็ดพื้น	phâa chét phéun
scopa (f)	ไมกวาดสั้น	máai gwàat sân
paletta (f)	ที่ตักผง	têe dtàk phǒng

89. Arredamento. Interno

mobili (m pl)	เครื่องเรือน	khrêuang reuan
tavolo (m)	โต๊ะ	dtó
sedia (f)	เก้าอี้	gâo-êe
letto (m)	เตียง	dtiang
divano (m)	โซฟา	soh-faa
poltrona (f)	เก้าอี้เท้าแขน	gâo-êe tháo khǎen
libreria (f)	ตู้หนังสือ	dtôo nǎng-sěu
ripiano (m)	ชั้นวาง	chán waang
armadio (m)	ตูเสื้อผ้า	dtôo sêua phâa

| attaccapanni (m) da parete | ที่แขวนเสื้อ | thêe khwăen sêua |
| appendiabiti (m) da terra | ไม้แขวนเสื้อ | mái khwăen sêua |

| comò (m) | ตู้ลิ้นชัก | dtôo lín chák |
| tavolino (m) da salotto | โต๊ะกาแฟ | dtó gaa-fae |

specchio (m)	กระจก	grà-jòk
tappeto (m)	พรม	phrom
tappetino (m)	พรมเช็ดเท้า	phrom chét tháo

camino (m)	เตาผิง	dtao phĭng
candela (f)	เทียน	thian
candeliere (m)	เชิงเทียน	cherng thian

tende (f pl)	ผ้าแขวน	phâa khwăen
carta (f) da parati	วอลเปเปอร์	worn-bpay-bper
tende (f pl) alla veneziana	บานเกล็ดหน้าต่าง	baan glèt nâa dtàang

lampada (f) da tavolo	โคมไฟตั้งโต๊ะ	khohm fai dtâng dtó
lampada (f) da parete	ไฟติดผนัง	fai dtìt phà-năng
lampada (f) a stelo	โคมไฟตั้งพื้น	khohm fai dtâng phéun
lampadario (m)	โคมระย้า	khohm rá-yáa

gamba (f)	ขา	khăa
bracciolo (m)	ที่พักแขน	thêe phák khăen
spalliera (f)	พนักพิง	phá-nák phing
cassetto (m)	ลิ้นชัก	lín chák

90. Biancheria da letto

biancheria (f) da letto	ชุดผ้าปูที่นอน	chút phâa bpoo thêe norn
cuscino (m)	หมอน	mŏrn
federa (f)	ปลอกหมอน	bplòk mŏrn
coperta (f)	ผ้าผวย	phâa phŭay
lenzuolo (m)	ผ้าปู	phâa bpoo
copriletto (m)	ผาคลุมเตียง	phâa khlum dtiang

91. Cucina

cucina (f)	ห้องครัว	hôrng khrua
gas (m)	แก๊ส	gáet
fornello (m) a gas	เตาแก็ส	dtao gàet
fornello (m) elettrico	เตาไฟฟ้า	dtao fai-fáa
forno (m)	เตาอบ	dtao òp
forno (m) a microonde	เตาอบไมโครเวฟ	dtao òp mai-khroh-we p

frigorifero (m)	ตู้เย็น	dtôo yen
congelatore (m)	ตูแชแข็ง	dtôo châe khăeng
lavastoviglie (f)	เครื่องลางจาน	khrêuang láang jaan
tritacarne (m)	เครื่องบดเนื้อ	khrêuang bòt néua
spremifrutta (m)	เครื่องคั้น นำผลไม้	khrêuang khán náam phŏn-lá-mái

tostapane (m)	เครื่องปิ้ง	khrêuang bpîng
	ขนมปัง	khà-nŏm bpang
mixer (m)	เครื่องปั่น	khrêuang bpàn

macchina (f) da caffè	เครื่องชงกาแฟ	khrêuang chong gaa-fae
caffettiera (f)	หม้อกาแฟ	môr gaa-fae
macinacaffè (m)	เครื่องบดกาแฟ	khrêuang bòt gaa-fae

bollitore (m)	กาน้ำ	gaa náam
teiera (f)	กาน้ำชา	gaa náam chaa
coperchio (m)	ฝา	făa
colino (m) da tè	ที่กรองชา	thêe grorng chaa

cucchiaio (m)	ช้อน	chórn
cucchiaino (m) da tè	ช้อนชา	chórn chaa
cucchiaio (m)	ช้อนซุป	chórn súp
forchetta (f)	ส้อม	sôrm
coltello (m)	มีด	mêet

stoviglie (f pl)	ถ้วยชาม	thûay chaam
piatto (m)	จาน	jaan
piattino (m)	จานรอง	jaan rorng
cicchetto (m)	แก้วช็อต	gâew chórt
bicchiere (m) (~ d'acqua)	แก้ว	gâew
tazzina (f)	ถ้วย	thûay

zuccheriera (f)	โถน้ำตาล	thŏh náam dtaan
saliera (f)	กระปุกเกลือ	grà-bpùk gleua
pepiera (f)	กระปุกพริกไท	grà-bpùk phrík thai
burriera (f)	ที่ใส่เนย	thêe sài noie

pentola (f)	หม้อต้ม	môr dtôm
padella (f)	กระทะ	grà-thá
mestolo (m)	กระบวย	grà-buay
colapasta (m)	กระชอน	grà chorn
vassoio (m)	ถาด	thàat

bottiglia (f)	ขวด	khùat
barattolo (m) di vetro	ขวดโหล	khùat lŏh
latta, lattina (f)	กระป๋อง	grà-bpŏrng

apribottiglie (m)	ที่เปิดขวด	thêe bpèrt khùat
apriscatole (m)	ที่เปิดกระป๋อง	thêe bpèrt grà-bpŏrng
cavatappi (m)	ที่เปิดจุก	thêe bpèrt jùk
filtro (m)	ที่กรอง	thêe grorng
filtrare (vt)	กรอง	grorng

| spazzatura (f) | ขยะ | khà-yà |
| pattumiera (f) | ถังขยะ | thăng khà-yà |

92. Bagno

| bagno (m) | ห้องน้ำ | hôrng náam |
| acqua (f) | น้ำ | nám |

rubinetto (m)	ก๊อกน้ำ	gòk náam
acqua (f) calda	น้ำร้อน	nám rórn
acqua (f) fredda	น้ำเย็น	nám yen

dentifricio (m)	ยาสีฟัน	yaa sĕe fan
lavarsi i denti	แปรงฟัน	bpraeng fan
spazzolino (m) da denti	แปรงสีฟัน	bpraeng sĕe fan

rasarsi (vr)	โกน	gohn
schiuma (f) da barba	โฟมโกนหนวด	fohm gohn nùat
rasoio (m)	มีดโกน	mêet gohn

lavare (vt)	ล้าง	láang
fare un bagno	อาบ	àap
doccia (f)	ฝักบัว	fàk bua
fare una doccia	อาบน้ำฝักบัว	àap náam fàk bua

vasca (f) da bagno	อ่างอาบน้ำ	àang àap náam
water (m)	โถชักโครก	thŏh chák khrôhk
lavandino (m)	อางลางหนา	àang láang-nâa

| sapone (m) | สบู่ | sà-bòo |
| porta (m) sapone | ที่ใส่สบู่ | thêe sài sà-bòo |

spugna (f)	ฟองน้ำ	forng náam
shampoo (m)	แชมพู	chaem-phoo
asciugamano (m)	ผ้าเช็ดตัว	phâa chét dtua
accappatoio (m)	เสื้อคลุมอาบน้ำ	sêua khlum àap náam

bucato (m)	การซักผ้า	gaan sák phâa
lavatrice (f)	เครื่องซักผ้า	khrêuang sák phâa
fare il bucato	ซักผ้า	sák phâa
detersivo (m) per il bucato	ผงซักฟอก	phŏng sák-fôrk

93. Elettrodomestici

televisore (m)	ทีวี	thee-wee
registratore (m) a nastro	เครื่องบันทึกเทป	khrêuang ban-théuk thâyp
videoregistratore (m)	เครื่องบันทึก วิดีโอ	khrêuang ban-théuk wí-dee-oh

| radio (f) | วิทยุ | wít-thá-yú |
| lettore (m) | เครื่องเล่น | khrêuang lên |

| videoproiettore (m) | โปรเจ็คเตอร์ | bproh-jèk-dtêr |
| home cinema (m) | เครื่องฉายภาพ ยนตร์ที่บ้าน | khhrêuang chăai phâap-phá yon thêe bâan |

lettore (m) DVD	เครื่องเล่น DVD	khrêuang lên dee-wee-dee
amplificatore (m)	เครื่องขยายเสียง	khrêuang khà-yăi sĭang
console (f) video giochi	เครื่องเกมคอนโซล	khrêuang gaym khorn sohn

videocamera (f)	กล้องถ่ายวิดีโอ	glôrng thàai wí-dee-oh
macchina (f) fotografica	กล้องถ่ายรูป	glôrng thàai rôop
fotocamera (f) digitale	กล้องดิจิตอล	glôrng dì-jì-dton
aspirapolvere (m)	เครื่องดูดฝุ่น	khrêuang dòot fùn

| ferro (m) da stiro | เตารีด | dtao rêet |
| asse (f) da stiro | กระดานรองรีด | grà-daan rorng rêet |

telefono (m)	โทรศัพท์	thoh-rá-sàp
telefonino (m)	มือถือ	meu thěu
macchina (f) da scrivere	เครื่องพิมพ์ดีด	khrêuang phim dèet
macchina (f) da cucire	จักรเย็บผ้า	jàk yép phâa

microfono (m)	ไมโครโฟน	mai-khroh-fohn
cuffia (f)	หูฟัง	hǒo fang
telecomando (m)	รีโมตทีวี	ree môht thee wee

CD (m)	CD	see-dee
cassetta (f)	เทป	thâyp
disco (m) (vinile)	จานเสียง	jaan sǐang

94. Riparazioni. Restauro

lavori (m pl) di restauro	การซ่อมแซม	gaan sôrm saem
rinnovare (ridecorare)	ซ่อมแซม	sôrm saem
riparare (vt)	ซ่อมแซม	sôrm saem
mettere in ordine	สะสาง	sà-sǎang
rifare (vt)	ทำใหม่	tham mài

pittura (f)	สี	sěe
pitturare (~ un muro)	ทาสี	thaa sěe
imbianchino (m)	ช่างทาสีบ้าน	châang thaa sěe bâan
pennello (m)	แปรงทาสี	bpraeng thaa sěe

| imbiancatura (f) | สารฟอกขาว | sǎan fôrk khǎao |
| imbiancare (vt) | ฟอกขาว | fôrk khǎao |

carta (f) da parati	วอลเปเปอร์	worn-bpay-bper
tappezzare (vt)	ติดวอลเปเปอร์	dtìt wor lá-bpay-bper
vernice (f)	น้ำมันชักเงา	náam man chák ngao
verniciare (vt)	เคลือบ	khlêuap

95. Impianto idraulico

acqua (f)	น้ำ	nám
acqua (f) calda	น้ำร้อน	nám rórn
acqua (f) fredda	น้ำเย็น	nám yen
rubinetto (m)	ก็อกน้ำ	gòk náam

goccia (f)	หยด	yòt
gocciolare (vi)	ตก	dtòk
perdere (il tubo, ecc.)	รั่ว	rûa
perdita (f) (~ dai tubi)	การรั่ว	gaan rûa
pozza (f)	หลมน้ำ	lòm nám

| tubo (m) | ท่อ | thôr |
| valvola (f) | วาลว | waao |

intasarsi (vr)	อุดตัน	ùt dtan
strumenti (m pl)	เครื่องมือ	khrêuang meu
chiave (f) inglese	ประแจคอม้า	bprà-jae kor máa
svitare (vt)	คลายเกลียวออก	khlaai glieow òrk
avvitare (stringere)	ขันให้แน่น	khǎn hâi nâen
stasare (vt)	แก้การอุดตัน	gâe gaan ùt dtan
idraulico (m)	ช่างประปา	châang bprà-bpaa
seminterrato (m)	ชั้นใต้ดิน	chán dtâi din
fognatura (f)	ระบบท่อน้ำทิ้ง	rá-bòp thôr náam thíng

96. Incendio. Conflagrazione

fuoco (m)	ไฟไหม้	fai mâi
fiamma (f)	เปลวไฟ	bpleo fai
scintilla (f)	ประกายไฟ	bprà-gaai fai
fumo (m)	ควัน	khwan
fiaccola (f)	คบเพลิง	khóp phlerng
falò (m)	กองไฟ	gorng fai
benzina (f)	น้ำมันเชื้อเพลิง	nám man chéua phlerng
cherosene (m)	น้ำมันก๊าด	nám man gáat
combustibile (agg)	ติดไฟได้	dtìt fai dâai
esplosivo (agg)	ที่ระเบิดได้	thêe rá-bèrt dâai
VIETATO FUMARE!	ห้ามสูบบุหรี่	hâam sòop bù rèe
sicurezza (f)	ความปลอดภัย	khwaam bplòrt phai
pericolo (m)	อันตราย	an-dtà-raai
pericoloso (agg)	อันตราย	an-dtà-raai
prendere fuoco	ติดไฟ	dtìt fai
esplosione (f)	การระเบิด	gaan rá-bèrt
incendiare (vt)	เผา	phǎo
incendiario (m)	ผู้ลอบวางเพลิง	phôo lôp waang phlerng
incendio (m) doloso	การลอบวางเพลิง	gaan lôp waang phlerng
divampare (vi)	ไฟลุกโชน	fai lúk-chohn
bruciare (vi)	ไหม้	mâi
bruciarsi (vr)	เผาให้ราบ	phǎo hâi râap
chiamare i pompieri	เรียกนักดับเพลิง	rîak nák dàp phlerng
pompiere (m)	นักดับเพลิง	nák dàp phlerng
autopompa (f)	รถดับเพลิง	rót dàp phlerng
corpo (m) dei pompieri	สถานีดับเพลิง	sà-thǎa-nee dàp phlerng
autoscala (f) da pompieri	บันไดรถดับเพลิง	ban-dai rót dàp phlerng
manichetta (f)	ท่อดับเพลิง	thôr dàp phlerng
estintore (m)	ที่ดับเพลิง	thêe dàp phlerng
casco (m)	หมวกนิรภัย	mùak ní-rá-phai
sirena (f)	สัญญาณเตือนภัย	sǎn-yaan dteuan phai
gridare (vi)	ร้อง	rórng
chiamare in aiuto	ขอช่วย	khǒr chûay
soccorritore (m)	นักกู้ภัย	nák gôo phai

salvare (vt)	ช่วยชีวิต	chûay chee-wít
arrivare (vi)	มา	maa
spegnere (vt)	ดับเพลิง	dàp phlerng
acqua (f)	น้ำ	nám
sabbia (f)	ทราย	saai
rovine (f pl)	ซาก	sâak
crollare (edificio)	ถล่ม	thà-lòm
cadere (vi)	ถล่มทลาย	thà-lòm thá-laai
collassare (vi)	ถลม	thà-lòm
frammento (m)	ส่วนสะเก็ด	sùan sà-gèt
cenere (f)	ขี้เถา	khêe thǎo
asfissiare (vi)	ขาดอากาศตาย	khàat aa-gàat dtaai
morire, perire (vi)	เสียชีวิต	sǐa chee-wít

ATTIVITÀ UMANA

Lavoro. Affari. Parte 1

97. Attività bancaria

banca (f)	ธนาคาร	thá-naa-khaan
filiale (f)	สาขา	săa-khăa
consulente (m)	พนักงาน	phá-nák ngaan
	ธนาคาร	thá-naa-khaan
direttore (m)	ผู้จัดการ	phôo jàt gaan
conto (m) bancario	บัญชีธนาคาร	ban-chee thá-naa-kaan
numero (m) del conto	หมายเลขบัญชี	măai lâyk ban-chee
conto (m) corrente	กระแสรายวัน	grà-săe raai wan
conto (m) di risparmio	บัญชีออมทรัพย์	ban-chee orm sáp
aprire un conto	เปิดบัญชี	bpèrt ban-chee
chiudere il conto	ปิดบัญชี	bpìt ban-chee
versare sul conto	ฝากเงินเข้าบัญชี	fàak ngern khâo ban-chee
prelevare dal conto	ถอน	thŏrn
deposito (m)	การฝาก	gaan fàak
depositare (vt)	ฝาก	fàak
trasferimento (m) telegrafico	การโอนเงิน	gaan ohn ngern
rimettere i soldi	โอนเงิน	ohn ngern
somma (f)	จำนวนเงินรวม	jam-nuan ngern ruam
Quanto?	เทาไหร?	thâo rài
firma (f)	ลายมือชื่อ	laai meu chêu
firmare (vt)	ลงนาม	long naam
carta (f) di credito	บัตรเครดิต	bàt khray-dìt
codice (m)	รหัส	rá-hàt
numero (m) della carta di credito	หมายเลขบัตรเครดิต	măai lâyk bàt khray-dìt
bancomat (m)	เอทีเอ็ม	ay-thee-em
assegno (m)	เช็ค	chék
emettere un assegno	เขียนเช็ค	khĭan chék
libretto (m) di assegni	สมุดเช็ค	sà-mùt chék
prestito (m)	เงินกู้	ngern gôo
fare domanda per un prestito	ขอสินเชื่อ	khŏr sĭn chêua
ottenere un prestito	กู้เงิน	gôo ngern
concedere un prestito	ให้กู้เงิน	hâi gôo ngern
garanzia (f)	การรับประกัน	gaan ráp bprà-gan

98. Telefono. Conversazione telefonica

telefono (m)	โทรศัพท์	thoh-rá-sàp
telefonino (m)	มือถือ	meu thĕu
segreteria (f) telefonica	เครื่องพูดตอบ	khrêuang phôot dtòp
telefonare (vi, vt)	โทรศัพท์	thoh-rá-sàp
chiamata (f)	การโทรศัพท์	gaan thoh-rá-sàp
comporre un numero	หมุนหมายเลขโทรศัพท์	mŭn măai lâyk thoh-rá-sàp
Pronto!	สวัสดี!	sà-wàt-dee
chiedere (domandare)	ถาม	thăam
rispondere (vi, vt)	รับสาย	ráp săi
udire (vt)	ได้ยิน	dâai yin
bene	ดี	dee
male	ไม่ดี	mâi dee
disturbi (m pl)	เสียงรบกวน	sĭang róp guan
cornetta (f)	ตัวรับสัญญาณ	dtua ráp săn-yaan
alzare la cornetta	รับสาย	ráp săi
riattaccare la cornetta	วางสาย	waang săi
occupato (agg)	ไม่ว่าง	mâi wâang
squillare (del telefono)	ดัง	dang
elenco (m) telefonico	สมุดโทรศัพท์	sà-mùt thoh-rá-sàp
locale (agg)	ในประเทศ	nai bprà-thâyt
telefonata (f) urbana	โทรในประเทศ	thoh nai bprà-thâyt
interurbano (agg)	ระยะไกล	rá-yá glai
telefonata (f) interurbana	โทรระยะไกล	thoh-rá-yá glai
internazionale (agg)	ต่างประเทศ	dtàang bprà-thâyt
telefonata (f) internazionale	โทรต่างประเทศ	thoh dtàang bprà-thâyt

99. Telefono cellulare

telefonino (m)	มือถือ	meu thĕu
schermo (m)	หน้าจอ	nâa jor
tasto (m)	ปุ่ม	bpùm
scheda SIM (f)	ซิมการ์ด	sím gàat
pila (f)	แบตเตอรี่	bàet-dter-rêe
essere scarico	หมด	mòt
caricabatteria (m)	ที่ชาร์จ	thêe châat
menù (m)	เมนู	may-noo
impostazioni (f pl)	การตั้งค่า	gaan dtâng khâa
melodia (f)	เสียงเพลง	sĭang phlayng
scegliere (vt)	เลือก	lêuak
calcolatrice (f)	เครื่องคิดเลข	khrêuang khít lâyk
segreteria (f) telefonica	ขอความเสียง	khôr khwaam sĭang
sveglia (f)	นาฬิกาปลุก	naa-lí-gaa bplùk

contatti (m pl)	รายชื่อผู้ติดต่อ	raai chêu phôo dtìt dtòr
messaggio (m) SMS	ŞMS	es-e-mes
abbonato (m)	ผู้สมัครรับบริการ	phôo sà-màk ráp bor-rí-gaan

100. Articoli di cancelleria

| penna (f) a sfera | ปากกาลูกลื่น | bpàak gaa lôok lêun |
| penna (f) stilografica | ปากกาหมึกซึม | bpàak gaa mèuk seum |

matita (f)	ดินสอ	din-sŏr
evidenziatore (m)	ปากกาเน้น	bpàak gaa náyn
pennarello (m)	ปากกาเมจิค	bpàak gaa may jìk

| taccuino (m) | สมุดจด | sà-mùt jòt |
| agenda (f) | สมุดบันทึกรายวัน | sà-mùt ban-théuk raai wan |

righello (m)	ไม้บรรทัด	máai ban-thát
calcolatrice (f)	เครื่องคิดเลข	khrêuang khít lâyk
gomma (f) per cancellare	ยางลบ	yaang lóp
puntina (f)	เป๊ก	bpáyk
graffetta (f)	ลวดหนีบกระดาษ	lûat nèep grà-dàat

colla (f)	กาว	gaao
pinzatrice (f)	ที่เย็บกระดาษ	thêe yép grà-dàat
perforatrice (f)	ที่เจาะรูกระดาษ	thêe jòr roo grà-dàat
temperamatite (m)	ที่เหลาดินสอ	thêe lăo din-sŏr

Lavoro. Affari. Parte 2

101. Mezzi di comunicazione di massa

giornale (m)	หนังสือพิมพ์	năng-sěu phim
rivista (f)	นิตยสาร	nít-dtà-yá-săan
stampa (f) (giornali, ecc.)	สื่อสิงพิมพ์	sèu sìng phim
radio (f)	วิทยุ	wít-thá-yú
stazione (f) radio	สถานีวิทยุ	sà-thăa-nee wít-thá-yú
televisione (f)	โทรทัศน์	thoh-rá-thát
presentatore (m)	ผู้ประกาศข่าว	phôo bprà-gàat khàao
annunciatore (m)	ผู้ประกาศข่าว	phôo bprà-gàat khàao
commentatore (m)	ผู้อธิบาย	phôo à-thí-baai
giornalista (m)	นักข่าว	nák khàao
corrispondente (m)	ผู้รายงานข่าว	phôo raai ngaan khàao
fotocronista (m)	ช่างภาพ	châang phâap
	หนังสือพิมพ์	năng-sěu phim
cronista (m)	ผู้รายงาน	phôo raai ngaan
redattore (m)	บรรณาธิการ	ban-naa-thí-gaan
redattore capo (m)	หัวหน้าบรรณาธิการ	hŭa nâa ban-naa-thí-gaan
abbonarsi a ...	รับ	ráp
abbonamento (m)	การรับ	gaan ráp
abbonato (m)	ผู้รับ	phôo ráp
leggere (vi, vt)	อ่าน	àan
lettore (m)	ผู้อ่าน	phôo àan
tiratura (f)	การเผยแพร่	gaan phŏie-phrâe
mensile (agg)	รายเดือน	raai deuan
settimanale (agg)	รายสัปดาห์	raai sàp-daa
numero (m)	ฉบับ	chà-bàp
fresco (agg)	ใหม	mài
testata (f)	ข่าวพาดหัว	khàao phâat hŭa
trafiletto (m)	บทความสั้นๆ	bòt khwaam sân sân
rubrica (f)	คอลัมน์	khor lam
articolo (m)	บทความ	bòt khwaam
pagina (f)	หนา	nâa
servizio (m), reportage (m)	การรายงานข่าว	gaan raai ngaan khàao
evento (m)	เหตุการณ์	hàyt gaan
sensazione (f)	ข่าวดัง	khàao dang
scandalo (m)	เรื่องอื้อฉาว	rêuang êu chăao
scandaloso (agg)	อื้อฉาว	êu chăao
enorme (un ~ scandalo)	ใหญ	yài
trasmissione (f)	รายการ	raai gaan
intervista (f)	การสัมภาษณ์	gaan săm-phâat

| trasmissione (f) in diretta | ถ่ายทอดสด | thàai thôrt sòt |
| canale (m) | ช่อง | chôrng |

102. Agricoltura

agricoltura (f)	เกษตรกรรม	gà-sàyt-dtra -gam
contadino (m)	ชาวนาผู้ชาย	chaao naa phôo chaai
contadina (f)	ชาวนาผู้หญิง	chaao naa phôo yǐng
fattore (m)	ชาวนา	chaao naa

| trattore (m) | รถแทร็คเตอร์ | rót tráek-dtêr |
| mietitrebbia (f) | เครื่องเก็บเกี่ยว | khrêuang gèp gìeow |

aratro (m)	คันไถ	khan thǎi
arare (vt)	ไถ	thǎi
terreno (m) coltivato	ที่ดินที่ไถพรวน	thêe din thêe thǎi phruan
solco (m)	รองดิน	rôrng din

seminare (vt)	หว่าน	wàan
seminatrice (f)	เครื่องหว่านเมล็ด	khrêuang wàan má-lét
semina (f)	การหว่าน	gaan wàan

| falce (f) | เคียว | khieow |
| falciare (vt) | ถาง | thǎang |

| pala (f) | พลั่ว | phlûa |
| scavare (vt) | ขุด | khùt |

zappa (f)	จอบ	jòrp
zappare (vt)	ถาก	thàak
erbaccia (f)	วัชพืช	wát-chá-phêut

innaffiatoio (m)	กระป๋องรดน้ำ	grà-bpŏrng rót náam
innaffiare (vt)	รดน้ำ	rót náam
innaffiamento (m)	การรดน้ำ	gaan rót nám

| forca (f) | ส้อมเสียบ | sôrm sìap |
| rastrello (m) | คราด | khrâat |

concime (m)	ปุ๋ย	bpŭi
concimare (vt)	ใส่ปุ๋ย	sài bpŭi
letame (m)	ปุ๋ยคอก	bpŭi khôrk

campo (m)	ทุ่งนา	thûng naa
prato (m)	ทุ่งหญ้า	thûng yâa
orto (m)	สวนผัก	sǔan phàk
frutteto (m)	สวนผลไม้	sǔan phŏn-lá-máai

pascolare (vt)	เล็มหญ้า	lem yâa
pastore (m)	คนเลี้ยงสัตว์	khon líang sàt
pascolo (m)	ทุ่งเลี้ยงสัตว์	thûng líang sàt

| allevamento (m) di bestiame | การขยายพันธุ์สัตว์ | gaan khà-yǎai phan sàt |
| allevamento (m) di pecore | การขยายพันธุ์แกะ | gaan khà-yǎai phan gàe |

piantagione (f)	ที่เพาะปลูก	thêe phór bplòok
filare (m) (un ~ di alberi)	แถว	thăe
serra (f) da orto	เรือนกระจกร้อน	reuan grà-jòk rón
siccità (f)	ภัยแล้ง	phai láeng
secco, arido (un'estate ~a)	แล้ง	láeng
grano (m)	ธัญพืช	than-yá-phêut
cereali (m pl)	ผลผลิตธัญพืช	phŏn phà-lìt than-yá-phêut
raccogliere (vt)	เก็บเกี่ยว	gèp gìeow
mugnaio (m)	เจ้าของโรงโม่	jâo khŏrng rohng môh
mulino (m)	โรงสี	rohng sĕe
macinare (~ il grano)	โม่	môh
farina (f)	แป้ง	bpâeng
paglia (f)	ฟาง	faang

103. Edificio. Attività di costruzione

cantiere (m) edile	สถานที่ก่อสร้าง	sà-thăan thêe gòr sâang
costruire (vt)	สร้าง	sâang
operaio (m) edile	คนงานก่อสร้าง	khon ngaan gòr sâang
progetto (m)	โครงการ	khrohng gaan
architetto (m)	สถาปนิก	sà-thăa-bpà-ník
operaio (m)	คนงาน	khon ngaan
fondamenta (f pl)	รากฐาน	râak thăan
tetto (m)	หลังคา	lăng khaa
palo (m) di fondazione	เสาเข็ม	săo khĕm
muro (m)	กำแพง	gam-phaeng
barre (f pl) di rinforzo	เหล็กเส้นเสริมแรง	lèk sên sĕrm raeng
impalcatura (f)	นั่งราน	nâng ráan
beton (m)	คอนกรีต	khorn-grèet
granito (m)	หินแกรนิต	hĭn grae-nít
pietra (f)	หิน	hĭn
mattone (m)	อิฐ	ìt
sabbia (f)	ทราย	saai
cemento (m)	ปูนซีเมนต์	bpoon see-mayn
intonaco (m)	พลาสเตอร์	phláat-dtêr
intonacare (vt)	ฉาบ	chàap
pittura (f)	สี	sĕe
pitturare (vt)	ทาสี	thaa sĕe
botte (f)	ถัง	thăng
gru (f)	ปั้นจั่น	bpân jàn
sollevare (vt)	ยก	yók
abbassare (vt)	ลด	lót
bulldozer (m)	รถดันดิน	rót dan din
scavatrice (f)	รถขุด	rót khùt

cucchiaia (f)	ช้อนขุด	chórn khùt
scavare (vt)	ขุด	khùt
casco (m) (~ di sicurezza)	หมวกนิรภัย	mùak ní-rá-phai

Professioni e occupazioni

104. Ricerca di un lavoro. Licenziamento

lavoro (m)	งาน	ngaan
organico (m)	พนักงาน	phá-nák ngaan
personale (m)	พนักงาน	phá-nák ngaan
carriera (f)	อาชีพ	aa-chêep
prospettiva (f)	โอกาส	oh-gàat
abilità (f pl)	ทักษะ	thák-sà
selezione (f) (~ del personale)	การคัดเลือก	gaan khát lêuak
agenzia (f) di collocamento	สำนักงาน	sǎm-nák ngaan
	จัดหางาน	jàt hǎa ngaan
curriculum vitae (f)	ประวัติย่อ	bprà-wàt yôr
colloquio (m)	สัมภาษณ์งาน	sǎm-phâat ngaan
posto (m) vacante	ตำแหน่งว่าง	dtam-nàeng wâang
salario (m)	เงินเดือน	ngern deuan
stipendio (m) fisso	เงินเดือน	ngern deuan
compenso (m)	ค่าแรง	khâa raeng
carica (f), funzione (f)	ตำแหน่ง	dtam-nàeng
mansione (f)	หน้าที่	nâa thêe
mansioni (f pl) di lavoro	หน้าที่	nâa thêe
occupato (agg)	ไม่ว่าง	mâi wâang
licenziare (vt)	ไล่ออก	lâi òrk
licenziamento (m)	การไล่ออก	gaan lâi òrk
disoccupazione (f)	การว่างงาน	gaan wâang ngaan
disoccupato (m)	คนว่างงาน	khon wâang ngaan
pensionamento (m)	การเกษียณอายุ	gaan gà-sǐan aa-yú
andare in pensione	เกษียณ	gà-sǐan

105. Gente d'affari

direttore (m)	ผู้อำนวยการ	phôo am-nuay gaan
dirigente (m)	ผู้จัดการ	phôo jàt gaan
capo (m)	หัวหน้า	hǔa-nâa
superiore (m)	ผู้บังคับบัญชา	phôo bang-kháp ban-chaa
capi (m pl)	คณะผู้บังคับ	khá-ná phôo bang-kháp
	บัญชา	ban-chaa
presidente (m)	ประธานาธิปดี	bprà-thaa-naa-thí-bor-dee
presidente (m) (impresa)	ประธาน	bprà-thaan
vice (m)	รอง	rorng

assistente (m)	ผู้ช่วย	phôo chûay
segretario (m)	เลขา	lay-khǎa
assistente (m) personale	ผู้ช่วยส่วนบุคคล	phôo chûay sùan bùk-khon
uomo (m) d'affari	นักธุรกิจ	nák thú-rá-gìt
imprenditore (m)	ผู้ประกอบการ	phôo bprà-gòp gaan
fondatore (m)	ผู้ก่อตั้ง	phôo gòr dtâng
fondare (vt)	ก่อตั้ง	gòr dtâng
socio (m)	ผู้ก่อตั้ง	phôo gòr dtâng
partner (m)	หุ้นส่วน	hûn sùan
azionista (m)	ผู้ถือหุ้น	phôo thěu hûn
milionario (m)	เศรษฐีเงินล้าน	sàyt-thěe ngern láan
miliardario (m)	มหาเศรษฐี	má-hǎa sàyt-thěe
proprietario (m)	เจ้าของ	jâo khǒrng
latifondista (m)	เจ้าของที่ดิน	jâo khǒrng thêe din
cliente (m) (di professionista)	ลูกค้า	lôok kháa
cliente (m) abituale	ลูกค้าประจำ	lôok kháa bprà-jam
compratore (m)	ลูกค้า	lôok kháa
visitatore (m)	ผู้เข้าร่วม	phôo khâo rûam
professionista (m)	ผู้เป็นมืออาชีพ	phôo bpen meu aa-chêep
esperto (m)	ผู้เชี่ยวชาญ	phôo chîeow-chaan
specialista (m)	ผู้ชำนาญ	phôo cham-naan
	เฉพาะทาง	chà-phó thaang
banchiere (m)	พนักงาน	phá-nák ngaan
	ธนาคาร	thá-naa-khaan
broker (m)	นายหน้า	naai nâa
cassiere (m)	แคชเชียร์	khâet chia
contabile (m)	นักบัญชี	nák ban-chee
guardia (f) giurata	ยาม	yaam
investitore (m)	ผู้ลงทุน	phôo long thun
debitore (m)	ลูกหนี้	lôok nêe
creditore (m)	เจ้าหนี้	jâo nêe
mutuatario (m)	ผู้ยืม	phôo yeum
importatore (m)	ผู้นำเข้า	phôo nam khâo
esportatore (m)	ผู้ส่งออก	phôo sòng òrk
produttore (m)	ผู้ผลิต	phôo phà-lìt
distributore (m)	ผู้จัดจำหน่าย	phôo jàt jam-nàai
intermediario (m)	คนกลาง	khon glaang
consulente (m)	ที่ปรึกษา	thêe bprèuk-sǎa
rappresentante (m)	พนักงานขาย	phá-nák ngaan khǎai
agente (m)	ตัวแทน	dtua thaen
assicuratore (m)	ตัวแทนประกัน	dtua thaen bprà-gan

106. Professioni amministrative

cuoco (m)	ดูนครัว	khon khrua
capocuoco (m)	กุก	gúk
fornaio (m)	ช่างอบขนมปัง	châang òp khà-nŏm bpang
barista (m)	บาร์เทนเดอร์	baa-thayn-dêr
cameriere (m)	พนักงานเสิร์ฟชาย	phá-nák ngaan sèrf chaai
cameriera (f)	พนักงานเสิร์ฟหญิง	phá-nák ngaan sèrf yĭng
avvocato (m)	ทนายความ	thá-naai khwaam
esperto (m) legale	นักกฎหมาย	nák gòt măai
notaio (m)	พนักงานจดทะเบียน	phá-nák ngaan jòt thá-bian
elettricista (m)	ช่างไฟฟ้า	châang fai-fáa
idraulico (m)	ช่างประปา	châang bprà-bpaa
falegname (m)	ช่างไม้	châang máai
massaggiatore (m)	หมอนวดชาย	mŏr nûat chaai
massaggiatrice (f)	หมอนวดหญิง	mŏr nûat yĭng
medico (m)	แพทย์	phâet
taxista (m)	คนขับแท็กซี่	khon khàp tháek-sêe
autista (m)	คนขับ	khon khàp
fattorino (m)	คนส่งของ	khon sòng khŏrng
cameriera (f)	แม่บ้าน	mâe bâan
guardia (f) giurata	ยาม	yaam
hostess (f)	พนักงวนต้อนรับ	phá-nák ngaan dtôrn ráp
	บนเครื่องบิน	bon khrêuang bin
insegnante (m, f)	อาจารย์	aa-jaan
bibliotecario (m)	บรรณารักษ์	ban-naa-rák
traduttore (m)	นักแปล	nák bplae
interprete (m)	ล่าม	lâam
guida (f)	มัคคุเทศก์	mák-khú-thâyt
parrucchiere (m)	ช่างทำผม	châang tham phŏm
postino (m)	บุรุษไปรษณีย์	bù-rùt bprai-sà-nee
commesso (m)	คนขายของ	khon khăai khŏrng
giardiniere (m)	ชาวสวน	chaao sŭan
domestico (m)	คนใช้	khon chái
domestica (f)	สาวใช้	săao chái
donna (f) delle pulizie	คนทำความสะอาด	khon tham khwaam sà-àat

107. Professioni militari e gradi

soldato (m) semplice	พลทหาร	phon-thá-hăan
sergente (m)	สิบเอก	sìp àyk
tenente (m)	ร้อยโท	rói thoh
capitano (m)	ร้อยเอก	rói àyk
maggiore (m)	พลตรี	phon-dtree

colonnello (m)	พันเอก	phan àyk
generale (m)	นายพล	naai phon
maresciallo (m)	จอมพล	jorm phon
ammiraglio (m)	พลเรือเอก	phon reua àyk

militare (m)	ทางทหาร	thaang thá-hǎan
soldato (m)	ทหาร	thá-hǎan
ufficiale (m)	นายทหาร	naai thá-hǎan
comandante (m)	ผู้บัญชาการ	phôo ban-chaa gaan

guardia (f) di frontiera	ยามเฝ้าชายแดน	yaam fâo chaai daen
marconista (m)	พลวิทยุ	phon wít-thá-yú
esploratore (m)	ทหารพราน	thá-hǎan phraan
geniere (m)	ทหารช่าง	thá-hǎan châang
tiratore (m)	พลแม่นปืน	phon mâen bpeun
navigatore (m)	ตนหน	dtôn hǒn

108. Funzionari. Sacerdoti

| re (m) | กษัตริย์ | gà-sàt |
| regina (f) | ราชินี | raa-chí-nee |

| principe (m) | เจ้าชาย | jâo chaai |
| principessa (f) | เจาหญิง | jâo yǐng |

| zar (m) | ซาร์ | saa |
| zarina (f) | ซารีนา | saa-ree-naa |

presidente (m)	ประธานาธิบดี	bprà-thaa-naa-thí-bor-dee
ministro (m)	รัฐมนตรี	rát-thà-mon-dtree
primo ministro (m)	นายกรัฐมนตรี	naa-yók rát-thà-mon-dtree
senatore (m)	สมาชิกวุฒิสภา	sà-maa-chík wút-thí sà-phaa

diplomatico (m)	นักการทูต	nák gaan thôot
console (m)	กงสุล	gong-sǔn
ambasciatore (m)	เอกอัครราชทูต	àyk-gà-àk-krá-râat-chá-tôot
consigliere (m)	เจาหน้าที่การทูต	jâo nâa-thêe gaan thôot

funzionario (m)	ข้าราชูการ	khâa râat-chá-gaan
prefetto (m)	เจาหน้าที่	jâo nâa-thêe
sindaco (m)	นายกเทศมนตรี	naa-yók thâyt-sà-mon-dtree

| giudice (m) | ผู้พิพากษา | phôo phí-phâak-sǎa |
| procuratore (m) | อัยการ | ai-yá-gaan |

| missionario (m) | ผู้สอนศาสนา | phôo sǒrn sàat-sà-nǎa |
| monaco (m) | พระ | phrá |

| abate (m) | เจ้าอาวาส | jâo aa-wâat |
| rabbino (m) | พระในศาสนายิว | phrá nai sàat-sà-nǎa yiw |

visir (m)	วีซีร์	wee see
scià (m)	กษัตริย์อิหร่าน	gà-sàt i-ràan
sceicco (m)	หัวหนาเผาอาหรับ	hǔa nâa phào aa-ràp

109. Professioni agricole

apicoltore (m)	คนเลี้ยงผึ้ง	khon líang phêung
pastore (m)	คนเลี้ยงปศุสัตว์	khon líang bpà-sù-sàt
agronomo (m)	นักปฐพีวิทยา	nák bpà-tà-phee wít-thá-yaa
allevatore (m) di bestiame	ผู้ขยายพันธุ์สัตว์	phôo khà-yǎai phan sàt
veterinario (m)	สัตวแพทย์	sàt phâet
fattore (m)	ชาวนา	chaao naa
vinificatore (m)	ผู้ผลิตไวน์	phôo phà-lìt wai
zoologo (m)	นักสัตววิทยา	nák sàt wít-thá-yaa
cowboy (m)	โคบาล	khoh-baan

110. Professioni artistiche

attore (m)	นักแสดงชาย	nák sà-daeng chaai
attrice (f)	นักแสดงหญิง	nák sà-daeng yǐng
cantante (m)	นักร้องชาย	nák rórng chaai
cantante (f)	นักรองหญิง	nák rórng yǐng
danzatore (m)	นักเต้นชาย	nák dtên chaai
ballerina (f)	นักเตนหญิง	nák dtên yǐng
artista (m)	นักแสดงชาย	nák sà-daeng chaai
artista (f)	นักแสดงหญิง	nák sà-daeng yǐng
musicista (m)	นักดนตรี	nák don-dtree
pianista (m)	นักเปียโน	nák bpia noh
chitarrista (m)	ผู้เลนกีตาร์	phôo lên gee-dtâa
direttore (m) d'orchestra	ผู้ควบคุม	phôo khûap khum
	วงดนตรี	wong don-dtree
compositore (m)	นักแต่งเพลง	nák dtàeng phlayng
impresario (m)	ผู้ควบคุม	phôo khûap khum
	การแสดง	gaan sà-daeng
regista (m)	ผู้กำกับ	phôo gam-gàp
	ภาพยนตร	phâap-phá-yon
produttore (m)	ผู้อำนวยการสร้าง	phôo am-nuay gaan sâang
sceneggiatore (m)	คนเขียนบท	khon khǐan bòt
	ภาพยนตร	phâap-phá-yon
critico (m)	นักวิจารณ์	nák wí-jaan
scrittore (m)	นักเขียน	nák khǐan
poeta (m)	นักกวี	nák gà-wee
scultore (m)	ชางสลัก	châang sà-làk
pittore (m)	ชางวาดรูป	châang wâat rôop
giocoliere (m)	นักมายากล	nák maa-yaa gon
	โยนของ	yohn khǒrng
pagliaccio (m)	ตัวตลก	dtua dtà-lòk
acrobata (m)	นักกายกรรม	nák gaai-yá-gam
prestigiatore (m)	นักเลนกล	nák lên gon

111. Professioni varie

medico (m)	แพทย์	phâet
infermiera (f)	พยาบาล	phá-yaa-baan
psichiatra (m)	จิตแพทย์	jìt-dtà-phâet
dentista (m)	ทันตแพทย์	than-dtà phâet
chirurgo (m)	ศัลยแพทย์	săn-yá-phâet
astronauta (m)	นักบินอวกาศ	nák bin a-wá-gàat
astronomo (m)	นักดาราศาสตร์	nák daa-raa sàat
pilota (m)	นักบิน	nák bin
autista (m)	คนขับ	khon khàp
macchinista (m)	คุนขับรถไฟ	khon khàp rót fai
meccanico (m)	ช่างเครื่อง	châang khrêuang
minatore (m)	คนงานเหมือง	khon ngaan měuang
operaio (m)	คุนงาน	khon ngaan
operaio (m) metallurgico	ช่างโลหะ	châang loh-hà
falegname (m)	ช่างไม้	châang máai
tornitore (m)	ช่างกลึง	châang gleung
operaio (m) edile	คุนงานก่อสร้าง	khon ngaan gòr sâang
saldatore (m)	ช่างเชื่อม	châang chêuam
professore (m)	ศาสตราจารย์	sàat-sà-dtraa-jaan
architetto (m)	สถาปนิก	sà-thăa-bpà-ník
storico (m)	นักประวัติศาสตร์	nák bprà-wàt sàat
scienziato (m)	นักวิทยาศาสตร	nák wít-thá-yaa sàat
fisico (m)	นักฟิสิกส์	nák fí-sìk
chimico (m)	นักเคมี	nák khay-mee
archeologo (m)	นักโบราณคดี	nák boh-raan-ná-khá-dee
geologo (m)	นักธรณีวิทยา	nák thor-rá-nee wít-thá-yaa
ricercatore (m)	ผู้วิจัย	phôo wí-jai
baby-sitter (m, f)	พี่เลี้ยงเด็ก	phêe líang dèk
insegnante (m, f)	อาจารย์	aa-jaan
redattore (m)	บรรณาธิการ	ban-naa-thí-gaan
redattore capo (m)	หัวหน้าบรรณาธิการ	hŭa nâa ban-naa-thí-gaan
corrispondente (m)	ผู้สื่อข่าว	phôo sèu khàao
dattilografa (f)	พนักงานพิมพ์ดีด	phá-nák ngaan phim dèet
designer (m)	นักออกแบบ	nák òrk bàep
esperto (m) informatico	ผู้เชี่ยวชาญด้านคอมพิวเตอร์	pôo chîeow-chaan dâan khorm-piw-dtêr
programmatore (m)	นักเขียนโปรแกรม	nák khĭan bproh-graem
ingegnere (m)	วิศวกร	wít-sà-wá-gon
marittimo (m)	กะลาสี	gà-laa-sĕe
marinaio (m)	คนเรือ	khon reua
soccorritore (m)	นักกู้ภัย	nák gôo phai
pompiere (m)	เจ้าหน้าที่ดับเพลิง	jâo nâa-thêe dàp phlerng
poliziotto (m)	เจ้าหน้าที่ตำรวจ	jâo nâa-thêe dtam-rùat

guardiano (m)	คนยาม	khon yaam
detective (m)	นักสืบ	nák sèup
doganiere (m)	เจ้าหน้าที่ศุลกากร	jâo nâa-thêe sǔn-lá-gaa-gon
guardia (f) del corpo	ผู้คุมกัน	phôo khúm gan
guardia (f) carceraria	ผู้คุม	phôo khum
ispettore (m)	ผู้ตรวจการ	phôo dtrùat gaan
sportivo (m)	นักกีฬา	nák gee-laa
allenatore (m)	โค้ช	khóht
macellaio (m)	คนขายเนื้อ	khon khǎai néua
calzolaio (m)	คนซ่อมรองเท้า	khon sôrm rorng tháo
uomo (m) d'affari	คนคา	khon kháa
caricatore (m)	คนงานยกของ	khon ngaan yók khǒrng
stilista (m)	นักออกแบบแฟชั่น	nák òrk bàep fae-chân
modella (f)	นางแบบ	naang bàep

112. Attività lavorative. Condizione sociale

scolaro (m)	นักเรียน	nák rian
studente (m)	นักศึกษา	nák sèuk-sǎa
filosofo (m)	นักปราชญ์	nák bràat
economista (m)	นักเศรษฐศาสตร์	nák sàyt-thà-sàat
inventore (m)	นักประดิษฐ์	nák brà-dìt
disoccupato (m)	คนว่างงาน	khon wâang ngaan
pensionato (m)	ผู้เกษียณอายุ	phôo gà-sǐan aa-yú
spia (f)	สายลับ	sǎai láp
detenuto (m)	นักโทษ	nák thôht
scioperante (m)	คนนัดหยุดงาน	kon nát yùt ngaan
burocrate (m)	อำมาตย์	am-màat
viaggiatore (m)	นักเดินทาง	nák dern-thaang
omosessuale (m)	ผู้รักเพศเดียวกัน	phôo rák phâyt dieow gan
hacker (m)	แฮ็กเกอร์	háek-gêr
hippy (m, f)	ฮิปปี้	híp-bpêe
bandito (m)	โจร	john
sicario (m)	นักฆ่า	nák khâa
drogato (m)	ผู้ติดยาเสพติด	phôo dtìt yaa-sàyp-dtìt
trafficante (m) di droga	ผู้คายาเสพติด	phôo kháa yaa-sàyp-dtìt
prostituta (f)	โสเภณี	sǒh-phay-nee
magnaccia (m)	แมงดา	maeng-daa
stregone (m)	พ่อมด	phôr mót
strega (f)	แม่มด	mâe mót
pirata (m)	โจรสลัด	john sà-làt
schiavo (m)	ทาส	thâat
samurai (m)	ซามูไร	saa-moo-rai
selvaggio (m)	คนป่าเถื่อน	khon bpàa thèuan

Sport

113. Tipi di sport. Sportivi

sportivo (m)	นักกีฬา	nák gee-laa
sport (m)	ประเภทกีฬา	bprà-phâyt gee-laa
pallacanestro (m)	บาสเก็ตบอล	bàat-gèt-bon
cestista (m)	ผู้เล่นบาสเก็ตบอล	phôo lâyn bàat-gèt-bon
baseball (m)	เบสบอล	bàyt-bon
giocatore (m) di baseball	ผู้เล่นเบสบอล	phôo lâyn bàyt bon
calcio (m)	ฟุตบอล	fút bon
calciatore (m)	นักฟุตบอล	nák fút-bon
portiere (m)	ผู้รักษาประตู	phôo rák-sǎa bprà-dtoo
hockey (m)	ฮอกกี้	hôk-gêe
hockeista (m)	ผู้เล่นฮอกกี้	phôo lâyn hôk-gêe
pallavolo (m)	วอลเลย์บอล	won-lây-bon
pallavolista (m)	ผู้เล่นวอลเลย์บอล	phôo lâyn won-lây-bon
pugilato (m)	การชกมวย	gaan chók muay
pugile (m)	นักมวย	nák muay
lotta (f)	การมวยปล้ำ	gaan muay bplâm
lottatore (m)	นักมวยปล้ำ	nák muay bplâm
karate (m)	คาราเต้	khaa-raa-dtây
karateka (m)	นักคาราเต้	nák khaa-raa-dtây
judo (m)	ยูโด	yoo-doh
judoista (m)	นักยูโด	nák yoo-doh
tennis (m)	เทนนิส	then-nít
tennista (m)	นักเทนนิส	nák then-nít
nuoto (m)	กีฬาว่ายน้ำ	gee-laa wâai náam
nuotatore (m)	นักว่ายน้ำ	nák wâai náam
scherma (f)	กีฬาฟันดาบ	gee-laa fan dàap
schermitore (m)	นักฟันดาบ	nák fan dàap
scacchi (m pl)	หมากรุก	màak rúk
scacchista (m)	ผู้เล่นหมากรุก	phôo lên màak rúk
alpinismo (m)	การปีนเขา	gaan bpeen khǎo
alpinista (m)	นักปีนเขา	nák bpeen khǎo
corsa (f)	การวิ่ง	gaan wîng

corridore (m)	นักวิ่ง	nák wîng
atletica (f) leggera	กรีฑา	gree thaa
atleta (m)	นักกรีฑา	nák gree thaa
ippica (f)	กีฬาขี่ม้า	gee-laa khèe máa
fantino (m)	นักขี่มา	nák khèe máa
pattinaggio (m) artistico	สเก็ตลีลา	sà-gèt lee-laa
pattinatore (m)	นักแสดงสเก็ตลีลา	nák sà-daeng sà-gèt lee-laa
pattinatrice (f)	นักแสดงสเก็ตลีลา	nák sà-daeng sà-gèt lee-laa
pesistica (f)	กีฬายกน้ำหนัก	gee-laa yók náam nàk
pesista (m)	นักยกน้ำหนัก	nák yók nám nàk
automobilismo (m)	การแข่งรถ	gaan khàeng rót
pilota (m)	นักแขงรถ	nák khàeng rót
ciclismo (m)	การแข่งจักรยาน	gaan khàeng jàk-grà-yaan
ciclista (m)	นักแขงจักรยาน	nák khàeng jàk-grà-yaan
salto (m) in lungo	กีฬากระโดดไกล	gee-laa grà-dòht glai
salto (m) con l'asta	กีฬากระโดดค้ำถอ	gee-laa grà dòht khám thòr
saltatore (m)	นักกระโดด	nák grà dòht

114. Tipi di sport. Varie

football (m) americano	อเมริกันฟุตบอล	a-may-rí-gan fút bon
badminton (m)	แบดมินตัน	bàet-min-dtân
biathlon (m)	ไบแอธลอน	bpai-oht-lon
biliardo (m)	บิลเลียด	bin-lîat
bob (m)	การขับเลื่อน นำแข็ง	gaan khàp lêuan náam khǎeng
culturismo (m)	การเพาะกาย	gaan phór gaai
pallanuoto (m)	กีฬาโปโลน้ำ	gee-laa bpoh loh nám
pallamano (m)	แฮนด์บอล	haen-bon
golf (m)	กอลฟ	góf
canottaggio (m)	การพายูเรือ	gaan phaai reua
immersione (f) subacquea	การดำน้ำ	gaan dam náam
sci (m) di fondo	การแขงสกี ตามเสนทาง	gaan khàeng sà-gee dtaam sên thaang
tennis (m) da tavolo	กีฬาปิงปอง	gee-laa bping-bpong
vela (f)	การแลนเรือใบ	gaan lâen reua bai
rally (m)	การแข่งแรลลี่	gaan khàeng rae lá-lêe
rugby (m)	รักบี้	rák-bêe
snowboard (m)	สโนวบอร์ด	sà-nǒh bòt
tiro (m) con l'arco	การยิงธนู	gaan ying thá-noo

115. Palestra

bilanciere (m)	บาร์เบลล์	baa bayn
manubri (m pl)	ที่ยกน้ำหนัก	thêe yók nám nàk

attrezzo (m) sportivo	เครื่องออกกำลังกาย	khrêuang òk gam-lang gaai
cyclette (f)	จักรยานออก กำลังกาย	jàk-grà-yaan òk gam-lang gaai
tapis roulant (m)	ลู่วิ่งออกกำลังกาย	lôo wîng òk gam-lang gaai
sbarra (f)	บาร์เดี่ยว	baa dìeow
parallele (f pl)	บาร์คู่	baa khôo
cavallo (m)	ม้าขวาง	máa khwǎang
materassino (m)	เสื่อออกกำลังกาย	sèua òrk gam-lang gaai
corda (f) per saltare	กระโดดเชือก	grà dòht chêuak
aerobica (f)	แอโรบิก	ae-roh-bìk
yoga (m)	โยคะ	yoh-khá

116. Sport. Varie

Giochi (m pl) Olimpici	กีฬาโอลิมปิก	gee-laa oh-lim-bpìk
vincitore (m)	ผู้ชนะ	phôo chá-ná
ottenere la vittoria	ชนะ	chá-ná
vincere (vi)	ชนะ	chá-ná
leader (m), capo (m)	ผู้นำ	phôo nam
essere alla guida	นำ	nam
primo posto (m)	อันดับที่หนึ่ง	an-dàp thêe nèung
secondo posto (m)	อันดับที่สอง	an-dàp thêe sǒrng
terzo posto (m)	อันดับที่สาม	an-dàp thêe sǎam
medaglia (f)	เหรียญรางวัล	rǐan raang-wan
trofeo (m)	ถ้วยรางวัล	thûay raang-wan
coppa (f) (trofeo)	เวท	wâyt
premio (m)	รางวัล	raang-wan
primo premio (m)	รางวัลหลัก	raang-wan làk
record (m)	สถิติ	sà-thì-dtì
stabilire un record	ทำสถิติ	tham sà-thì-dtì
finale (m)	รอบสุดท้าย	rôrp sùt tháai
finale (agg)	สุดท้าย	sùt tháai
campione (m)	แชมเปี้ยน	chaem-bpîan
campionato (m)	ชิงแชมป์	ching chaem
stadio (m)	สนาม	sà-nǎam
tribuna (f)	อัฒจันทร์	àt-tá-jan
tifoso, fan (m)	แฟน	faen
avversario (m)	คู่ต่อสู้	khôo dtòr sôo
partenza (f)	เส้นเริ่ม	sên rêrm
traguardo (m)	เสนชัย	sên chai
sconfitta (f)	ความพ่ายแพ้	khwaam phâai pháe
perdere (vt)	แพ	pháe
arbitro (m)	กรรมการ	gam-má-gaan

giuria (f)	คณะผู้ตัดสิน	khá-ná phôo dtàt sǐn
punteggio (m)	คะแนน	khá-naen
pareggio (m)	เสมอ	sà-měr
pareggiare (vi)	ได้คะแนนเท่ากัน	dâai khá-naen thâo gan
punto (m)	แต้ม	dtâem
risultato (m)	ผลลัพธ์	phǒn láp

| tempo (primo ~) | ช่วง | chûang |
| intervallo (m) | ช่วงพักครึ่ง | chûang phák khrêung |

doping (m)	การใช้สารต้องห้ามทางการกีฬา	gaan chái sǎan dtôrng hâam thaang gaan gee-laa
penalizzare (vt)	ทำโทษ	tham thôht
squalificare (vt)	ตัดสิทธิ์	dtàt sìt

attrezzatura (f)	อุปกรณ์	ù-bpà-gon
giavellotto (m)	แหลน	lǎen
peso (m) (sfera metallica)	ลูกเหล็ก	lôok lèk
biglia (f) (palla)	ลูก	lôok

obiettivo (m)	เล็งเป้า	leng bpâo
bersaglio (m)	เป้านิ่ง	bpâo nîng
sparare (vi)	ยิง	ying
preciso (agg)	แม่นยำ	mâen yam

allenatore (m)	โค้ช	khóht
allenare (vt)	ฝึก	fèuk
allenarsi (vr)	ฝึกหัด	fèuk hàt
allenamento (m)	การฝึกหัด	gaan fèuk hàt

palestra (f)	โรงยิม	rohng-yim
esercizio (m)	การออกกำลัง	gaan òrk gam-lang
riscaldamento (m)	การอบอุ่นร่างกาย	gaan òp ùn râang gaai

Istruzione

117. Scuola

scuola (f)	โรงเรียน	rohng rian
direttore (m) di scuola	อาจารย์ใหญ่	aa-jaan yài
allievo (m)	นักเรียน	nák rian
allieva (f)	นักเรียน	nák rian
scolaro (m)	เด็กนักเรียนชาย	dèk nák rian chaai
scolara (f)	เด็กนักเรียนหญิง	dèk nák rian yǐng
insegnare (qn)	สอน	sǒrn
imparare (una lingua)	เรียน	rian
imparare a memoria	ท่องจำ	thôrng jam
studiare (vi)	เรียน	rian
frequentare la scuola	ไปโรงเรียน	bpai rohng rian
andare a scuola	ไปโรงเรียน	bpai rohng rian
alfabeto (m)	ตัวอักษร	dtua àk-sǒn
materia (f)	วิชา	wí-chaa
classe (f)	ห้องเรียน	hôrng rian
lezione (f)	ชั่วโมงเรียน	chûa mohng rian
ricreazione (f)	ช่วงพัก	chûang phák
campanella (f)	สัญญาณหมดเรียน	sǎn-yaan mòt rian
banco (m)	โต๊ะนักเรียน	dtó nák rian
lavagna (f)	กระดานดำ	grà-daan dam
voto (m)	เกรด	gràyt
voto (m) alto	เกรดดี	gràyt dee
voto (m) basso	เกรดแย่	gràyt yâe
dare un voto	ให้เกรด	hâi gràyt
errore (m)	ข้อผิดพลาด	khôr phìt phlâat
fare errori	ทำผิดพลาด	tham phìt phlâat
correggere (vt)	แก้ไข	gâe khǎi
bigliettino (m)	โพย	phoi
compiti (m pl)	การบ้าน	gaan bâan
esercizio (m)	แบบฝึกหัด	bàep fèuk hàt
essere presente	มาเรียน	maa rian
essere assente	ขาด	khàat
mancare le lezioni	ขาดเรียน	khàat rian
punire (vt)	ลงโทษ	long thôht
punizione (f)	การลงโทษ	gaan long thôht
comportamento (m)	ความประพฤติ	khwaam bprà-préut

pagella (f)	สมุดพก	sà-mùt phók
matita (f)	ดินสอ	din-sŏr
gomma (f) per cancellare	ยางลบ	yaang lóp
gesso (m)	ชอุลค	chôrk
astuccio (m) portamatite	กลองดินสอ	glòrng din-sŏr
cartella (f)	กระเป๋า	grà-bpăo
penna (f)	ปากกา	bpàak gaa
quaderno (m)	สมุดจด	sà-mùt jòt
manuale (m)	หนังสือเรียน	năng-sĕu rian
compasso (m)	วงเวียน	wong wian
disegnare (tracciare)	ร่างภาพทางเทคนิค	râang phâap thaang thék-nìk
disegno (m) tecnico	ภาพร่างทางเทคนิค	phâap-râang thaang thék-nìk
poesia (f)	กลอน	glorn
a memoria	โดยทองจำ	doi thôrng jam
imparare a memoria	ทองจำ	thôrng jam
vacanze (f pl) scolastiche	เวลาปิดเทอม	way-laa bpìt therm
essere in vacanza	หยุดปิดเทอม	yùt bpìt therm
passare le vacanze	ใชเวลาหยุดปิดเทอม	chái way-laa yùt bpìt therm
prova (f) scritta	การทดสอบ	gaan thót sòrp
composizione (f)	ความเรียง	khwaam riang
dettato (m)	การเขียนตามคำบอก	gaan khĭan dtaam kam bòrk
esame (m)	การสอบ	gaan sòrp
sostenere un esame	สอบไล	sòrp lâi
esperimento (m)	การทดลอง	gaan thót lorng

118. Istituto superiore. Università

accademia (f)	โรงเรียน	rohng rian
università (f)	มหาวิทยาลัย	má-hăa wít-thá-yaa-lai
facoltà (f)	คณะ	khá-ná
studente (m)	นักศึกษา	nák sèuk-săa
studentessa (f)	นักศึกษา	nák sèuk-săa
docente (m, f)	อาจารย	aa-jaan
aula (f)	หองบรรยาย	hôrng ban-yaai
diplomato (m)	บัณฑิต	ban-dìt
diploma (m)	อนุปริญญา	a-nú bpà-rin-yaa
tesi (f)	ปริญญานิพนธ์	bpà-rin-yaa ní-phon
ricerca (f)	การวิจัย	gaan wí-jai
laboratorio (m)	หองปฏิบัติการ	hôrng bpà-dtì-bàt gaan
lezione (f)	การบรรยาย	gaan ban-yaai
compagno (m) di corso	เพื่อนรวมชั้น	phêuan rûam chán
borsa (f) di studio	ทุน	thun
titolo (m) accademico	วุฒิการศึกษา	wút-thí gaan sèuk-săa

119. Scienze. Discipline

matematica (f)	คณิตศาสตร์	khá-nít sàat
algebra (f)	พีชคณิต	phee-chá-khá-nít
geometria (f)	เรขาคณิต	ray-khǎa khá-nít
astronomia (f)	ดาราศาสตร์	daa-raa sàat
biologia (f)	ชีววิทยา	chee-wá-wít-thá-yaa
geografia (f)	ภูมิศาสตร์	phoo-mí-sàat
geologia (f)	ธรณีวิทยา	thor-rá-nee wít-thá-yaa
storia (f)	ประวัติศาสตร์	bprà-wàt sàat
medicina (f)	แพทยศาสตร์	phâet-tha-ya-sàat
pedagogia (f)	ครุศาสตร	khrú sàat
diritto (m)	ธรรมศาสตร์	tham-ma -sàat
fisica (f)	ฟิสิกส์	fí-sìk
chimica (f)	เคมี	khay-mee
filosofia (f)	ปรัชญา	bpràt-yaa
psicologia (f)	จิตวิทยา	jìt-wít-thá-yaa

120. Sistema di scrittura. Ortografia

grammatica (f)	ไวยากรณ์	wai-yaa-gon
lessico (m)	คำศัพท	kham sàp
fonetica (f)	การออกเสียง	gaan òrk sǐang
sostantivo (m)	นาม	naam
aggettivo (m)	คำคุณศัพท์	kham khun-ná-sàp
verbo (m)	กริยา	grì-yaa
avverbio (m)	คำวิเศษณ์	kham wí-sàyt
pronome (m)	คำสรรพนาม	kham sàp-phá-naam
interiezione (f)	คำอุทาน	kham u-thaan
preposizione (f)	คำบุพบท	kham bùp-phá-bòt
radice (f)	รากศัพท์	râak sàp
desinenza (f)	คำลงท้าย	kham long tháai
prefisso (m)	คำนำหน้า	kham nam nâa
sillaba (f)	พยางค์	phá-yaang
suffisso (m)	คำเสริมท้าย	kham sěrm tháai
accento (m)	เครื่องหมายเน้น	khrêuang mǎai náyn
apostrofo (m)	อะพอสทรอฟี	à-phor-sòt-ror-fee
punto (m)	จุด	jùt
virgola (f)	จุลภาค	jun-lá-phâak
punto (m) e virgola	อัฒภาค	àt-thá-phâak
due punti	ทวิภาค	thá-wí phâak
puntini di sospensione	การละไว้	gaan lá wái
punto (m) interrogativo	เครื่องหมายปรัศนี	khrêuang mǎai bpràt-nee
punto (m) esclamativo	เครื่องหมายอัศเจรีย์	khrêuang mǎai àt-sà-jay-ree

virgolette (f pl)	อัญประกาศ	an-yá-bprà-gàat
tra virgolette	ในอัญประกาศ	nai an-yá-bprà-gàat
parentesi (f pl)	วงเล็บ	wong lép
tra parentesi	ในวงเล็บ	nai wong lép
trattino (m)	ยัติภังค์	yát-dtì-phang
lineetta (f)	ขีดคั่น	khèet khân
spazio (m) (tra due parole)	ช่องไฟ	chôrng fai
lettera (f)	ตัวอักษร	dtua àk-sŏn
lettera (f) maiuscola	อักษรตัวใหญ่	àk-sŏn dtua yài
vocale (f)	สระ	sà-ra
consonante (f)	พยัญชนะ	phá-yan-chá-ná
proposizione (f)	ประโยค	bprà-yòhk
soggetto (m)	ภาคประธาน	phâak bprà-thaan
predicato (m)	ภาคแสดง	phâak sà-daeng
riga (f)	บรรทัด	ban-thát
a capo	ที่บรรทัดใหม่	têe ban-thát mài
capoverso (m)	วรรค	wák
parola (f)	คำ	kham
gruppo (m) di parole	กลุ่มคำ	glùm kham
espressione (f)	วลี	wá-lee
sinonimo (m)	คำพ้องความหมาย	kham phóng khwaam mǎai
antonimo (m)	คำตรงกันข้าม	kham dtrorng gan khâam
regola (f)	กฎ	gòt
eccezione (f)	ข้อยกเว้น	khôr yok-wâyn
giusto (corretto)	ถูก	thòok
coniugazione (f)	คอนจูเกชัน	khorn joo gay chan
declinazione (f)	การกระจายคำ	gaan grà-jaai kham
caso (m) nominativo	การก	gaa-rók
domanda (f)	คำถาม	kham thǎam
sottolineare (vt)	ขีดเส้นใต้	khèet sên dtâi
linea (f) tratteggiata	เส้นประ	sên bprà

121. Lingue straniere

lingua (f)	ภาษา	phaa-sǎa
straniero (agg)	ต่างชาติ	dtàang châat
lingua (f) straniera	ภาษาต่างชาติ	phaa-sǎa dtàang châat
studiare (vt)	เรียน	rian
imparare (una lingua)	เรียน	rian
leggere (vi, vt)	อ่าน	àan
parlare (vi, vt)	พูด	phôot
capire (vt)	เข้าใจ	khâo jai
scrivere (vi, vt)	เขียน	khǐan
rapidamente	รวดเร็ว	rûat reo
lentamente	อย่างช้า	yàang cháa

correntemente	อย่างคล่อง	yàang khlôrng
regole (f pl)	กฎ	gòt
grammatica (f)	ไวยากรณ์	wai-yaa-gon
lessico (m)	คำศัพท์	kham sàp
fonetica (f)	การออกเสียง	gaan òrk sĭang

manuale (m)	หนังสือเรียน	năng-sĕu rian
dizionario (m)	พจนานุกรม	phót-jà-naa-nú-grom
manuale (m) autodidattico	หนังสือแบบเรียน ด้วยตนเอง	năng-sĕu bàep rian dûay dton ayng
frasario (m)	เฟรสบุก	frayt bùk

cassetta (f)	เทปคาสเซ็ตต์	thâyp khaas-sét
videocassetta (f)	วิดีโอ	wí-dee-oh
CD (m)	CD	see-dee
DVD (m)	DVD	dee-wee-dee

alfabeto (m)	ตัวอักษร	dtua àk-sŏn
compitare (vt)	สะกด	sà-gòt
pronuncia (f)	การออกเสียง	gaan òrk sĭang

accento (m)	สำเนียง	săm-niang
con un accento	มีสำเนียง	mee săm-niang
senza accento	ไม่มีสำเนียง	mâi mee săm-niang

vocabolo (m)	คำ	kham
significato (m)	ความหมาย	khwaam măai

corso (m) (~ di francese)	หลักสูตร	làk sòot
iscriversi (vr)	สมัคร	sà-màk
insegnante (m, f)	อาจารย์	aa-jaan

traduzione (f) (fare una ~)	การแปล	gaan bplae
traduzione (f) (un testo)	คำแปล	kham bplae
traduttore (m)	นักแปล	nák bplae
interprete (m)	ล่าม	lâam

poliglotta (m)	ผู้รู้หลายภาษา	phôo róo lăai paa-săa
memoria (f)	ความทรงจำ	khwaam song jam

122. Personaggi delle fiabe

Babbo Natale (m)	ซานตาคลอส	saan-dtaa-khlôrt
Cenerentola (f)	ซินเดอเรลลา	sín-day-rayn-lâa
sirena (f)	เงือก	ngêuak
Nettuno (m)	เนปจูน	nâyp-joon

mago (m)	พ่อมด	phôr mót
fata (f)	แม่มด	mâe mót
magico (agg)	วิเศษ	wí-sàyt
bacchetta (f) magica	ไม้กายสิทธิ์	mái gaai-yá-sìt

fiaba (f), favola (f)	เทพนิยาย	thâyp ní-yaai
miracolo (m)	ปาฏิหาริย์	bpaa dtì-hăan

| nano (m) | คนแคระ | khon khráe |
| trasformarsi in … | กลายเป็น... | glaai bpen... |

fantasma (m)	ภูตผีปีศาจ	phôot phĕe bpee-sàat
spettro (m)	ผี	phĕe
mostro (m)	สัตว์ประหลาด	sàt bprà-làat
drago (m)	มังกร	mang-gon
gigante (m)	ยักษ์	yák

123. Segni zodiacali

Ariete (m)	ราศีเมษ	raa-sĕe mâyt
Toro (m)	ราศีพฤษภ	raa-sĕe phréut-sòp
Gemelli (m pl)	ราศีมิถุน	raa-sĕe me-thŭn
Cancro (m)	ราศีกรกฎ	raa-sĕe gor-rá-gòt
Leone (m)	ราศีสิงห์	raa-sĕe-sĭng
Vergine (f)	ราศีกันย์	raa-sĕe gan

Bilancia (f)	ราศีตุล	raa-sĕe dtun
Scorpione (m)	ราศีพฤศจิก	raa-sĕe phréut-sà-jìk
Sagittario (m)	ราศีธันว	raa-sĕe than
Capricorno (m)	ราศีมังกร	raa-sĕe mang-gon
Acquario (m)	ราศีกุมภ์	raa-sĕe gum
Pesci (m pl)	ราศีมีน	raa-sĕe meen

carattere (m)	บุคลิก	bùk-khá-lík
tratti (m pl) del carattere	ลักษณะบุคลิก	lák-sà-nà bùk-khá-lík
comportamento (m)	พฤติกรรม	phréut-dtì-gam
predire il futuro	ทำนายชะตา	tham naai chá-dtaa
cartomante (f)	หมอดู	mŏr doo
oroscopo (m)	ดวงชะตา	duang chá-dtaa

Arte

124. Teatro

teatro (m)	โรงละคร	rohng lá-khon
opera (f)	โอเปร่า	oh-bprào
operetta (f)	ละครเพลง	lá-khon phlayng
balletto (m)	บัลเลต์	ban lây
cartellone (m)	โปสเตอร์ละคร	bpòht-dtêr lá-khon
compagnia (f) teatrale	คณะผู้แสดง	khá-ná phôo sà-daeng
tournée (f)	การออกแสดง	gaan òrk sà-daeng
andare in tourn?e	ออกแสดง	òrk sà-daeng
fare le prove	ซ้อม	sórm
prova (f)	การซ้อม	gaan sórm
repertorio (m)	รายการละคร	raai gaan lá-khon
rappresentazione (f)	การแสดง	gaan sà-daeng
spettacolo (m)	การแสดง	gaan sà-daeng
	มหรสพ	má-hŏr-rá-sòp
opera (f) teatrale	ละคร	lá-khon
biglietto (m)	ตั๋ว	dtŭa
botteghino (m)	ช่องจำหน่ายตั๋ว	chôrng jam-nàai dtŭa
hall (f)	ล็อบบี้	lórp-bêe
guardaroba (f)	ที่รับฝากเสื้อโค้ท	thêe ráp fàak sêua khóht
cartellino (m) del guardaroba	ป้ายรับเสื้อ	bpâai ráp sêua
binocolo (m)	กล้องสองสองตา	glôrng sòrng sŏrng dtaa
maschera (f)	พนักงวนที่นำ	phá-nák ngaan thêe nam
	ไปยังที่นั่ง	bpai yang thêe nâng
platea (f)	ที่นั่งชั้นล่าง	thêe nâng chán lâang
balconata (f)	ที่นั่งชั้นสอง	thêe nâng chán sŏrng
prima galleria (f)	ที่นั่งชั้นบน	thêe nâng chán bon
palco (m)	ที่นั่งพิเศษ	thêe nâng phí-sàyt
fila (f)	แถว	thăe
posto (m)	ที่นั่ง	thêe nâng
pubblico (m)	ผู้ชม	phôo chom
spettatore (m)	ผู้เขาชม	phôo khâo chom
battere le mani	ปรบมือ	bpròp meu
applauso (m)	การปรบมือ	gaan bpròp meu
ovazione (f)	การปรบมือให้เกียรติ	gaan bpròp meu hâi gìat
palcoscenico (m)	เวที	way-thee
sipario (m)	ฉาก	chàak
scenografia (f)	ฉาก	chàak
quinte (f pl)	หลังเวที	lăng way-thee
scena (f) (l'ultima ~)	ตอน	dtorn
atto (m)	องค์	ong
intervallo (m)	ช่วงหยุดพัก	chûang yùt phák

125. Cinema

| attore (m) | นักแสดงชาย | nák sà-daeng chaai |
| attrice (f) | นักแสดงหญิง | nák sà-daeng yǐng |

cinema (m) (industria)	ภาพยนตร์	phâap-phá-yon
film (m)	หนัง	nǎng
puntata (f)	ตอน	dtorn

film (m) giallo	หนังประโลมโลกสืบสวน	nǎng sèup sǔan
film (m) d'azione	หนังแอ็คชั่น	nǎng áek-chân
film (m) d'avventure	หนังผจญภัย	nǎng phà-jon phai
film (m) di fantascienza	หนังนิยายวิทยาศาสตร์	nǎng ní-yaai wít-thá-yaa sàat
film (m) d'orrore	หนังสยองขวัญ	nǎng sà-yǒrng khwǎn

film (m) comico	หนังตลก	nǎng dtà-lòk
melodramma (m)	หนังประโลมโลก	nǎng bprà-lohm lôhk
dramma (m)	หนังดรามา	nǎng dràa maa

film (m) a soggetto	หนังเรื่องแต่ง	nǎng rêuang dtàeng
documentario (m)	หนังสารคดี	nǎng sǎa-rá-khá-dee
cartoni (m pl) animati	การ์ตูน	gaa-dtoon
cinema (m) muto	หนังเงียบ	nǎng ngîap

parte (f)	บทบาท	bòt bàat
parte (f) principale	บทบาทนำ	bòt bàat nam
recitare (vi, vt)	แสดง	sà-daeng

star (f), stella (f)	ดาราภาพยนตร์	daa-raa phâap-phá-yon
noto (agg)	เป็นที่รู้จักดี	bpen thêe róo jàk dee
famoso (agg)	ชื่อดัง	chêu dang
popolare (agg)	ที่นิยม	thêe ní-yom

sceneggiatura (m)	บท	bòt
sceneggiatore (m)	คนเขียนบท	khon khǐan bòt
regista (m)	ผู้กำกับ ภาพยนตร์	phôo gam-gàp phâap-phá-yon
produttore (m)	ผู้อำนวยการสร้าง	phôo am-nuay gaan sâang
assistente (m)	ผู้ช่วย	phôo chûay
cameraman (m)	ช่างกลอง	châang glôrng
cascatore (m)	นักแสดงแทน	nák sà-daeng thaen
controfigura (f)	นักแสดงแทน	nák sà-daeng thaen

girare un film	ถ่ายทำภาพยนตร์	thàai tham phâap-phá-yon
provino (m)	การคัดนักแสดง	gaan khát nák sà-daeng
ripresa (f)	การถ่ายทำ	gaan thàai tham
troupe (f) cinematografica	กลุ่มคนถ่าย ภาพยนต	glùm khon thàai phâa-pha-yon
set (m)	สถานที่ ถ่ายทำภาพยนตร์	sà-thǎan thêe thàai tham phâap-phá-yon
cinepresa (f)	กล้อง	glôrng

cinema (m) (~ all'aperto)	โรงภาพยนตร์	rohng phâap-phá-yon
schermo (m)	หน้าจอ	nâa jor
proiettare un film	ฉายภาพยนตร์	chǎai phâap-phá-yon

colonna (f) sonora	เสียงซาวด์แทร็ก	sĭang saao tráek
effetti (m pl) speciali	เอฟเฟ็กต์พิเศษ	àyf-fék phí-sàyt
sottotitoli (m pl)	ซับ	sáp
titoli (m pl) di coda	เครดิต	khray-dìt
traduzione (f)	การแปล	gaan bplae

126. Pittura

arte (f)	ศิลปะ	sĭn-lá-bpà
belle arti (f pl)	วิจิตรศิลป์	wí-jìt sĭn
galleria (f) d'arte	หอศิลป์	hŏr sĭn
mostra (f)	การจัดแสดงศิลปะ	gaan jàt sà-daeng sĭn-lá-bpà
pittura (f)	จิตรกรรม	jìt-dtrà-gam
grafica (f)	เลขนศิลป์	lâyk-ná-sĭn
astrattismo (m)	ศิลปะนามธรรม	sĭn-lá-bpà naam-má-tham
impressionismo (m)	ลัทธิประทับใจ	lát-thí bprà-tháp jai
quadro (m)	ภาพ	phâap
disegno (m)	ภาพวาด	phâap-wâat
cartellone, poster (m)	โปสเตอร์	bpòht-dtêr
illustrazione (f)	ภาพประกอบ	phâap bprà-gòrp
miniatura (f)	รูปปั้นขนาดยอ	rôop bpân khà-nàat yôr
copia (f)	สำเนา	săm-nao
riproduzione (f)	การทำซ้ำ	gaan tham sám
mosaico (m)	โมเสก	moh-sàyk
vetrata (f)	หน้าต่างกระจกสี	nâa dtàang grà-jòk sĕe
affresco (m)	ภาพผนัง	phâap phà-năng
incisione (f)	การแกะลาย	gaan gàe laai
busto (m)	รูปปั้นครึ่งตัว	rôop bpân khrêung dtua
scultura (f)	รูปปั้นแกะสลัก	rôop bpân gàe sà-làk
statua (f)	รูปปั้น	rôop bpân
gesso (m)	ปูนปลาสเตอร์	bpoon bpláat-dtêr
in gesso	ปูนปลาสเตอร์	bpoon bpláat-dtêr
ritratto (m)	ภาพเหมือน	phâap mĕuan
autoritratto (m)	ภาพเหมือนของตนเอง	phâap mĕuan khŏrng dton ayng
paesaggio (m)	ภาพภูมิทัศน์	phâap phoom-mi -thát
natura (f) morta	ภาพหุ่นนิ่ง	phâap hùn nîng
caricatura (f)	ภาพลอ	phâap-lór
abbozzo (m)	ภาพสเก็ตช์	phâap sà-gèt
colore (m)	สี	sĕe
acquerello (m)	สีน้ำ	sĕe náam
olio (m)	สีน้ำมัน	sĕe náam man
matita (f)	ดินสอ	din-sŏr
inchiostro (m) di china	หมึกสีดำ	mèuk sĕe dam
carbone (m)	ถ่าน	thàan
disegnare (a matita)	วาด	wâat
dipingere (un quadro)	ระบายสี	rá-baai sĕe

posare (vi)	จัดท่า	jàt thâa
modello (m)	แบบภาพวาด	bàep phâap-wâat
modella (f)	แบบภาพวาด	bàep phâap-wâat
pittore (m)	ช่างวาดรูป	châang wâat rôop
opera (f) d'arte	งานศิลปะ	ngaan sĭn-lá-bpà
capolavoro (m)	งานชิ้นเอก	ngaan chín àyk
laboratorio (m) (di artigiano)	สตูดิโอ	sà-dtoo dì oh
tela (f)	ผ้าใบ	phâa bai
cavalletto (m)	ขาตั้งกระดาน	khăa dtâng grà daan
	วาดรูป	wâat rôop
tavolozza (f)	จานสี	jaan sĕe
cornice (f) (~ di un quadro)	กรอบ	gròrp
restauro (m)	การฟื้นฟู	gaan féun foo
restaurare (vt)	ฟื้นฟู	féun foo

127. Letteratura e poesia

letteratura (f)	วรรณคดี	wan-ná-khá-dee
autore (m)	ผู้แต่ง	phôo dtàeng
pseudonimo (m)	นามปากกา	naam bpàak gaa
libro (m)	หนังสือ	năng-sĕu
volume (m)	เล่ม	lêm
sommario (m), indice (m)	สารบัญ	săa-rá-ban
pagina (f)	หน้า	nâa
protagonista (m)	ตัวละครหลัก	dtua lá-khon làk
autografo (m)	ลายเซ็น	laai sen
racconto (m)	เรื่องสั้น	rêuang sân
romanzo (m) breve	เรื่องราว	rêuang raao
romanzo (m)	นิยาย	ní-yaai
opera (f) (~ letteraria)	งานเขียน	ngaan khĭan
favola (f)	นิทาน	ní-thaan
giallo (m)	นิยายสืบสวน	ní-yaai sèup sŭan
verso (m)	กลอน	glorn
poesia (f) (~ lirica)	บทกลอน	bòt glorn
poema (m)	บทกวี	bòt gà-wee
poeta (m)	นักกวี	nák gà-wee
narrativa (f)	เรื่องแต่ง	rêuang dtàeng
fantascienza (f)	นิยายวิทยาศาสตร์	ní-yaai wít-thá-yaa sàat
avventure (f pl)	นิยายผจญภัย	ní-yaai phà-jon phai
letteratura (f) formativa	วรรณกรรมการศึกษา	wan-ná-gam gaan sèuk-săa
libri (m pl) per l'infanzia	วรรณกรรมสำหรับเด็ก	wan-ná-gam săm-ràp dèk

128. Circo

circo (m)	ละครสัตว์	lá-khon sàt
tendone (m) del circo	ละครสัตว์เล่รอน	lá-khon sàt lây rôrn

programma (m)	รายการการแสดง	raai gaan gaan sà-daeng
spettacolo (m)	การแสดง	gaan sà-daeng
numero (m)	การแสดง	gaan sà-daeng
arena (f)	เวทีละครสัตว์	way-thee lá-kon sàt
pantomima (m)	ละครใบ้	lá-khon bâi
pagliaccio (m)	ตัวตลก	dtua dtà-lòk
acrobata (m)	นักกายกรรม	nák gaai-yá-gam
acrobatica (f)	กายกรรม	gaai-yá-gam
ginnasta (m)	นักกายกรรม	nák gaai-yá-gam
ginnastica (m)	กายกรรม	gaai-yá-gam
salto (m) mortale	การตีลังกา	gaan dtee lang-gaa
forzuto (m)	นักกีฬา	nák gee-laa
domatore (m)	ผู้ฝึกสัตว์	phôo fèuk sàt
cavallerizzo (m)	นักขี่	nák khèe
assistente (m)	ผู้ช่วย	phôo chûay
acrobazia (f)	ผาดโผน	phàat phǒhn
gioco (m) di prestigio	มายากล	maa-yaa gon
prestigiatore (m)	นักมายากล	nák maa-yaa gon
giocoliere (m)	นักมายากล โยนของ	nák maa-yaa gon yohn khǒrng
giocolare (vi)	โยนของ	yohn khǒrng
ammaestratore (m)	ผู้ฝึกสัตว์	phôo fèuk sàt
ammaestramento (m)	การฝึกสัตว์	gaan fèuk sàt
ammaestrare (vt)	ฝึก	fèuk

129. Musica. Musica pop

musica (f)	ดนตรี	don-dtree
musicista (m)	นักดนตรี	nák don-dtree
strumento (m) musicale	เครื่องดนตรี	khrêuang don-dtree
suonare …	เล่น	lên
chitarra (f)	กีตาร์	gee-dtâa
violino (m)	ไวโอลิน	wai-oh-lin
violoncello (m)	เชลโล	chayn-lôh
contrabbasso (m)	ดับเบิลเบส	dàp-bern bàyt
arpa (f)	พิณ	phin
pianoforte (m)	เปียโน	bpia noh
pianoforte (m) a coda	แกรนด์เปียโน	graen bpia-noh
organo (m)	ออร์แกน	or-gaen
strumenti (m pl) a fiato	เครื่องเป่า	khrêuang bpào
oboe (m)	โอโบ	oh-boh
sassofono (m)	แซ็กโซโฟน	sáek-soh-fohn
clarinetto (m)	แคลริเน็ต	khlae-rí-nét
flauto (m)	ฟลูต	flút
tromba (f)	ทรัมเป็ต	tram-bpèt

| fisarmonica (f) | หีบเพลงชัก | hèep phlayng chák |
| tamburo (m) | กลอง | glorng |

duetto (m)	คู่	khôo
trio (m)	วงทริโอ	wong thrí-oh
quartetto (m)	กลุ่มที่มีสี่คน	glùm thêe mee sèe khon
coro (m)	คณะประสานเสียง	khá-ná bprà-sǎan sǐang
orchestra (f)	วงดุริยางค์	wong dù-rí-yaang

musica (f) pop	เพลงป็อป	phlayng bpòp
musica (f) rock	เพลงร็อค	phlayng rók
gruppo (m) rock	วงร็อค	wong rórk
jazz (m)	แจซ	jáet

| idolo (m) | ไอดอล | ai-dorn |
| ammiratore (m) | แฟน | faen |

concerto (m)	คอนเสิร์ต	khon-sèrt
sinfonia (f)	ซิมโฟนี	sím-foh-nee
composizione (f)	การแต่งเพลง	gaan dtàeng phlayng
comporre (vt), scrivere (vt)	แต่ง	dtàeng

canto (m)	การร้องเพลง	gaan róng playng
canzone (f)	เพลง	phlayng
melodia (f)	เสียงเพลง	sǐang phlayng
ritmo (m)	จังหวะ	jang wà
blues (m)	บลูส	bloo

note (f pl)	โน้ตเพลง	nóht phlayng
bacchetta (f)	ไม้สั้นของ	máai sân khǒrng
	วาทยากร	wâa-tha-yaa gon
arco (m)	คันชอ	khan sor
corda (f)	สาย	sǎai
custodia (f) (~ della chitarra)	กลอง	glòrng

Ristorante. Intrattenimento. Viaggi

130. Escursione. Viaggio

turismo (m)	การท่องเที่ยว	gaan thôrng thîeow
turista (m)	นักทองเที่ยว	nák thôrng thîeow
viaggio (m) (all'estero)	การเดินทาง	gaan dern thaang
avventura (f)	การผจญภัย	gaan phà-jon phai
viaggio (m) (corto)	การเดินทาง	gaan dern thaang
vacanza (f)	วันหยุดพักผ่อน	wan yùt phák phòrn
essere in vacanza	หยุดพักผอน	yùt phák phòrn
riposo (m)	การพัก	gaan phák
treno (m)	รถไฟ	rót fai
in treno	โดยรถไฟ	doi rót fai
aereo (m)	เครื่องบิน	khrêuang bin
in aereo	โดยเครื่องบิน	doi khrêuang bin
in macchina	โดยรถยนต์	doi rót-yon
in nave	โดยเรือ	doi reua
bagaglio (m)	สัมภาระ	sǎm-phaa-rá
valigia (f)	กระเป๋าเดินทาง	grà-bpǎo dern-thaang
carrello (m)	รถขนสัมภาระ	rót khǒn sǎm-phaa-rá
passaporto (m)	หนังสือเดินทาง	nǎng-sěu dern-thaang
visto (m)	วีซ่า	wee-sâa
biglietto (m)	ตั๋ว	dtǔa
biglietto (m) aereo	ตั๋วเครื่องบิน	dtǔa khrêuang bin
guida (f)	หนังสือแนะนำ	nǎng-sěu náe nam
carta (f) geografica	แผนที่	phǎen thêe
località (f)	เขต	khàyt
luogo (m)	สถานที่	sà-thǎan thêe
ogetti (m pl) esotici	สิ่งแปลกใหม่	sìng bplàek mài
esotico (agg)	ตางแดน	dtàang daen
sorprendente (agg)	นาประหลาดใจ	nâa bprà-làat jai
gruppo (m)	กลุ่ม	glùm
escursione (f)	การเดินทาง ทองเที่ยว	gaan dern taang thôrng thîeow
guida (f) (cicerone)	มัคคุเทศก์	mák-khú-thâyt

131. Hotel

hotel (m)	โรงแรม	rohng raem
motel (m)	โรงแรม	rohng raem

tre stelle	สามดาว	sǎam daao
cinque stelle	หาดาว	hâa daao
alloggiare (vi)	พัก	phák

camera (f)	ห้อง	hôrng
camera (f) singola	ห้องเดี่ยว	hôrng dìeow
camera (f) doppia	หองคู	hôrng khôo
prenotare una camera	จองหอง	jorng hôrng

| mezza pensione (f) | พักครึ่งวัน | phák khrêung wan |
| pensione (f) completa | พักเต็มวัน | phák dtem wan |

con bagno	มีห้องอาบน้ำ	mee hôrng àap náam
con doccia	มีฝักบัว	mee fàk bua
televisione (f) satellitare	โทรทัศน์ดาวเทียม	thoh-rá-thát daao thiam
condizionatore (m)	เครื่องปรับอากาศ	khrêuang bpràp-aa-gàat
asciugamano (m)	ผาเช็ดตัว	phâa chét dtua
chiave (f)	กุญแจ	gun-jae

amministratore (m)	นักบุริหาร	nák bor-rí-hǎan
cameriera (f)	แมบาน	mâe bâan
portabagagli (m)	พนักงาน, ขนกระเป๋า	phá-nák ngaan khǒn grà-bpǎo
portiere (m)	พนักงาน เปิดประตู	phá-nák ngaan bpèrt bprà-dtoo

ristorante (m)	ร้านอาหาร	ráan aa-hǎan
bar (m)	บาร	baa
colazione (f)	อาหารเช้า	aa-hǎan cháo
cena (f)	อาหารเย็น	aa-hǎan yen
buffet (m)	บุฟเฟต	bùf-fây

| hall (f) (atrio d'ingresso) | ล็อบบี้ | lórp-bêe |
| ascensore (m) | ลิฟต | líf |

| NON DISTURBARE | ห้ามรบกวน | hâam róp guan |
| VIETATO FUMARE! | หามสูบบุหรี่ | hâam sòop bù rèe |

132. Libri. Lettura

libro (m)	หนังสือ	nǎng-sěu
autore (m)	ผูแตง	phôo dtàeng
scrittore (m)	นักเขียน	nák khǐan
scrivere (vi, vt)	เขียน	khǐan

lettore (m)	ผูอาน	phôo àan
leggere (vi, vt)	อาน	àan
lettura (f) (sala di ~)	การอาน	gaan àan

| in silenzio (leggere ~) | อยางเงียบๆ | yàang ngîap ngîap |
| ad alta voce | ออกเสียงดัง | òrk sǐang dang |

| pubblicare (vt) | ตีพิมพ์ | dtee phim |
| pubblicazione (f) | การตีพิมพ์ | gaan dtee phim |

editore (m)	ผู้พิมพ์	phôo phim
casa (f) editrice	สำนักพิมพ์	săm-nák phim
uscire (vi)	ออก	òrk
uscita (f)	การออก	gaan òrk
tiratura (f)	จำนวน	jam-nuan
libreria (f)	ฐานหนังสือ	ráan năng-sĕu
biblioteca (f)	หองสมุด	hôrng sà-mùt
romanzo (m) breve	เรื่องราว	rêuang raao
racconto (m)	เรื่องสั้น	rêuang sân
romanzo (m)	นิยาย	ní-yaai
giallo (m)	นิยายสืบสวน	ní-yaai sèup sŭan
memorie (f pl)	บันทึกความทรงจำ	ban-théuk khwaam song jam
leggenda (f)	ตำนาน	dtam naan
mito (m)	นิทานปรัมปรา	ní-thaan bpram bpraa
poesia (f), versi (m pl)	บทกวี	bòt gà-wee
autobiografia (f)	อัตชีวประวัติ	àt-chee-wá-bprà-wàt
opere (f pl) scelte	งานที่ผาน	ngaan thêe phàan
	การคัดเลือก	gaan khát lêuak
fantascienza (f)	นิยายวิทยาศาสตร์	ní-yaai wít-thá-yaa sàat
titolo (m)	ชื่อเรื่อง	chêu rêuang
introduzione (f)	บทนำ	bòt nam
frontespizio (m)	หนาแรก	nâa râek
capitolo (m)	บูท	bòt
frammento (m)	ขอความที่	khôr khwaam thêe
	คัดออกมา	khát òk maa
episodio (m)	ตอน	dtorn
soggetto (m)	เค้าเรื่อง	kháo rêuang
contenuto (m)	เนื้อหา	néua hăa
sommario (m)	สารบัญ	săa-rá-ban
protagonista (m)	ตัวละครหลัก	dtua lá-khon làk
volume (m)	เล่ม	lêm
copertina (f)	ปก	bpòk
rilegatura (f)	สัน	săn
segnalibro (m)	ที่คั่นหนังสือ	thêe khân năng-sĕu
pagina (f)	หน้า	nâa
sfogliare (~ le pagine)	เปิดผานๆ	bpèrt phàan phàan
margini (m pl)	ระยะขอบ	rá-yá khòrp
annotazione (f)	ความเห็นประกอบ	khwaam hĕn bprà-gòp
nota (f) (a fondo pagina)	เชิงอรรถ	cherng àt-tha
testo (m)	บท	bòt
carattere (m)	ตัวพิมพ์	dtua phim
refuso (m)	ความพิมพ์ผิด	khwaam phim phìt
traduzione (f)	คำแปล	kham bplae
tradurre (vt)	แปล	bplae

originale (m) (leggere l'~)	ต้นฉบับ	dtôn chà-bàp
famoso (agg)	โด่งดัง	dòhng dang
sconosciuto (agg)	ไม่เป็นที่รู้จัก	mâi bpen thêe róo jàk
interessante (agg)	น่าสนใจ	nâa sŏn jai
best seller (m)	ขายดี	khǎai dee

dizionario (m)	พจนานุกรม	phót-jà-naa-nú-grom
manuale (m)	หนังสือเรียน	nǎng-sěu rian
enciclopedia (f)	สารานุกรม	sǎa-raa-nú-grom

133. Caccia. Pesca

caccia (f)	การล่าสัตว์	gaan lâa sàt
cacciare (vt)	ล่าสัตว	lâa sàt
cacciatore (m)	นักล่าสัตว์	nák lâa sàt

sparare (vi)	ยิง	ying
fucile (m)	ปืนไรเฟิล	bpeun rai-fern
cartuccia (f)	กระสุนปืน	grà-sǔn bpeun
pallini (m pl) da caccia	กระสุน	grà-sǔn

tagliola (f) (~ per orsi)	กับดักเหล็ก	gàp dàk lèk
trappola (f) (~ per uccelli)	กับดัก	gàp dàk
cadere in trappola	ติดกับดัก	dtìt gàp dàk
tendere una trappola	วางกับดัก	waang gàp dàk

bracconiere (m)	ผู้ลักลอบล่าสัตว์	phôo lák lôrp lâa sàt
cacciagione (f)	สัตว์ที่ถูกล่า	sàt têe thòok lâa
cane (m) da caccia	หมาล่าเนื้อ	mǎa lâa néua
safari (m)	ซาฟารี	saa-faa-ree
animale (m) impagliato	สัตว์สตาฟ	sàt sà-dtàaf

pescatore (m)	คนประมง	khon bprà-mong
pesca (f)	การจับปลา	gaan jàp bplaa
pescare (vi)	จับปลา	jàp bplaa

canna (f) da pesca	คันเบ็ด	khan bèt
lenza (f)	สายเบ็ด	sǎai bèt
amo (m)	ตะขอ	dtà-khǒr
galleggiante (m)	ทุ่น	thûn
esca (f)	เหยื่อ	yèua

lanciare la canna	เหวี่ยงเบ็ด	wìang bèt
abboccare (pesce)	งับเหยื่อ	ngáp yèua
pescato (m)	ปลาจับ	bpla jàp
buco (m) nel ghiaccio	ช่องน้ำแข็ง	chôrng nám khǎeng

rete (f)	แหจับปลา	hǎe jàp bplaa
barca (f)	เรือ	reua
prendere con la rete	จับปลาด้วยแห	jàp bplaa dûay hǎe
gettare la rete	เหวี่ยงแห	wìang hǎe
tirare le reti	ลากอวน	lâak uan
cadere nella rete	ติดแห	dtìt hǎe
baleniere (m)	นักล่าปลาวาฬ	nák lâa bplaa waan

| baleniera (f) (nave) | เรือล่าปลาวาฬ | reua lâa bplaa waan |
| rampone (m) | ฉมวก | chà-mùak |

134. Ciochi. Biliardo

biliardo (m)	บิลเลียด	bin-lîat
sala (f) da biliardo	ห้องบิลเลียด	hôrng bin-lîat
bilia (f)	ลูก	lôok
imbucare (vt)	แทงลูกลงหลุม	thaeng lôok long lǔm
stecca (f) da biliardo	ไม้คิว	máai khiw
buca (f)	หลุม	lǔm

135. Giochi. Carte da gioco

quadri (m pl)	ข้าวหลามตัด	khâao lǎam dtàt
picche (f pl)	โพดำ	phoh dam
cuori (m pl)	โพแดง	phoh daeng
fiori (m pl)	ดอกจิก	dòrk jìk

asso (m)	เอส	àyt
re (m)	คิง	king
donna (f)	แหม่ม	màem
fante (m)	แจค	jáek

carta (f) da gioco	ไพ่	phâi
carte (f pl)	ไพ่	phâi
briscola (f)	ไต๋	dtǎi
mazzo (m) di carte	สำรับไพ่	sǎm-ráp phâi

punto (m)	แต้ม	dtâem
dare le carte	แจกไพ่	jàek phâi
mescolare (~ le carte)	สับไพ	sàp phâi
turno (m)	ที	thee
baro (m)	คนโกงไพ่	khon gohng phâi

136. Riposo. Giochi. Varie

passeggiare (vi)	เดินเล่น	dern lên
passeggiata (f)	การเดินเล่น	gaan dern lên
gita (f)	การนั่งรถ	gaan nâng rót
avventura (f)	การผจญภัย	gaan phà-jon phai
picnic (m)	ปิคนิค	bpìk-ník

gioco (m)	เกม	gaym
giocatore (m)	ผู้เล่น	phôo lên
partita (f) (~ a scacchi)	เกม	gaym

| collezionista (m) | นักสะสม | nák sà-sǒm |
| collezionare (vt) | สะสม | sà-sǒm |

collezione (f)	การสะสม	gaan sà-sǒm
cruciverba (m)	ปริศนาอักษรไขว้	bprìt-sà-nǎa àk-sǒn khwâi
ippodromo (m)	ลู่แข่ง	lôo khàeng
discoteca (f)	ดิสโก้	dít-gôh

| sauna (f) | ซาวน่า | saao-nâa |
| lotteria (f) | สลากกินแบ่ง | sà-làak gin bàeng |

campeggio (m)	การเดินทาง ตั้งแคมป์	gaan dern thaang dtâng-khaem
campo (m)	แคมป์	khaem
tenda (f) da campeggio	เต็นท์	dtáyn
bussola (f)	เข็มทิศ	khěm thít
campeggiatore (m)	ผู้เดินทาง ตั้งแคมป์	phôo dern thaang dtâng-khaem

guardare (~ un film)	ดู	doo
telespettatore (m)	ผู้ชมทีวี	phôo chom thee wee
trasmissione (f)	รายการทีวี	raai gaan thee wee

137. Fotografia

| macchina (f) fotografica | กล้อง | glôrng |
| fotografia (f) | ภาพถ่าย | phâap thàai |

fotografo (m)	ช่างถ่ายภาพ	châang thàai phâap
studio (m) fotografico	ห้องถ่ายภาพ	hôrng thàai phâap
album (m) di fotografie	อัลบั้มภาพถ่าย	an-bâm phâap-thàai

obiettivo (m)	เลนส์กล้อง	len glôrng
teleobiettivo (m)	เลนส์ถ่ายไกล	len thàai glai
filtro (m)	ฟิลเตอร์	fin-dtêr
lente (f)	เลนส์	len

ottica (f)	ออปติก	orp-dtìk
diaframma (m)	รูรับแสง	roo ráp sǎeng
tempo (m) di esposizione	เวลาในการถ่ายภาพ	way-laa nai gaan thàai phâap
mirino (m)	เครื่องจับภาพ	khrêuang jàp phâap

fotocamera (f) digitale	กล้องดิจิตอล	glôrng dì-jì-dton
cavalletto (m)	ขาตั้งกล้อง	khǎa dtâng glông
flash (m)	แฟลช	flâet

fotografare (vt)	ถ่ายภาพ	thàai phâap
fare foto	ถ่ายภาพ	thàai phâap
fotografarsi	ได้รับการ ถ่ายภาพให้	dâai ráp gaan thàai phâap hâi

fuoco (m)	โฟกัส	foh-gát
mettere a fuoco	โฟกัส	foh-gát
nitido (agg)	คมชัด	khom chát
nitidezza (f)	ความคมชัด	khwaam khom chát
contrasto (m)	ความเปรียบต่าง	khwaam bprìap dtàang
contrastato (agg)	เปรียบต่าง	bprìap dtàang

foto (f)	ภาพ	phâap
negativa (f)	ภาพเนกาทีฟ	phâap nay gaa thêef
pellicola (f) fotografica	ฟิล์ม	fim
fotogramma (m)	เฟรม	fraym
stampare (~ le foto)	พิมพ์	phim

138. Spiaggia. Nuoto

spiaggia (f)	ชายหาด	chaai hàat
sabbia (f)	ทราย	saai
deserto (agg)	ร้าง	ráang

abbronzatura (f)	ผิวคล้ำแดด	phĭw khlám dàet
abbronzarsi (vr)	ตากแดด	dtàak dàet
abbronzato (agg)	มีผิวคล้ำแดด	mee phĭw khlám dàet
crema (f) solare	ครีมกันแดด	khreem gan dàet

bikini (m)	บิกินี่	bì-gì-nee
costume (m) da bagno	ชุดว่ายน้ำ	chút wâai náam
slip (m) da bagno	กางเกงว่ายน้ำ	gaang-gayng wâai náam

piscina (f)	สระว่ายน้ำ	sà wâai náam
nuotare (vi)	ว่ายน้ำ	wâai náam
doccia (f)	ฝักบัว	fàk bua
cambiarsi (~ i vestiti)	เปลี่ยนชุด	bplìan chút
asciugamano (m)	ผ้าเช็ดตัว	phâa chét dtua

| barca (f) | เรือ | reua |
| motoscafo (m) | เรือยนต์ | reua yon |

sci (m) nautico	สกีน้ำ	sà-gee nám
pedalò (m)	เรือถีบ	reua thèep
surf (m)	การโต้คลื่น	gaan dtôh khlêun
surfista (m)	นักโต้คลื่น	nák dtôh khlêun

autorespiratore (m)	อุปกรณ์ดำน้ำ	u-bpà-gon dam náam
pinne (f pl)	ตีนกบ	dteen gòp
maschera (f)	หน้ากากดำน้ำ	nâa gàak dam náam
subacqueo (m)	นักประดาน้ำ	nák bprà-daa náam
tuffarsi (vr)	ดำน้ำ	dam náam
sott'acqua	ใต้น้ำ	dtâi nám

ombrellone (m)	ร่มชายหาด	rôm chaai hàat
sdraio (f)	เตียงอาบแดด	dtiang àap dàet
occhiali (m pl) da sole	แว่นกันแดด	wâen gan dàet
materasso (m) ad aria	ที่นอนเป่าลม	thêe non bpào lom

| giocare (vi) | เล่น | lên |
| fare il bagno | ไปว่ายน้ำ | bpai wâai náam |

pallone (m)	บอล	bon
gonfiare (vt)	เติมลม	dterm lom
gonfiabile (agg)	แบบเติมลม	bàep dterm lom
onda (f)	คลื่น	khlêun

boa (f)	ทุ่นลอย	thûn loi
annegare (vi)	จมน้ำ	jom náam
salvare (vt)	ช่วยชีวิต	chûay chee-wít
giubbotto (m) di salvataggio	เสื้อชูชีพ	sêua choo chêep
osservare (vt)	สังเกตการณ์	săng-gàyt gaan
bagnino (m)	ไลฟ์การ์ด	lai-gàat

ATTREZZATURA TECNICA. MEZZI DI TRASPORTO

Attrezzatura tecnica

139. Computer

computer (m)	คอมพิวเตอร์	khorm-phiw-dtêr
computer (m) portatile	โน้ตบุ๊ค	nóht búk
accendere (vt)	เปิด	bpèrt
spegnere (vt)	ปิด	bpìt
tastiera (f)	แป้นพิมพ์	bpâen phim
tasto (m)	ปุ่ม	bpùm
mouse (m)	เมาส์	mao
tappetino (m) del mouse	แผ่นรองเมาส์	phàen rorng mao
tasto (m)	ปุ่ม	bpùm
cursore (m)	เคอร์เซอร์	khêr-sêr
monitor (m)	จอมอนิเตอร์	jor mor-ní-dtêr
schermo (m)	หน้าจอ	nâa jor
disco (m) rigido	ฮาร์ดดิสก์	hâat-dìt
spazio (m) sul disco rigido	ความจุฮาร์ดดิสก์	kwaam jù hâat-dìt
memoria (f)	หน่วยความจำ	nùay khwaam jam
memoria (f) operativa	หน่วยความจำ เขาถึงโดยสุ่ม	nùay khwaam jam khâo thěung doi sùm
file (m)	ไฟล์	fai
cartella (f)	โฟลเดอร์	fohl-dêr
aprire (vt)	เปิด	bpèrt
chiudere (vt)	ปิด	bpìt
salvare (vt)	บันทึก	ban-théuk
eliminare (vt)	ลบ	lóp
copiare (vt)	คัดลอก	khát lôrk
ordinare (vt)	จัดเรียง	jàt riang
trasferire (vt)	ทำสำเนา	tham sǎm-nao
programma (m)	โปรแกรม	bproh-graem
software (m)	ซอฟต์แวร์	sôf-wae
programmatore (m)	นักเขียนโปรแกรม	nák khǐan bproh-graem
programmare (vt)	เขียนโปรแกรม	khǐan bproh-graem
hacker (m)	แฮ็กเกอร์	háek-gêr
password (f)	รหัสผ่าน	rá-hàt phàan
virus (m)	ไวรัส	wai-rát
trovare (un virus, ecc.)	ตรวจพบ	dtrùat phóp

| byte (m) | ไบท์ | bai |
| megabyte (m) | เมกะไบท์ | may-gà-bai |

| dati (m pl) | ข้อมูล | khôr moon |
| database (m) | ฐานข้อมูล | thăan khôr moon |

cavo (m)	สายเคเบิล	săai khay-bêrn
sconnettere (vt)	ตัดการเชื่อมต่อ	dtàt gaan chêuam dtòr
collegare (vt)	เชื่อมต่อ	chêuam dtòr

140. Internet. Posta elettronica

internet (f)	อินเทอร์เน็ต	in-thêr-nét
navigatore (m)	เบราว์เซอร์	brao-sêr
motore (m) di ricerca	โปรแกรมค้นหา	bproh-graem khón hăa
provider (m)	ผู้ให้บริการ	phôo hâi bor-rí-gaan

webmaster (m)	เว็บมาสเตอร์	wép-mâat-dtêr
sito web (m)	เว็บไซต์	wép sai
pagina web (f)	เว็บเพจ	wép phâyt

| indirizzo (m) | ที่อยู่ | thêe yòo |
| rubrica (f) indirizzi | สมุดที่อยู่ | sà-mùt thêe yòo |

casella (f) di posta	กล่องจดหมายอีเมลล์	glòrng jòt măai ee-mayn
posta (f)	จดหมาย	jòt măai
troppo piena (agg)	เต็ม	dtem

messaggio (m)	ข้อความ	khôr khwaam
messaggi (m pl) in arrivo	ข้อความขาเข้า	khôr khwaam khăa khâo
messaggi (m pl) in uscita	ข้อความขาออก	khôr khwaam khăa òrk

mittente (m)	ผู้ส่ง	phôo sòng
inviare (vt)	ส่ง	sòng
invio (m)	การส่ง	gaan sòng

| destinatario (m) | ผู้รับ | phôo ráp |
| ricevere (vt) | รับ | ráp |

| corrispondenza (f) | การติดต่อกัน ทางจดหมาย | gaan dtìt dtòr gan thaang jòt măai |
| essere in corrispondenza | ติดต่อกันทางจดหมาย | dtìt dtòr gan thaang jòt măai |

file (m)	ไฟล์	fai
scaricare (vt)	ดาวน์โหลด	daao lòht
creare (vt)	สร้าง	sâang
eliminare (vt)	ลบ	lóp
eliminato (agg)	ถูกลบ	thòok lóp

connessione (f)	การเชื่อมต่อ	gaan chêuam dtòr
velocità (f)	ความเร็ว	khwaam reo
modem (m)	โมเด็ม	moh-dem
accesso (m)	การเข้าถึง	gaan khâo thĕung
porta (f)	พอร์ท	phôt

collegamento (m)	การเชื่อมต่อ	gaan chêuam dtòr
collegarsi a …	เชื่อมตอกับ...	chêuam dtòr gàp...
scegliere (vt)	เลือก	lêuak
cercare (vt)	คนหา	khón hǎa

Mezzi di trasporto

141. Aeroplano

aereo (m)	เครื่องบิน	khrêuang bin
biglietto (m) aereo	ตั๋วเครื่องบิน	dtǔa khrêuang bin
compagnia (f) aerea	สายการบิน	sǎai gaan bin
aeroporto (m)	สนามบิน	sà-nǎam bin
supersonico (agg)	ความเร็วเหนือเสียง	khwaam reo něua-sǐang
comandante (m)	กัปตัน	gàp dtan
equipaggio (m)	ลูกเรือ	lôok reua
pilota (m)	นักบิน	nák bin
hostess (f)	พนักงานต้อนรับ บนเครื่องบิน	phá-nák ngaan dtôrn ráp bon khrêuang bin
navigatore (m)	ต้นหน	dtôn hǒn
ali (f pl)	ปีก	bpèek
coda (f)	หาง	hǎang
cabina (f)	ห้องนักบิน	hôrng nák bin
motore (m)	เครื่องยนต์	khrêuang yon
carrello (m) d'atterraggio	โครงส่วนล่าง ของเครื่องบิน	khrorng sùan lâang khǒrng khrêuang bin
turbina (f)	กังหัน	gang-hǎn
elica (f)	ใบพัด	bai phát
scatola (f) nera	กล่องดำ	glòrng dam
barra (f) di comando	คันบังคับ	khan bang-kháp
combustibile (m)	เชื้อเพลิง	chéua phlerng
safety card (f)	คู่มือความปลอดภัย	khôo meu khwaam bplòt phai
maschera (f) ad ossigeno	หน้ากากอ็อกซิเจน	nâa gàak ók sí jayn
uniforme (f)	เครื่องแบบ	khrêuang bàep
giubbotto (m) di salvataggio	เสื้อชูชีพ	sêua choo chêep
paracadute (m)	ร่มชูชีพ	rôm choo chêep
decollo (m)	การบินขึ้น	gaan bin khêun
decollare (vi)	บินขึ้น	bin khêun
pista (f) di decollo	ทางวิ่งเครื่องบิน	thaang wîng khrêuang bin
visibilità (f)	ทัศนวิสัย	thát sá ná wí-sǎi
volo (m)	การบิน	gaan bin
altitudine (f)	ความสูง	khwaam sǒong
vuoto (m) d'aria	หลุมอากาศ	lǔm aa-gàat
posto (m)	ที่นั่ง	thêe nâng
cuffia (f)	หูฟัง	hǒo fang
tavolinetto (m) pieghevole	ถาดพับเก็บได้	thàat pháp gèp dâai
oblò (m), finestrino (m)	หน้าต่างเครื่องบิน	nâa dtàang khrêuang bin
corridoio (m)	ทางเดิน	thaang dern

142. Treno

treno (m)	รถไฟ	rót fai
elettrotreno (m)	รถไฟชานเมือง	rót fai chaan meuang
treno (m) rapido	รถไฟด่วน	rót fai dùan
locomotiva (f) diesel	รถจักรดีเซล	rót jàk dee-sayn
locomotiva (f) a vapore	รถจักรไอน้ำ	rót jàk ai náam
carrozza (f)	ตู้โดยสาร	dtôo doi săan
vagone (m) ristorante	ตู้เสบียง	dtôo sà-biang
rotaie (f pl)	รางรถไฟ	raang rót fai
ferrovia (f)	ทางรถไฟ	thaang rót fai
traversa (f)	หมอนรองราง	mŏrn rorng raang
banchina (f) (~ ferroviaria)	ชานชลา	chaan-chá-laa
binario (m) (~ 1, 2)	ราง	raang
semaforo (m)	ไฟสัญญาณรถไฟ	fai săn-yaan rót fai
stazione (f)	สถานี	sà-thăa-nee
macchinista (m)	คนขับรถไฟ	khon khàp rót fai
portabagagli (m)	พนักงานยกกระเป๋า	phá-nák ngaan yók grà-bpăo
cuccettista (m, f)	พนักงานรถไฟ	phá-nák ngaan rót fai
passeggero (m)	ผู้โดยสาร	phôo doi săan
controllore (m)	พนักงานตรวจตั๋ว	phá-nák ngaan dtrùat dtŭa
corridoio (m)	ทางเดิน	thaang dern
freno (m) di emergenza	เบรคฉุกเฉิน	bràyk chùk-chĕrn
scompartimento (m)	ตู้นอน	dtôo norn
cuccetta (f)	เตียง	dtiang
cuccetta (f) superiore	เตียงบน	dtiang bon
cuccetta (f) inferiore	เตียงล่าง	dtiang lâang
biancheria (f) da letto	ชุดเครื่องนอน	chút khrêuang norn
biglietto (m)	ตั๋ว	dtŭa
orario (m)	ตารางเวลา	dtaa-raang way-laa
tabellone (m) orari	ฏระดานแสดง	grà daan sà-daeng
	ขอมูล	khôr moon
partire (vi)	ออกเดินทาง	òrk dern thaang
partenza (f)	การออกเดินทาง	gaan òrk dern thaang
arrivare (di un treno)	มาถึง	maa thĕung
arrivo (m)	การมาถึง	gaan maa thĕung
arrivare con il treno	มาถึงโดยรถไฟ	maa thĕung doi rót fai
salire sul treno	ขึ้นรถไฟ	khêun rót fai
scendere dal treno	ลงจากรถไฟ	long jàak rót fai
deragliamento (m)	รถไฟตกราง	rót fai dtòk raang
deragliare (vi)	ตกราง	dtòk raang
locomotiva (f) a vapore	หัวรถจักรไอน้ำ	hŭa rót jàk ai náam
fuochista (m)	คนควบคุมเตาไฟ	khon khûap khum dtao fai
forno (m)	เตาไฟ	dtao fai
carbone (m)	ถ่านหิน	thàan hĭn

143. Nave

nave (f)	เรือ	reua
imbarcazione (f)	เรือ	reua
piroscafo (m)	เรือจักรไอน้ำ	reua jàk ai náam
barca (f) fluviale	เรือลองแม่น้ำ	reua lông mâe náam
transatlantico (m)	เรือเดินสมุทร	reua dern sà-mùt
incrociatore (m)	เรือลาดตระเวน	reua lâat dtrà-wayn
yacht (m)	เรือยอชต์	reua yôt
rimorchiatore (m)	เรือลากจูง	reua lâak joong
chiatta (f)	เรือบรรทุก	reua ban-thúk
traghetto (m)	เรือข้ามฟาก	reua khâam fâak
veliero (m)	เรือใบ	reua bai
brigantino (m)	เรือใบสองเสากระโดง	reua bai sŏrng săo grà-dohng
rompighiaccio (m)	เรือตัดน้ำแข็ง	reua dtàt náam khăeng
sottomarino (m)	เรือดำน้ำ	reua dam náam
barca (f)	เรือพาย	reua phaai
scialuppa (f)	เรือบดเล็ก	reua bòt lék
scialuppa (f) di salvataggio	เรือชูชีพ	reua choo chêep
motoscafo (m)	เรือยนต์	reua yon
capitano (m)	กัปตัน	gàp dtan
marittimo (m)	นาวิน	naa-win
marinaio (m)	คนเรือ	khon reua
equipaggio (m)	กะลาสี	gà-laa-sĕe
nostromo (m)	สรั่ง	sà-râng
mozzo (m) di nave	คนช่วยงานในเรือ	khon chûay ngaan nai reua
cuoco (m)	กุ๊ก	gúk
medico (m) di bordo	แพทย์เรือ	phâet reua
ponte (m)	ดาดฟ้าเรือ	dàat-fáa reua
albero (m)	เสากระโดงเรือ	săo grà-dohng reua
vela (f)	ใบเรือ	bai reua
stiva (f)	ท้องเรือ	thórng-reua
prua (f)	หัวเรือ	hŭa-reua
poppa (f)	ท้ายเรือ	tháai reua
remo (m)	ไม้พาย	máai phaai
elica (f)	ใบจักร	bai jàk
cabina (f)	ห้องพัก	hôrng phák
quadrato (m) degli ufficiali	ห้องอาหาร	hôrng aa-hăan
sala (f) macchine	ห้องเครื่องยนต์	hôrng khrêuang yon
ponte (m) di comando	สะพานเดินเรือ	sà-phaan dern reua
cabina (f) radiotelegrafica	ห้องวิทยุ	hôrng wít-thá-yú
onda (f)	คลื่นความถี่	khlêun khwaam thèe
giornale (m) di bordo	สมุดบันทึก	sà-mùt ban-théuk
cannocchiale (m)	กล้องสองทางไกล	glôrng sòrng thaang glai
campana (f)	ระฆัง	rá-khang

bandiera (f)	ธง	thorng
cavo (m) (~ d'ormeggio)	เชือก	chêuak
nodo (m)	ปม	bpom
ringhiera (f)	ราว	raao
passerella (f)	ไม้พาดให้	mái phâat hâi
	ขึ้นลงเรือ	khêun long reua
ancora (f)	สมอ	sà-mŏr
levare l'ancora	ถอนสมอ	thŏrn sà-mŏr
gettare l'ancora	ทอดสมอ	thôrt sà-mŏr
catena (f) dell'ancora	โซ่สมอเรือ	sôh sà-mŏr reua
porto (m)	ท่าเรือ	thâa reua
banchina (f)	ท่า	thâa
ormeggiarsi (vr)	จอดเทียบท่า	jòt thîap tâa
salpare (vi)	ออกจากท่า	òrk jàak tâa
viaggio (m)	การเดินทาง	gaan dern thaang
crociera (f)	การล่องเรือ	gaan lôrng reua
rotta (f)	เส้นทาง	sên thaang
itinerario (m)	เส้นทาง	sên thaang
tratto (m) navigabile	ร่องเรือเดิน	rông reua dern
secca (f)	โขด	khòht
arenarsi (vr)	เกยตื้น	goie dtêun
tempesta (f)	พายุ	phaa-yú
segnale (m)	สัญญาณ	săn-yaan
affondare (andare a fondo)	ล่ม	lôm
Uomo in mare!	คนตกเรือ!	kon dtòk reua
SOS	SOS	es-o-es
salvagente (m) anulare	ห่วงยาง	hùang yaang

144. Aeroporto

aeroporto (m)	สนามบิน	sà-năam bin
aereo (m)	เครื่องบิน	khrêuang bin
compagnia (f) aerea	สายการบิน	săai gaan bin
controllore (m) di volo	เจ้าหน้าที่ควบคุม	jâo nâa-thêe khûap khum
	จราจรทางอากาศ	jà-raa-jon thaang aa-gàat
partenza (f)	การออกเดินทาง	gaan òrk dern thaang
arrivo (m)	การมาถึง	gaan maa thĕung
arrivare (vi)	มาถึง	maa thĕung
ora (f) di partenza	เวลาขาไป	way-laa khăa bpai
ora (f) di arrivo	เวลามาถึง	way-laa maa thĕung
essere ritardato	ถูกเลื่อน	thòok lêuan
volo (m) ritardato	เลื่อนเที่ยวบิน	lêuan thieow bin
tabellone (m) orari	กระดานแสดง	grà daan sà-daeng
	ข้อมูล	khôr moon
informazione (f)	ข้อมูล	khôr moon

| annunciare (vt) | ประกาศ | bprà-gàat |
| volo (m) | เที่ยวบิน | thîeow bin |

| dogana (f) | ศุลกากร | sŭn-lá-gaa-gon |
| doganiere (m) | เจ้าหน้าที่ศุลกากร | jâo nâa-thêe sŭn-lá-gaa-gon |

dichiarazione (f)	แบบฟอร์มการเสีย	bàep form gaan sĭa
	ภาษีศุลกากร	phaa-sĕe sŭn-lá-gaa-gon
riempire	กรอก	gròrk
(~ una dichiarazione)		
riempire una dichiarazione	กรอกแบบฟอร์ม	gròrk bàep form
	การเสียภาษี	gaan sĭa paa-sĕe
controllo (m) passaporti	จุดตรวจหนังสือ	jùt dtrùat năng-sĕu
	เดินทาง	dern-thaang

bagaglio (m)	สัมภาระ	săm-phaa-rá
bagaglio (m) a mano	กระเป๋าถือ	grà-bpăo thĕu
carrello (m)	รถขนสัมภาระ	rót khŏn săm-phaa-rá

atterraggio (m)	การลงจอด	gaan long jòrt
pista (f) di atterraggio	ลานบินลงจอด	laan bin long jòrt
atterrare (vi)	ลงจอด	long jòrt
scaletta (f) dell'aereo	ทางขึ้นลง	thaang khêun long
	เครื่องบิน	khrêuang bin

check-in (m)	การเช็คอิน	gaan chék in
banco (m) del check-in	เคาน์เตอร์เช็คอิน	khao-dtêr chék in
fare il check-in	เช็คอิน	chék in
carta (f) d'imbarco	บัตรที่นั่ง	bàt thêe nâng
porta (f) d'imbarco	ช่องเขา	chôrng khâo

transito (m)	การต่อเที่ยวบิน	gaan tòr thîeow bin
aspettare (vt)	รอ	ror
sala (f) d'attesa	ห้องผู้โดยสารขาออก	hôrng phôo doi săan khăa òk
accompagnare (vt)	ไปส่ง	bpai sòng
congedarsi (vr)	บอกลา	bòrk laa

145. Bicicletta. Motocicletta

bicicletta (f)	รถจักรยาน	rót jàk-grà-yaan
motorino (m)	สกูตเตอร์	sà-góot-dtêr
motocicletta (f)	รถมอเตอร์ไซค์	rót mor-dtêr-sai

andare in bicicletta	ขี่จักรยาน	khèe jàk-grà-yaan
manubrio (m)	พวงมาลัยรถ	phuang maa-lai rót
pedale (m)	แป้นเหยียบ	bpâen yìap
freni (m pl)	เบรก	bràyk
sellino (m)	ที่นั่งจักรยาน	thêe nâng jàk-grà-yaan

pompa (f)	ปั๊ม	bpám
portabagagli (m)	ที่วางสัมภาระ	thêe waang săm-phaa-rá
fanale (m) anteriore	ไฟหน้า	fai nâa
casco (m)	หมวกนิรภัย	mùak ní-rá-phai
ruota (f)	ลอ	lór

parafango (m)	บังโคลน	bang khlon
cerchione (m)	ขอบล้อ	khòp lór
raggio (m)	กานล้อ	gâan lór

Automobili

146. Tipi di automobile

automobile (f)	รถยนต์	rót yon
auto (f) sportiva	รถสปอร์ต	rót sà-bpòt
limousine (f)	รถลีมูซีน	rót lee moo seen
fuoristrada (m)	รถเอสยูวี	rót àyt yoo wee
cabriolet (m)	รถยนต์เปิดประทุน	rót yon bpèrt bprà-thun
pulmino (m)	รถบัสเล็ก	rót bàt lék
ambulanza (f)	รถพยาบาล	rót phá-yaa-baan
spazzaneve (m)	รถไถหิมะ	rót thăi hì-má
camion (m)	รถบรรทุก	rót ban-thúk
autocisterna (f)	รถบรรทุกน้ำมัน	rót ban-thúk nám man
furgone (m)	รถตู้	rót dtôo
motrice (f)	รถลาก	rót lâak
rimorchio (m)	รถพ่วง	rót phûang
confortevole (agg)	สะดวก	sà-dùak
di seconda mano	มือสอง	meu sŏrng

147. Automobili. Carrozzeria

cofano (m)	กระโปรงรถ	grà bprohng rót
parafango (m)	บังโคลน	bang khlon
tetto (m)	หลังคา	lăng khaa
parabrezza (m)	กระจกหน้ารถ	grà-jòk nâa rót
retrovisore (m)	กระจกมองหลัง	grà-jòk morng lăng
lavacristallo (m)	ที่ฉีดน้ำลวง กระจกหน้ารถ	thêe chèet nám láang grà-jòk nâa rót
tergicristallo (m)	ที่ปัดล้างกระจก หน้ารถ	thêe bpàt láang grà-jòk nâa rót
finestrino (m) laterale	กระจกข้าง	grà-jòk khâang
alzacristalli (m)	กระจกไฟฟ้า	grà-jòk fai-fáa
antenna (f)	เสาอากาศ	săo aa-gàat
tettuccio (m) apribile	หลังคารับแดด	lăng khaa ráp dàet
paraurti (m)	กันชน	gan chon
bagagliaio (m)	ท้ายรถ	tháai rót
portapacchi (m)	ชั้นวางสัมภาระ	chán waang săm-phaa-rá
portiera (f)	ประตู	bprà-dtoo
maniglia (f)	ที่เปิดประตู	thêe bpèrt bprà-dtoo
serratura (f)	ล็อคประตูรถ	lók bprà-dtoo rót

targa (f)	ป้ายทะเบียน	bpâai thá-bian
marmitta (f)	ท่อไอเสีย	thôr ai sĭa
serbatoio (m) della benzina	ถังน้ำมัน	thăng náam man
tubo (m) di scarico	ท่อไอเสีย	thôr ai sĭa

acceleratore (m)	เร่ง	râyng
pedale (m)	แป้นเหยียบ	bpâen yìap
pedale (m) dell'acceleratore	คันเร่ง	khan râyng

freno (m)	เบรก	bràyk
pedale (m) del freno	แป้นเบรค	bpâen bràyk
frenare (vi)	เบรก	bràyk
freno (m) a mano	เบรกมือ	bràyk meu

frizione (f)	คลัตช์	khlát
pedale (m) della frizione	แป้นคลัตช์	bpâen khlát
disco (m) della frizione	จานคลัตช	jaan khlát
ammortizzatore (m)	โชคอัพ	chóhk-àp

ruota (f)	ล้อ	lór
ruota (f) di scorta	ล้อสำรอง	lór săm-rorng
pneumatico (m)	ยางรถ	yaang rót
copriruota (m)	ลอแม็ก	lór-máek

ruote (f pl) motrici	ล้อพวงมาลัย	lór phuang maa-lai
a trazione anteriore	ขับเคลื่อนล้อหน้า	khàp khlêuan lór nâa
a trazione posteriore	ขับเคลื่อนล้อหลัง	khàp khlêuan lór lăng
a trazione integrale	ขับเคลื่อนสี่ล้อ	khàp khlêuan sèe lór

scatola (f) del cambio	กระปุกเกียร์	grà-bpùk gia
automatico (agg)	อัตโนมัติ	àt-noh-mát
meccanico (agg)	กลไก	gon-gai
leva (f) del cambio	คันเกียร์	khan gia

faro (m)	ไฟหน้า	fai nâa
luci (f pl), fari (m pl)	ไฟหน้า	fai nâa

luci (f pl) anabbaglianti	ไฟต่ำ	fai dtàm
luci (f pl) abbaglianti	ไฟสูง	fai sŏong
luci (f pl) di arresto	ไฟเบรก	fai bràyk

luci (f pl) di posizione	ไฟจอดรถ	fai jòt rót
luci (f pl) di emergenza	ไฟฉุกเฉิน	fai chùk-chĕrn
fari (m pl) antinebbia	ไฟตัดหมอก	fai dtàt mòk
freccia (f)	ไฟเลี้ยว	fai líeow
luci (f pl) di retromarcia	ไฟรถถอย	fai rót thŏi

148. Automobili. Vano passeggeri

abitacolo (m)	ภายในรถ	phaai nai rót
di pelle	หนัง	năng
in velluto	กำมะหยี่	gam-má-yèe
rivestimento (m)	เครื่องเบาะ	khrêuang bòr
strumento (m) di bordo	อุปกรณ์	ù-bpà-gon

cruscotto (m)	แผงหน้าปัด	phăeng nâa bpàt
tachimetro (m)	มาตรวัดความเร็ว	mâat wát khwaam reo
lancetta (f)	เข็มชี้วัด	khĕm chée wát

contachilometri (m)	มิเตอร์วัดระยะทาง	mí-dtêr wát rá-yá thaang
indicatore (m)	มิเตอร์วัด	mí-dtêr wát
livello (m)	ระดับ	rá-dàp
spia (f) luminosa	ไฟเตือน	fai dteuan

volante (m)	พวงมาลัยรถ	phuang maa-lai rót
clacson (m)	แตร	dtrae
pulsante (m)	ปุ่ม	bpùm
interruttore (m)	สวิตช์	sà-wít

sedile (m)	ที่นั่ง	thêe nâng
spalliera (f)	พนักพิง	phá-nák phing
appoggiatesta (m)	ที่พิงศีรษะ	thêe phing sĕe-sà
cintura (f) di sicurezza	เข็มขัดนิรภัย	khĕm khàt ní-rá-phai
allacciare la cintura	คาดเข็มขัดนิรภัย	khâat khĕm khàt ní-rá-phai
regolazione (f)	การปรับ	gaan bpràp

| airbag (m) | ถุงลมนิรภัย | thŭng lom ní-rá-phai |
| condizionatore (m) | เครื่องปรับอากาศ | khrêuang bpràp-aa-gàat |

radio (f)	วิทยุ	wít-thá-yú
lettore (m) CD	เครื่องเล่น CD	khrêuang lên see-dee
accendere (vt)	เปิด	bpèrt
antenna (f)	เสาอากาศ	săo aa-gàat
vano (m) portaoggetti	ช่องเก็บของ	chông gèp khŏng
	ข้างคนขับ	khâang khon khàp
portacenere (m)	ที่เขี่ยบุหรี่	thêe khìa bù rèe

149. Automobili. Motore

motore (m)	เครื่องยนต์	khrêuang yon
motore (m)	มอเตอร์	mor-dtêr
a diesel	ดีเซล	dee-sayn
a benzina	น้ำมันเบนซิน	nám man bayn-sin

cilindrata (f)	ขนาดเครื่องยนต์	khà-nàat khrêuang yon
potenza (f)	กำลัง	gam-lang
cavallo vapore (m)	แรงม้า	raeng máa
pistone (m)	ก้านลูกสูบ	gâan lôok sòop
cilindro (m)	กระบอกสูบ	grà-bòrk sòop
valvola (f)	วาล์ว	waao

iniettore (m)	หัวฉีด	hŭa chèet
generatore (m)	เครื่องกำเนิดไฟฟ้า	khrêuang gam-nèrt fai fáa
carburatore (m)	คาร์บูเรเตอร์	khaa-boo-ray-dtêr
olio (m) motore	น้ำมันเครื่อง	nám man khrêuang

radiatore (m)	หม้อน้ำ	môr náam
liquido (m) di raffreddamento	สารทำความเย็น	săan tham khwaam yen
ventilatore (m)	พัดลมระบายความร้อน	phát lom rá-baai khwaam rón

batteria (m)	แบตเตอรี่	bàet-dter-rêe
motorino (m) d'avviamento	มอเตอร์สตาร์ต	mor-dtêr sà-dtàat
accensione (f)	การจุดระเบิด	gaan jùt rá-bèrt
candela (f) d'accensione	หัวเทียน	hŭa thian

morsetto (m)	ขั้วแบตเตอรี่	khûa bàet-dter-rêe
più (m)	ขั้วบวก	khûa bùak
meno (m)	ขั้วลบ	khûa lóp
fusibile (m)	ฟิวส์	fiw

filtro (m) dell'aria	เครื่องกรองอากาศ	khrêuang grorng aa-gàat
filtro (m) dell'olio	ไส้กรองน้ำมัน	sâi grorng nám man
filtro (m) del carburante	ไส้กรองน้ำมัน	sâi grorng nám man
	เชื้อเพลิง	chéua phlerng

150. Automobili. Incidente. Riparazione

incidente (m)	อุบัติเหตุรถชน	u-bàt hàyt rót chon
incidente (m) stradale	อุบัติเหตุจราจร	u-bàt hàyt jà-raa-jon
sbattere contro ...	ชน	chon
avere un incidente	ชนโครม	chon khrohm
danno (m)	ความเสียหาย	khwaam sĭa hăai
illeso (agg)	ไม่มีความเสียหาย	mâi mee khwaam sĭa hăai

guasto (m), avaria (f)	การเสีย	gaan sĭa
essere rotto	ตาย	dtaai
cavo (m) di rimorchio	เชือกลากรถยนต์	chêuak lâak rót yon

foratura (f)	ยางรั่ว	yaang rûa
essere a terra	ทำให้ยางแบน	tham hâi yaang baen
gonfiare (vt)	เติมลมยาง	dterm lom yaang
pressione (f)	แรงดัน	raeng dan
controllare (verificare)	ตรวจสอบ	dtrùat sòrp

riparazione (f)	การซ่อม	gaan sôrm
officina (f) meccanica	ร้านซ่อมรถยนต์	ráan sôrm rót yon
pezzo (m) di ricambio	อะไหล่	a lài
pezzo (m)	ชิ้นส่วน	chín sùan

bullone (m)	สลักเกลียว	sà-làk glieow
bullone (m) a vite	สกรู	sà-groo
dado (m)	แหวนสกรู	wăen sà-groo
rondella (f)	แหวนเล็ก	wăen lék
cuscinetto (m)	แบริง	bae-ring

tubo (m)	ท่อ	thôr
guarnizione (f)	ปะเก็น	bpà gen
filo (m), cavo (m)	สายไฟ	săai fai

cric (m)	แม่แรง	mâe raeng
chiave (f)	ประแจ	bprà-jae
martello (m)	ค้อน	khórn
pompa (f)	ปั๊ม	bpám
giravite (m)	ไขควง	khăi khuang

estintore (m)	ถังดับเพลิง	thăng dàp phlerng
triangolo (m) di emergenza	ป้ายเตือน	bpâai dteuan
spegnersi (vr)	มีเครื่องดับ	mee khrêuang dàp
spegnimento (m) motore	การดับ	gaan dàp
essere rotto	เสีย	sĭa
surriscaldarsi (vr)	ร้อนเกิน	rórn gern
intasarsi (vr)	อุดตัน	ùt dtan
ghiacciarsi (di tubi, ecc.)	เยือกแข็ง	yêuak khăeng
spaccarsi (vr)	แตก	dtàek
pressione (f)	แรงดัน	raeng dan
livello (m)	ระดับ	rá-dàp
lento (cinghia ~a)	ออน	òrn
ammaccatura (f)	รอยบุบ	roi bùp
battito (m) (nel motore)	เสียงเครื่องยนต์ดับ	sĭang khrêuang yon dàp
fessura (f)	รอยแตก	roi dtàek
graffiatura (f)	รอยขูด	roi khòot

151. Automobili. Strada

strada (f)	ถนน	thà-nŏn
autostrada (f)	ทางหลวง	thaang lŭang
superstrada (f)	ทางดวน	thaang dùan
direzione (f)	ทิศทาง	thít thaang
distanza (f)	ระยะทาง	rá-yá thaang
ponte (m)	สะพาน	sà-phaan
parcheggio (m)	ลานจอดรถ	laan jòrt rót
piazza (f)	จัตุรัส	jàt-dtù-ràt
svincolo (m)	ทางแยกต่างระดับ	thaang yâek dtàang rá-dàp
galleria (f), tunnel (m)	อุโมงค์	u-mohng
distributore (m) di benzina	ปั้มน้ำมัน	bpám náam man
parcheggio (m)	ลานจอดรถ	laan jòrt rót
pompa (f) di benzina	ที่เติมน้ำมัน	thêe dterm náam man
officina (f) meccanica	รานซ่อมรถยนต์	ráan sôrm rót yon
fare benzina	เติมน้ำมัน	dterm náam man
carburante (m)	น้ำมันเชื้อเพลิง	nám man chéua phlerng
tanica (f)	ถังน้ำมัน	thăng náam man
asfalto (m)	ถนนลาดยาง	thà-nŏn lâat yaang
segnaletica (f) stradale	เครื่องหมายจราจร บนพื้นทาง	khrêuang măai jà-raa-jon bon phéun thaang
cordolo (m)	ขอบถนน	khòrp thà-nŏn
barriera (f) di sicurezza	รั้วกั้น	rúa gân
fosso (m)	คู	khoo
ciglio (m) della strada	ข้างถนน	khâang thà-nŏn
lampione (m)	เสาไฟ	săo fai
guidare (~ un veicolo)	ขับ	khàp
girare (~ a destra)	เลี้ยว	líeow

fare un'inversione a U	กลับรถ	glàp rót
retromarcia (m)	ถอยรถ	thŏri rót
suonare il clacson	ปีบแตร	bèep dtrae
colpo (m) di clacson	เสียงปีบแตร	sĭang bèep dtrae
incastrarsi (vr)	ติด	dtìt
impantanarsi (vr)	หมุนล้อ	mŭn lór
spegnere (~ il motore)	ปิด	bpìt
velocità (f)	ความเร็ว	khwaam reo
superare i limiti di velocità	ขับเร็วเกิน	khàp reo gern
multare (vt)	ให้ใบสั่ง	hâi bai sàng
semaforo (m)	ไฟสัญญาณจราจร	fai săn-yaan jà-raa-jon
patente (f) di guida	ใบขับขี่	bai khàp khèe
passaggio (m) a livello	ทางข้ามรถไฟ	thaang khâam rót fai
incrocio (m)	สี่แยก	sèe yâek
passaggio (m) pedonale	ทางม้าลาย	thaang máa laai
curva (f)	ทางโค้ง	thaang khóhng
zona (f) pedonale	ถนนคนเดิน	thà-nŏn khon dern

GENTE. SITUAZIONI QUOTIDIANE

Situazioni quotidiane

152. Vacanze. Evento

festa (f)	วันหยุดเฉลิมฉลอง	wan yùt chà-lěrm chà-lŏng
festa (f) nazionale	วันชาติ	wan châat
festività (f) civile	วันหยุดนักขัตฤกษ์	wan yùt nák-kàt-rêrk
festeggiare (vt)	เฉลิมฉลอง	chà-lěrm chà-lŏrng
avvenimento (m)	เหตุการณ์	hàyt gaan
evento (m) (organizzare un ~)	งานอีเว้นต์	ngaan ee wayn
banchetto (m)	งานเลี้ยง	ngaan líang
ricevimento (m)	งานเลี้ยง	ngaan líang
festino (m)	งานฉลอง	ngaan chà-lŏrng
anniversario (m)	วันครบรอบ	wan khróp rôrp
giubileo (m)	วันครบรอบปี	wan khróp rôrp bpee
festeggiare (vt)	ฉลอง	chà-lŏrng
Capodanno (m)	ปีใหม่	bpee mài
Buon Anno!	สวัสดีปีใหม่!	sà-wàt-dee bpee mài
Babbo Natale (m)	ซานตาคลอส	saan-dtaa-khlôrt
Natale (m)	คริสต์มาส	khrít-mâat
Buon Natale!	สุขสันต์วันคริสต์มาส	sùk-sǎn wan khrít-mâat
Albero (m) di Natale	ตนคริสต์มาส	dtôn khrít-mâat
fuochi (m pl) artificiali	ดอกไม้ไฟ	dòrk máai fai
nozze (f pl)	งานแต่งงาน	ngaan dtàeng ngaan
sposo (m)	เจ้าบาว	jâo bàao
sposa (f)	เจาสาว	jâo sǎao
invitare (vt)	เชิญ	chern
invito (m)	บัตรเชิญ	bàt chern
ospite (m)	แขก	khàek
andare a trovare	ไปเยี่ยม	bpai yîam
accogliere gli invitati	ตอนรับแขก	dton ráp khàek
regalo (m)	ของขวัญ	khŏrng khwǎn
offrire (~ un regalo)	ให	hâi
ricevere i regali	รับของขวัญ	ráp khŏrng khwǎn
mazzo (m) di fiori	ชอดอกไม	chôr dòrk máai
auguri (m pl)	คำแสดง ความยินดี	kham sà-daeng khwaam yin-dee
augurare (vt)	แสดงความยินดี	sà-daeng khwaam yin dee

cartolina (f)	บัตรอวยพร	bàt uay phon
mandare una cartolina	ส่งโปสการ์ด	sòng bpòht-gàat
ricevere una cartolina	รับโปสการ์ด	ráp bpòht-gàat

brindisi (m)	ดื่มอวยพร	dèum uay phon
offrire (~ qualcosa da bere)	เลี้ยงเครื่องดื่ม	líang khrêuang dèum
champagne (m)	แชมเปญ	chaem-bpayn

divertirsi (vr)	มีความสุข	mee khwaam sùk
allegria (f)	ความรื่นเริง	khwaam rêun-rerng
gioia (f)	ความสุขสันต์	khwaam sùk-săn

| danza (f), ballo (m) | การเต้น | gaan dtên |
| ballare (vi, vt) | เต้น | dtên |

| valzer (m) | วอลทซ์ | wɔːlts |
| tango (m) | แทงโก | thaeng-gôh |

153. Funerali. Sepoltura

cimitero (m)	สุสาน	sù-săan
tomba (f)	หลุมศพ	lŭm sòp
croce (f)	ไม้กางเขน	mái gaang khăyn
pietra (f) tombale	ป้ายหลุมศพ	bpâai lŭm sòp
recinto (m)	รั้ว	rúa
cappella (f)	โรงสวด	rohng sùat

morte (f)	ความตาย	khwaam dtaai
morire (vi)	ตาย	dtaai
defunto (m)	ผู้เสียชีวิต	phôo sĭa chee-wít
lutto (m)	การไว้อาลัย	gaan wái aa-lai

seppellire (vt)	ฝังศพ	făng sòp
sede (f) di pompe funebri	บริษัทรับจัดงานศพ	bor-rí-sàt ráp jàt ngaan sòp
funerale (m)	งานศพ	ngaan sòp
corona (f) di fiori	พวงหรีด	phuang rèet
bara (f)	โลงศพ	lohng sòp
carro (m) funebre	รถขนศพ	rót khŏn sòp
lenzuolo (m) funebre	ผ้าห่อศพ	phâa hòr sòp

corteo (m) funebre	พิธีศพ	phí-tee sòp
urna (f) funeraria	โกศ	gòht
crematorio (m)	เมรุ	mayn

necrologio (m)	ข่าวมรณกรรม	khàao mor-rá-ná-gam
piangere (vi)	ร้องไห้	rórng hâi
singhiozzare (vi)	สะอึน	sà-êun

154. Guerra. Soldati

| plotone (m) | หมวด | mùat |
| compagnia (f) | กองร้อย | gorng rói |

reggimento (m)	กรม	grom
esercito (m)	กองทัพ	gorng tháp
divisione (f)	กองพล	gorng phon-la
distaccamento (m)	หมู่	mòo
armata (f)	กองทัพ	gorng tháp
soldato (m)	ทหาร	thá-hăan
ufficiale (m)	นายทหาร	naai thá-hăan
soldato (m) semplice	พลทหาร	phon-thá-hăan
sergente (m)	สิบเอก	sìp àyk
tenente (m)	ร้อยโท	rói thoh
capitano (m)	ร้อยเอก	rói àyk
maggiore (m)	พลตรี	phon-dtree
colonnello (m)	พันเอก	phan àyk
generale (m)	นายพล	naai phon
marinaio (m)	กะลาสี	gà-laa-sĕe
capitano (m)	กัปตัน	gàp dtan
nostromo (m)	สรังเรือ	sà-ràng reua
artigliere (m)	ทหารปืนใหญ่	thá-hăan bpeun yài
paracadutista (m)	พลรม	phon-rôm
pilota (m)	นักบิน	nák bin
navigatore (m)	ต้นหน	dtôn hŏn
meccanico (m)	ช่างเครื่อง	châang khrêuang
geniere (m)	ทหารช่าง	thá-hăan châang
paracadutista (m)	ทหารราบอากาศ	thá-hăan râap aa-gàat
esploratore (m)	ทหารพราน	thá-hăan phraan
cecchino (m)	พลซุ่มยิง	phon sûm ying
pattuglia (f)	หน่วยลาดตระเวน	nùay lâat dtrà-wayn
pattugliare (vt)	ลาดตระเวน	lâat dtrà-wayn
sentinella (f)	ทหารยาม	tá-hăan yaam
guerriero (m)	นักรบ	nák róp
patriota (m)	ผู้รักชาติ	phôo rák châat
eroe (m)	วีรบุรุษ	wee-rá-bù-rùt
eroina (f)	วีรสตรี	wee rá-sot dtree
traditore (m)	ผู้ทรยศ	phôo thor-rá-yót
tradire (vt)	ทรยศ	thor-rá-yót
disertore (m)	ทหารหนีทัพ	thá-hăan nĕe tháp
disertare (vi)	หนีทัพ	nĕe tháp
mercenario (m)	ทหารรับจ้าง	thá-hăan ráp jâang
recluta (f)	เกณฑ์ทหาร	gayn thá-hăan
volontario (m)	อาสาสมัคร	aa-săa sà-màk
ucciso (m)	คนถูกฆ่า	khon thòok khâa
ferito (m)	ผู้ได้รับบาดเจ็บ	phôo dâai ráp bàat jèp
prigioniero (m) di guerra	เชลยศึก	chá-loie sèuk

155. Guerra. Azioni militari. Parte 1

guerra (f)	สงคราม	sŏng-khraam
essere in guerra	ทำสงคราม	tham sŏng-khraam
guerra (f) civile	สงครามกลางเมือง	sŏng-khraam glaang-meuang
perfidamente	ตลบตะแลง	dtà-lòp-dtà-laeng
dichiarazione (f) di guerra	การประกาศสงคราม	gaan bprà-gàat sŏng-khraam
dichiarare (~ guerra)	ประกาศสงคราม	bprà-gàat sŏng-khraam
aggressione (f)	การรุกราน	gaan rúk-raan
attaccare (vt)	บุกรุก	bùk rúk
invadere (vt)	บุกรุก	bùk rúk
invasore (m)	ผู้บุกรุก	phôo bùk rúk
conquistatore (m)	ผู้ยึดครอง	phôo yéut khrorng
difesa (f)	การป้องกัน	gaan bpôrng gan
difendere (~ un paese)	ปกป้อง	bpòk bpôrng
difendersi (vr)	ป้องกัน	bpôrng gan
nemico (m)	ศัตรู	sàt-dtroo
avversario (m)	ขาศึก	khâa sèuk
ostile (agg)	ศัตรู	sàt-dtroo
strategia (f)	ยุทธศาสตร์	yút-thá-sàat
tattica (f)	ยุทธวิธี	yút-thá-wí-thee
ordine (m)	คำสั่ง	kham sàng
comando (m)	คำบัญชาการ	kham ban-chaa gaan
ordinare (vt)	สั่ง	sàng
missione (f)	ภารกิจ	phaa-rá-gìt
segreto (agg)	อย่างลับ	yàang láp
battaglia (f), combattimento (m)	การรบ	gaan róp
attacco (m)	การจู่โจม	gaan jòo johm
assalto (m)	การเข้าจู่โจม	gaan khâo jòo johm
assalire (vt)	บุกจู่โจม	bùk jòo johm
assedio (m)	การโอบล้อมโจมตี	gaan òhp lóm johm dtee
offensiva (f)	การโจมตี	gaan johm dtee
passare all'offensiva	โจมตี	johm dtee
ritirata (f)	การถอย	gaan thŏi
ritirarsi (vr)	ถอย	thŏi
accerchiamento (m)	การปิดล้อม	gaan bpìt lórm
accerchiare (vt)	ปิดล้อม	bpìt lórm
bombardamento (m)	การทิ้งระเบิด	gaan thíng rá-bèrt
lanciare una bomba	ทิ้งระเบิด	thíng rá-bèrt
bombardare (vt)	ทิ้งระเบิด	thíng rá-bèrt
esplosione (f)	การระเบิด	gaan rá-bèrt
sparo (m)	การยิง	gaan ying
sparare un colpo	ยิง	ying

sparatoria (f)	การยิง	gaan ying
puntare su ...	เล็ง	leng
puntare (~ una pistola)	ชี้	chée
colpire (~ il bersaglio)	ถูกเป้าหมาย	thòok bpâo măai
affondare (mandare a fondo)	จม	jom
falla (f)	รู	roo
affondare (andare a fondo)	จม	jom
fronte (m) (~ di guerra)	แนวหน้า	naew nâa
evacuazione (f)	การอพยพ	gaan òp-phá-yóp
evacuare (vt)	อพยพ	òp-phá-yóp
trincea (f)	สนามเพลาะ	sà-năam phlór
filo (m) spinato	ลวดหนาม	lûat năam
sbarramento (m)	สิ่งกีดขวาง	sìng gèet-khwăang
torretta (f) di osservazione	หอสังเกตการณ์	hŏr săng-gàyt gaan
ospedale (m) militare	โรงพยาบาล ทหาร	rohng phá-yaa-baan thá-hăan
ferire (vt)	ทำให้บาดเจ็บ	tham hâi bàat jèp
ferita (f)	แผล	phlăe
ferito (m)	ผู้ได้รับบาดเจ็บ	phôo dâai ráp bàat jèp
rimanere ferito	ได้รับบาดเจ็บ	dâai ráp bàat jèp
grave (ferita ~)	รายแรง	ráai raeng

156. Armi

armi (f pl)	อาวุธ	aa-wút
arma (f) da fuoco	อาวุธปืน	aa-wút bpeun
arma (f) bianca	อาวุธเย็น	aa-wút yen
armi (f pl) chimiche	อาวุธเคมี	aa-wút khay-mee
nucleare (agg)	นิวเคลียร์	niw-khlia
armi (f pl) nucleari	อาวุธนิวเคลียร์	aa-wút niw-khlia
bomba (f)	ลูกระเบิด	lôok rá-bèrt
bomba (f) atomica	ลูกระเบิดปรมาณู	lôok rá-bèrt bpà-rá-maa-noo
pistola (f)	ปืนพก	bpeun phók
fucile (m)	ปืนไรเฟิล	bpeun rai-fern
mitra (m)	ปืนกลมือ	bpeun gon meu
mitragliatrice (f)	ปืนกล	bpeun gon
bocca (f)	ปากปูระบอกปืน	bpàak bprà bòrk bpeun
canna (f)	ลำกลอง	lam glôrng
calibro (m)	ขนาดลำกล้อง	khà-nàat lam glôrng
grilletto (m)	ไกปืน	gai bpeun
mirino (m)	ศูนย์เล็ง	sŏon leng
caricatore (m)	แม็กกาซีน	máek-gaa-seen
calcio (m)	พานท้ายปืน	phaan tháai bpeun
bomba (f) a mano	ระเบิดมือ	rá-bèrt meu
esplosivo (m)	วัตถุระเบิด	wát-thù rá-bèrt

pallottola (f)	ลูกกระสุน	lôok grà-sŭn
cartuccia (f)	ตลับกระสุน	dtà-làp grà-sŭn
carica (f)	กระสุน	grà-sŭn
munizioni (f pl)	อาวุธยุทธภัณฑ์	aa-wút yút-thá-phan

bombardiere (m)	เครื่องบินทิ้งระเบิด	khrêuang bin thíng rá-bèrt
aereo (m) da caccia	เครื่องบินขับไล่	khrêuang bin khàp lâi
elicottero (m)	เฮลิคอปเตอร์	hay-lí-khôrp-dtêr

cannone (m) antiaereo	ปืนต่อสู้	bpeun dtòr sôo
	อากาศยาน	aa-gàat-sà-yaan
carro (m) armato	รถถัง	rót thăng
cannone (m)	ปืนรถถัง	bpeun rót thăng

artiglieria (f)	ปืนใหญ่	bpeun yài
cannone (m)	ปืน	bpeun
mirare a …	เล็งเป้าปืน	leng bpâo bpeun

proiettile (m)	กระสุน	grà-sŭn
granata (f) da mortaio	กระสุนปืนครก	grà-sŭn bpeun khrók
mortaio (m)	ปืนครก	bpeun khrók
scheggia (f)	สะเก็ดระเบิด	sà-gèt rá-bèrt

sottomarino (m)	เรือดำน้ำ	reua dam náam
siluro (m)	ตอร์ปิโด	dtor-bpì-doh
missile (m)	ขีปนาวุธ	khĕe-bpà-naa-wút

caricare (~ una pistola)	ใส่กระสุน	sài grà-sŭn
sparare (vi)	ยิง	ying
puntare su …	เล็ง	leng
baionetta (f)	ดาบปลายปืน	dàap bplaai bpeun

spada (f)	เรเปียร์	ray-bpia
sciabola (f)	ดาบโค้ง	dàap khóhng
lancia (f)	หอก	hòrk
arco (m)	ธนู	thá-noo
freccia (f)	ลูกธนู	lôok-thá-noo
moschetto (m)	ปืนคาบศิลา	bpeun khâap sì-laa
balestra (f)	หน้าไม้	nâa máai

157. Gli antichi

primitivo (agg)	แบบดั้งเดิม	bàep dâng derm
preistorico (agg)	ยุคก่อนประวัติศาสตร์	yúk gòn bprà-wàt sàat
antico (agg)	โบราณ	boh-raan

Età (f) della pietra	ยุคหิน	yúk hĭn
Età (f) del bronzo	ยุคสำริด	yúk săm-rít
epoca (f) glaciale	ยุคน้ำแข็ง	yúk nám khăeng

tribù (f)	เผ่า	phào
cannibale (m)	ผู้ที่กินเนื้อคน	phôo thêe gin néua khon
cacciatore (m)	นักล่าสัตว์	nák lâa sàt
cacciare (vt)	ล่าสัตว์	lâa sàt

mammut (m)	ช้างแมมมอธ	cháang-maem-môt
caverna (f), grotta (f)	ถ้ำ	thâm
fuoco (m)	ไฟ	fai
falò (m)	กองไฟ	gorng fai
pittura (f) rupestre	ภาพวาดในถ้ำ	phâap-wâat nai thâm
strumento (m) di lavoro	เครื่องมือ	khrêuang meu
lancia (f)	หอก	hòrk
ascia (f) di pietra	ขวานหิน	khwǎan hǐn
essere in guerra	ทำสงคราม	tham sǒng-khraam
addomesticare (vt)	เชื่อง	chêuang
idolo (m)	เทวรูป	theu-rôop
idolatrare (vt)	บูชา	boo-chaa
superstizione (f)	ความเชื่องมงาย	khwaam chêua ngom-ngaai
rito (m)	พิธีกรรม	phí-thee gam
evoluzione (f)	วิวัฒนาการ	wí-wát-thá-naa-gaan
sviluppo (m)	การพัฒนา	gaan phát-thá-naa
estinzione (f)	การสูญพันธุ์	gaan sǒon phan
adattarsi (vr)	ปรับตัว	bpràp dtua
archeologia (f)	โบราณคดี	boh-raan khá-dee
archeologo (m)	นักโบราณคดี	nák boh-raan-ná-khá-dee
archeologico (agg)	ทางโบราณคดี	thaang boh-raan khá-dee
sito (m) archeologico	แหล่งขุดค้น	làeng khùt khón
scavi (m pl)	การขุดค้น	gaan khùt khón
reperto (m)	สิ่งที่คูนพบ	sìng thêe khón phóp
frammento (m)	เศษชิ้นส่วน	sàyt chín sùan

158. Il Medio Evo

popolo (m)	ชาติพันธุ์	châat-dtì-phan
popoli (m pl)	ชาติพันธุ์	châat-dtì-phan
tribù (f)	เผ่า	phào
tribù (f pl)	เผ่า	phào
barbari (m pl)	อนารยชน	à-naa-rá-yá-chon
galli (m pl)	ชาวโกล	chaao gloh
goti (m pl)	ชาวกอธ	chaao gòt
slavi (m pl)	ชาวสลาฟ	chaao sà-làaf
vichinghi (m pl)	ชาวไวกิ้ง	chaao wai-gîng
romani (m pl)	ชาวโรมัน	chaao roh-man
romano (agg)	โรมัน	roh-man
bizantini (m pl)	ชาวไบแซนไทน์	chaao bai-saen-tpai
Bisanzio (m)	ไบแซนเทียม	bai-saen-thiam
bizantino (agg)	ไบแซนไทน์	bai-saen-thai
imperatore (m)	จักรพรรดิ	jàk-grà-phát
capo (m)	ผู้นำ	phôo nam
potente (un re ~)	ทรงพลัง	song phá-lang

re (m)	มูหากษัตริย์	má-hǎa gà-sàt
governante (m) (sovrano)	ผู้ปกครอง	phôo bpòk khrorng
cavaliere (m)	อัศวิน	àt-sà-win
feudatario (m)	เจ้าครองนคร	jâo khrorng ná-khon
feudale (agg)	ระบบศักดินา	rá-bòp sàk-gà-dì naa
vassallo (m)	เจ้าของที่ดิน	jâo khǒrng thêe din
duca (m)	ดยุค	dà-yúk
conte (m)	เอิรล	ern
barone (m)	บารอน	baa-rorn
vescovo (m)	พระบิชอป	phrá bì-chôp
armatura (f)	เกราะ	gròr
scudo (m)	โล่	lôh
spada (f)	ดาบ	dàap
visiera (f)	กะบังหน้าของหมวก	gà-bang nâa khǒrng mùak
cotta (f) di maglia	เสื้อเกราะถัก	sêua gròr thàk
crociata (f)	สงครามครูเสด	sǒng-khraam khroo-sàyt
crociato (m)	ผู้ทำสงครามศาสนา	phôo tham sǒng-kraam sàat-sà-nǎa
territorio (m)	อาณาเขต	aa-naa khàyt
attaccare (vt)	โจมตี	johm dtee
conquistare (vt)	ยึดครอง	yéut khrorng
occupare (invadere)	บุกยึด	bùk yéut
assedio (m)	การโอบล้อมโจมตี	gaan òhp lóm johm dtee
assediato (agg)	ถูกลอมกรอบ	thòok lóm gròp
assediare (vt)	ลอมโจมตี	lóm johm dtee
inquisizione (f)	การไต่สวน	gaan dtài sǔan
inquisitore (m)	ผู้ไตสวน	phôo dtài sǔan
tortura (f)	การทรมาน	gaan thor-rá-maan
crudele (agg)	โหดราย	hòht ráai
eretico (m)	ผูนอกรีต	phôo nôrk rêet
eresia (f)	ความนอกรีต	khwaam nôrk rêet
navigazione (f)	การเดินเรือทะเล	gaan dern reua thá-lay
pirata (m)	โจรสลัด	john sà-làt
pirateria (f)	การปลนสะดมในนานน้ำทะเล	gaan bplôn-sà-dom nai nâan náam thá-lay
arrembaggio (m)	การบุกขึ้นเรือ	gaan bùk khêun reua
bottino (m)	ของที่ปลนสะดมมา	khǒrng têe bplôn-sà-dom maa
tesori (m)	สมบัติ	sǒm-bàt
scoperta (f)	การค้นพบ	gaan khón phóp
scoprire (~ nuove terre)	คนพบ	khón phóp
spedizione (f)	การสำรวจ	gaan sǎm-rùat
moschettiere (m)	ทหารถือปืนคาบศิลา	thá-hǎan thěu bpeun khâap sì-laa
cardinale (m)	พระคาร์ดินัล	phrá khaa-dì-nan
araldica (f)	มุทราศาสตร์	mút-raa sàat
araldico (agg)	ทางมุทราศาสตร์	thaang mút-raa sàat

159. Leader. Capo. Le autorità

re (m)	ราชา	raa-chaa
regina (f)	ราชินี	raa-chí-nee
reale (agg)	เกี่ยวกับราชวงศ์	gleow gàp râat-cha-wong
regno (m)	ราชอาณาจักร	râat aa-naa jàk
principe (m)	เจ้าชาย	jâo chaai
principessa (f)	เจ้าหญิง	jâo yĭng
presidente (m)	ประธานาธิบดี	bprà-thaa-naa-thí-bor-dee
vicepresidente (m)	รองประธา นาธิบดี	rorng bprà-thaa-naa-thí-bor-dee
senatore (m)	สมาชิกวุฒิสภา	sà-maa-chík wút-thí sà-phaa
monarca (m)	กษัตริย์	gà-sàt
governante (m) (sovrano)	ผู้ปกครอง	phôo bpòk khrorng
dittatore (m)	เผด็จการ	phà-dèt gaan
tiranno (m)	ทูรราช	thor-rá-râat
magnate (m)	ผู้มีอิทธิพลสูง	phôo mee ìt-thí phon sŏong
direttore (m)	ผู้อำนวยการ	phôo am-nuay gaan
capo (m)	หัวหน้า	hŭa-nâa
dirigente (m)	ผู้จัดการ	phôo jàt gaan
capo (m)	หัวหน้า	hŭa-nâa
proprietario (m)	เจ้าของ	jâo khŏrng
leader (m)	ผู้นำ	phôo nam
capo (m) (~ delegazione)	หัวหน้า	hŭa-nâa
autorità (f pl)	เจ้าหน้าที่	jâo nâa-thêe
superiori (m pl)	ผู้บังคับบัญชา	phôo bang-kháp ban-chaa
governatore (m)	ผู้ว่าการ	phôo wâa gaan
console (m)	กงสุล	gong-sŭn
diplomatico (m)	นักการทูต	nák gaan thôot
sindaco (m)	นายกเทศมนตรี	naa-yók thâyt-sà-mon-dtree
sceriffo (m)	นายอำเภอ	naai am-pher
imperatore (m)	จักรพรรดิ	jàk-grà-phát
zar (m)	ซาร์	saa
faraone (m)	ฟาโรห์	faa-roh
khan (m)	ขาน	khàan

160. Infrangere la legge. Criminali. Parte 1

bandito (m)	โจร	john
delitto (m)	อาชญากรรม	àat-yaa-gam
criminale (m)	อาชญากร	àat-yaa-gon
ladro (m)	ขโมย	khà-moi
rubare (vi, vt)	ขโมย	khà-moi
ruberia (f)	การลักขโมย	gaan lák khà-moi
reato (m) di furto	การลักทรัพย์	gaan lák sáp

rapire (vt)	ลักพาตัว	lák phaa dtua
rapimento (m)	การลักพาตัว	gaan lák phaa dtua
rapitore (m)	ผู้ลักพาตัว	phôo lák phaa dtua

riscatto (m)	ค่าไถ่	khâa thài
chiedere il riscatto	เรียกเงินค่าไถ่	rîak ngern khâa thài

rapinare (vt)	ปล้น	bplôn
rapina (f)	การปล้น	gaan bplôn
rapinatore (m)	ขโมยขโจร	khà-moi khà-john

estorcere (vt)	รีดไถ	rêet thǎi
estorsore (m)	ผู้รีดไถ	phôo rêet thǎi
estorsione (f)	การรีดไถ	gaan rêet thǎi

uccidere (vt)	ฆ่า	khâa
assassinio (m)	ฆาตกรรม	khâat-dtà-gaam
assassino (m)	ฆาตกร	khâat-dtà-gon

sparo (m)	การยิงปืน	gaan ying bpeun
tirare un colpo	ยิง	ying
abbattere (con armi da fuoco)	ยิงให้ตาย	ying hâi dtaai
sparare (vi)	ยิง	ying
sparatoria (f)	การยิง	gaan ying

incidente (m) (rissa, ecc.)	เหตุการณ์	hàyt gaan
rissa (f)	การต่อสู	gaan dtòr sôo
Aiuto!	ขอช่วย	khǒr chûay
vittima (f)	เหยื่อ	yèua

danneggiare (vt)	ทำความเสียหาย	tham khwaam sǐa hǎai
danno (m)	ความเสียหาย	khwaam sǐa hǎai
cadavere (m)	ศพ	sòp
grave (reato ~)	รายแรง	ráai raeng

aggredire (vt)	จู่โจม	jòo johm
picchiare (vt)	ตี	dtee
malmenare (picchiare)	ซ้อม	sórm
sottrarre (vt)	ปล้น	bplôn
accoltellare a morte	แทงให้ตาย	thaeng hâi dtaai
mutilare (vt)	ทำให้บาดเจ็บสาหัส	tham hâi bàat jèp sǎa hàt
ferire (vt)	บาด	bàat

ricatto (m)	การกรรโชก	gaan-gan-chôhk
ricattare (vt)	กรรโชก	gan-chôhk
ricattatore (m)	ผู้ขูกรรโชก	phôo khòo gan-chôhk

estorsione (f)	การคุมครอง ผิดกฎหมาย	gaan khum khrorng phìt gòt mǎai
estortore (m)	ผู้ที่หาเงิน จากกิจกรรมที่ ผิดกฎหมาย	phôo thêe hǎa ngern jàak gìt-jà-gam thêe phìt gòt mǎai

gangster (m)	เหล่าร้าย	lào ráai
mafia (f)	มาเฟีย	maa-fia
borseggiatore (m)	ขโมยลวงกระเป๋า	khà-moi lúang grà-bpǎo
scassinatore (m)	ขโมยยองเบา	khà-moi yông bao

contrabbando (m)	การลักลอบ	gaan lák-lôrp
contrabbandiere (m)	ผู้ลักลอบ	phôo lák lôrp

falsificazione (f)	การปลอมแปลง	gaan bplorm bplaeng
falsificare (vt)	ปลอมแปลง	bplorm bplaeng
falso, falsificato (agg)	ปลอม	bplorm

161. Infrangere la legge. Criminali. Parte 2

stupro (m)	การข่มขืน	gaan khòm khĕun
stuprare (vt)	ข่มขืน	khòm khĕun
stupratore (m)	โจรข่มขืน	john khòm khĕun
maniaco (m)	คนบ้า	khon bâa

prostituta (f)	โสเภณี	sŏh-phay-nee
prostituzione (f)	การค้าประเวณี	gaan kháa bprà-way-nee
magnaccia (m)	แมงดา	maeng-daa

drogato (m)	ผู้ติดยาเสพติด	phôo dtìt yaa-sàyp-dtìt
trafficante (m) di droga	พอค้ายาเสพติด	phôr kháa yaa-sàyp-dtìt

far esplodere	ระเบิด	rá-bèrt
esplosione (f)	การระเบิด	gaan rá-bèrt
incendiare (vt)	เผา	phăo
incendiario (m)	ผู้ลอบวางเพลิง	phôo lôp waang phlerng

terrorismo (m)	การก่อการร้าย	gaan gòr gaan ráai
terrorista (m)	ผู้ก่อการราย	phôo gòr gaan ráai
ostaggio (m)	ตัวประกัน	dtua bprà-gan

imbrogliare (vt)	ล่อลวง	lôr luang
imbroglio (m)	การลอลวง	gaan lôr luang
imbroglione (m)	นักตมตุ๋น	nák dtôm dtŭn

corrompere (vt)	ติดสินบน	dtìt sĭn-bon
corruzione (f)	การติดสินบน	gaan dtìt sĭn-bon
bustarella (f)	สินบน	sĭn bon

veleno (m)	ยาพิษ	yaa phít
avvelenare (vt)	วางยาพิษ	waang-yaa phít
avvelenarsi (vr)	กินยาตาย	gin yaa dtaai

suicidio (m)	การฆ่าตัวตาย	gaan khâa dtua dtaai
suicida (m)	ผู้ฆ่าตัวตาย	phôo khâa dtua dtaai

minacciare (vt)	ขู่	khòo
minaccia (f)	คำขู่	kham khòo
attentare (vi)	พยายามฆ่า	phá-yaa-yaam khâa
attentato (m)	การพยายามฆ่า	gaan phá-yaa-yaam khâa

rubare (~ una macchina)	จี้	jêe
dirottare (~ un aereo)	จี้	jêe
vendetta (f)	การแก้แค้น	gaan gâe kháen
vendicare (vt)	แกแคน	gâe kháen

153

torturare (vt)	ทรมาณ	thon-maan
tortura (f)	การทรมาน	gaan thor-rá-maan
maltrattare (vt)	ทำทารุณ	tam taa-run

pirata (m)	โจรสลัด	john sà-làt
teppista (m)	นักเลง	nák-layng
armato (agg)	มีอาวุธ	mee aa-wút
violenza (f)	ความรุนแรง	khwaam run raeng
illegale (agg)	ผิดกฎหมาย	phìt gòt mǎai

| spionaggio (m) | จารกรรม | jaa-rá-gam |
| spiare (vi) | ลวงความลับ | lúang khwaam láp |

162. Polizia. Legge. Parte 1

| giustizia (f) | ยุติธรรม | yút-dtì-tham |
| tribunale (m) | ศาล | sǎan |

giudice (m)	ผู้พิพากษา	phôo phí-phâak-sǎa
giurati (m)	ลูกขุน	lôok khǔn
processo (m) con giuria	การไต่สวนคดี	gaan dtài sǔan khá-dee
	แบบมีลูกขุน	bàep mee lôok khǔn
giudicare (vt)	พิพากษา	phí-phâak-sǎa

avvocato (m)	ทนายความ	thá-naai khwaam
imputato (m)	จำเลย	jam loie
banco (m) degli imputati	คอกจำเลย	khôrk jam loie

| accusa (f) | ข้อกล่าวหา | khôr glàao hǎa |
| accusato (m) | ถูกกล่าวหา | thòok glàao hǎa |

| condanna (f) | การลงโทษ | gaan long thôht |
| condannare (vt) | พิพากษา | phí-phâak-sǎa |

colpevole (m)	ผู้กระทำความผิด	phôo grà-tham khwaam phìt
punire (vt)	ลงโทษ	long thôht
punizione (f)	การลงโทษ	gaan long thôht

multa (f), ammenda (f)	ปรับ	bpràp
ergastolo (m)	การจำคุก	gaan jam khúk
	ตลอดชีวิต	dtà-lòt chee-wít
pena (f) di morte	โทษประหาร	thôht-bprà-hǎan
sedia (f) elettrica	เก้าอี้ไฟฟ้า	gâo-êe fai-fáa
impiccagione (f)	ตะแลงแกง	dtà-laeng-gaeng

| giustiziare (vt) | ประหาร | bprà-hǎan |
| esecuzione (f) | การประหาร | gaan bprà-hǎan |

| prigione (f) | คุก | khúk |
| cella (f) | ห้องขัง | hôrng khǎng |

scorta (f)	ผู้ควบคุมตัว	phôo khûap khum dtua
guardia (f) carceraria	ผู้คุม	phôo khum
prigioniero (m)	นักโทษ	nák thôht

| manette (f pl) | กุญแจมือ | gun-jae meu |
| mettere le manette | ใส่กุญแจมือ | sài gun-jae meu |

fuga (f)	การแหกคุก	gaan hàek khúk
fuggire (vi)	แหก	hàek
scomparire (vi)	หายตัวไป	hǎai dtua bpai
liberare (vt)	ถูกปล่อยตัว	thòok bplòi dtua
amnistia (f)	การนิรโทษกรรม	gaan ní-rá-thôht gam

polizia (f)	ตำรวจ	dtam-rùat
poliziotto (m)	เจ้าหน้าที่ตำรวจ	jâo nâa-thêe dtam-rùat
commissariato (m)	สถานีตำรวจ	sà-thǎa-nee dtam-rùat
manganello (m)	กระบองตำรวจ	grà-bong dtam-rùat
altoparlante (m)	โทรโข่ง	toh-ra -khòhng

macchina (f) di pattuglia	รถลาดตระเวน	rót lâat dtrà-wayn
sirena (f)	หวอ	wǒr
mettere la sirena	เปิดหวอ	bpèrt wǒr
suono (m) della sirena	เสียงหวอ	sǐang wǒr

luogo (m) del crimine	ที่เกิดเหตุ	thêe gèrt hàyt
testimone (m)	พยาน	phá-yaan
libertà (f)	อิสระ	ìt-sà-rà
complice (m)	ผู้ร่วมกระทำผิด	phôo rûam grà-tham phìt
fuggire (vi)	หนี	nǐe
traccia (f)	ร่องรอย	rông roi

163. Polizia. Legge. Parte 2

ricerca (f) (~ di un criminale)	การสืบสวน	gaan sèup sǔan
cercare (vt)	หาตัว	hǎa dtua
sospetto (m)	ความสงสัย	khwaam sǒng-sǎi
sospetto (agg)	น่าสงสัย	nâa sǒng-sǎi
fermare (vt)	เรียกให้หยุด	rîak hâi yùt
arrestare (qn)	กักตัว	gàk dtua

causa (f)	คดี	khá-dee
inchiesta (f)	การสืบสวน	gaan sèup sǔan
detective (m)	นักสืบ	nák sèup
investigatore (m)	นักสอบสวน	nák sòrp sǔan
versione (f)	สันนิษฐาน	sǎn-nít-thǎan

movente (m)	เหตุจูงใจ	hàyt joong jai
interrogatorio (m)	การสอบปากคำ	gaan sòp bpàak kham
interrogare (sospetto)	สอบสวน	sòrp sǔan
interrogare (vicini)	ไถ่ถาม	thài thǎam
controllo (m) (~ di polizia)	การตรวจสอบ	gaan dtrùat sòp

retata (f)	การรวบตัว	gaan rûap dtua
perquisizione (f)	การตรวจค้น	gaan dtrùat khón
inseguimento (m)	การไล่ล่า	gaan lâi lâa
inseguire (vt)	ไล่ล่า	lâi lâa
essere sulle tracce	สืบ	sèup
arresto (m)	การจับกุม	gaan jàp gum

arrestare (qn)	จับกุม	jàp gum
catturare (~ un ladro)	จับ	jàp
cattura (f)	การจับ	gaan jàp
documento (m)	เอกสาร	àyk săan
prova (f), reperto (m)	หลักฐาน	làk thăan
provare (vt)	พิสูจน์	phí-sòot
impronta (f) del piede	รอยเท้า	roi tháo
impronte (f pl) digitali	รอยนิ้วมือ	roi níw meu
elemento (m) di prova	หลักฐาน	làk thăan
alibi (m)	ข้อแก้ตัว	khôr gâe dtua
innocente (agg)	พ้นผิด	phón phìt
ingiustizia (f)	ความอยุติธรรม	khwaam a-yút-dtì-tam
ingiusto (agg)	ไม่เป็นธรรม	mâi bpen-tham
criminale (agg)	อาชญากร	àat-yaa-gon
confiscare (vt)	ยึด	yéut
droga (f)	ยาเสพติด	yaa sàyp dtìt
armi (f pl)	อาวุธ	aa-wút
disarmare (vt)	ปลดอาวุธ	bplòt aa-wút
ordinare (vt)	ออกคำสั่ง	òrk kham sàng
sparire (vi)	หายตัวไป	hăai dtua bpai
legge (f)	กฎหมาย	gòt măai
legale (agg)	ตามกฎหมาย	dtaam gòt măai
illegale (agg)	ผิดกฎหมาย	phìt gòt măai
responsabilità (f)	ความรับผิดชอบ	khwaam ráp phìt chôp
responsabile (agg)	รับผิดชอบ	ráp phìt chôp

LA NATURA

La Terra. Parte 1

164. L'Universo

cosmo (m)	อวกาศ	a-wá-gàat
cosmico, spaziale (agg)	ทางอวกาศ	thang a-wá-gàat
spazio (m) cosmico	อวกาศ	a-wá-gàat
mondo (m)	โลก	lôhk
universo (m)	จักรวาล	jàk-grà-waan
galassia (f)	ดาราจักร	daa-raa jàk
stella (f)	ดาว	daao
costellazione (f)	กลุ่มดาว	glùm daao
pianeta (m)	ดาวเคราะห์	daao khrór
satellite (m)	ดาวเทียม	daao thiam
meteorite (m)	ดาวตก	daao dtòk
cometa (f)	ดาวหาง	daao hăang
asteroide (m)	ดาวเคราะห์น้อย	daao khrór nói
orbita (f)	วงโคจร	wong khoh-jon
ruotare (vi)	เวียน	wian
atmosfera (f)	บรรยากาศ	ban-yaa-gàat
il Sole	ดวงอาทิตย์	duang aa-thít
sistema (m) solare	ระบบสุริยะ	rá-bòp sù-rí-yá
eclisse (f) solare	สุริยุปราคา	sù-rí-yú-bpà-raa-kaa
la Terra	โลก	lôhk
la Luna	ดวงจันทร์	duang jan
Marte (m)	ดาวอังคาร	daao ang-khaan
Venere (f)	ดาวศุกร์	daao sùk
Giove (m)	ดาวพฤหัส	daao phá-réu-hàt
Saturno (m)	ดาวเสาร์	daao săo
Mercurio (m)	ดาวพุธ	daao phút
Urano (m)	ดาวยูเรนัส	daao-yoo-ray-nát
Nettuno (m)	ดาวเนปจูน	daao-nâyp-joon
Plutone (m)	ดาวพลูโต	daao phloo-dtoh
Via (f) Lattea	ทางช้างเผือก	thaang cháang phèuak
Orsa (f) Maggiore	กลุ่มดาวหมีใหญ่	glùm daao mĕe yài
Stella (f) Polare	ดาวเหนือ	daao nĕua
marziano (m)	ชาวดาวอังคาร	chaao daao ang-khaan
extraterrestre (m)	มนุษย์ต่างดาว	má-nút dtàang daao

| alieno (m) | มนุษย์ต่างดาว | má-nút dtàang daao |
| disco (m) volante | จานบิน | jaan bin |

nave (f) spaziale	ยานอวกาศ	yaan a-wá-gàat
stazione (f) spaziale	สถานีอวกาศ	sà-thǎa-nee a-wá-gàat
lancio (m)	การปล่อยจรวด	gaan bplòi jà-rùat

motore (m)	เครื่องยนต์	khrêuang yon
ugello (m)	ท่อไอพ่น	thôr ai phôn
combustibile (m)	เชื้อเพลิง	chéua phlerng

cabina (f) di pilotaggio	ที่นั่งคนขับ	thêe nâng khon khàp
antenna (f)	เสาอากาศ	sǎo aa-gàat
oblò (m)	ช่อง	chôrng
batteria (f) solare	อุปกรณ์พลังงานแสงอาทิตย์	ù-bpà-gon phá-lang ngaan sǎeng aa-thít
scafandro (m)	ชุดอวกาศ	chút a-wá-gàat

| imponderabilità (f) | สภาพไร้น้ำหนัก | sà-phâap rái nám nàk |
| ossigeno (m) | อ็อกซิเจน | ók sí jayn |

| aggancio (m) | การเทียบท่า | gaan thîap thâa |
| agganciarsi (vr) | เทียบทา | thîap thâa |

osservatorio (m)	หอดูดาว	hǒr doo daao
telescopio (m)	กล้องโทรทรรศน์	glôrng thoh-rá-thát
osservare (vt)	เฝ้าสังเกต	fâo sǎng-gàyt
esplorare (vt)	สำรวจ	sǎm-rùat

165. La Terra

la Terra	โลก	lôhk
globo (m) terrestre	ลูกโลก	lôok lôhk
pianeta (m)	ดาวเคราะห์	daao khrór

atmosfera (f)	บรรยากาศ	ban-yaa-gàat
geografia (f)	ภูมิศาสตร์	phoo-mí-sàat
natura (f)	ธรรมชาติ	tham-má-châat

mappamondo (m)	ลูกโลก	lôok lôhk
carta (f) geografica	แผนที่	phǎen thêe
atlante (m)	หนังสือแผนที่โลก	nǎng-sěu phǎen thêe lôhk

Europa (f)	ยุโรป	yú-ròhp
Asia (f)	เอเชีย	ay-chia
Africa (f)	แอฟริกา	àef-rí-gaa
Australia (f)	ออสเตรเลีย	òrt-dtray-lia

America (f)	อเมริกา	a-may-rí-gaa
America (f) del Nord	อเมริกาเหนือ	a-may-rí-gaa něua
America (f) del Sud	อเมริกาใต้	a-may-rí-gaa dtâi

| Antartide (f) | แอนตาร์กติกา | aen-dtàak-dtì-gaa |
| Artico (m) | อารกติค | àak-dtìk |

166. Punti cardinali

nord (m)	เหนือ	nĕua
a nord	ทิศเหนือ	thít nĕua
al nord	ที่ภาคเหนือ	thêe phâak nĕua
del nord (agg)	ทางเหนือ	thaang nĕua
sud (m)	ใต้	dtâi
a sud	ทิศใต้	thít dtâi
al sud	ที่ภาคใต้	thêe phâak dtâi
del sud (agg)	ทางใต้	thaang dtâi
ovest (m)	ตะวันตก	dtà-wan dtòk
a ovest	ทิศตะวันตก	thít dtà-wan dtòk
all'ovest	ที่ภาคตะวันตก	thêe phâak dtà-wan dtòk
dell'ovest, occidentale	ทางตะวันตก	thaang dtà-wan dtòk
est (m)	ตะวันออก	dtà-wan òrk
a est	ทิศตะวันออก	thít dtà-wan òrk
all'est	ที่ภาคตะวันออก	thêe phâak dtà-wan òrk
dell'est, orientale	ทางตะวันออก	thaang dtà-wan òrk

167. Mare. Oceano

mare (m)	ทะเล	thá-lay
oceano (m)	มหาสมุทร	má-hăa sà-mùt
golfo (m)	อ่าว	àao
stretto (m)	ช่องแคบ	chôrng khâep
terra (f) (terra firma)	พื้นดิน	phéun din
continente (m)	ทวีป	thá-wêep
isola (f)	เกาะ	gòr
penisola (f)	คาบสมุทร	khâap sà-mùt
arcipelago (m)	หมู่เกาะ	mòo gòr
baia (f)	อ่าว	àao
porto (m)	ท่าเรือ	thâa reua
laguna (f)	ลากูน	laa-goon
capo (m)	แหลม	lăem
atollo (m)	อะทอลล์	à-thorn
scogliera (f)	แนวปะการัง	naew bpà-gaa-rang
corallo (m)	ปะการัง	bpà gaa-rang
barriera (f) corallina	แนวปะการัง	naew bpà-gaa-rang
profondo (agg)	ลึก	léuk
profondità (f)	ความลึก	khwaam léuk
abisso (m)	หุบเหวลึก	hùp wăy léuk
fossa (f) (~ delle Marianne)	ร่องลึกก้นสมุทร	rông léuk gôn sà-mùt
corrente (f)	กระแสน้ำ	grà-săe náam
circondare (vt)	ลอมรอบ	lórm rôrp

| litorale (m) | ชายฝั่ง | chaai fàng |
| costa (f) | ชายฝั่ง | chaai fàng |

alta marea (f)	น้ำขึ้น	náam khêun
bassa marea (f)	น้ำลง	náam long
banco (m) di sabbia	หาดตื้น	hàat dtêun
fondo (m)	กนทะเล	gôn thá-lay

onda (f)	คลื่น	khlêun
cresta (f) dell'onda	มวนคลื่น	múan khlêun
schiuma (f)	ฟองคลื่น	forng khlêun

tempesta (f)	พายุ	phaa-yú
uragano (m)	พายุเฮอร์ริเคน	phaa-yú her-rí-khayn
tsunami (m)	คลื่นยักษ์	khlêun yák
bonaccia (f)	ภาวะไร้ลมพัด	phaa-wá rái lom phát
tranquillo (agg)	สงบ	sà-ngòp

| polo (m) | ขั้วโลก | khûa lôhk |
| polare (agg) | ขั้วโลก | khûa lôhk |

latitudine (f)	เส้นรุ้ง	sên rúng
longitudine (f)	เส้นแวง	sên waeng
parallelo (m)	เส้นขนาน	sên khà-nǎan
equatore (m)	เสนศูนย์สูตร	sên sǒon sòot

cielo (m)	ท้องฟ้า	thórng fáa
orizzonte (m)	ขอบฟ้า	khòrp fáa
aria (f)	อากาศ	aa-gàat

faro (m)	ประภาคาร	bprà-phaa-khaan
tuffarsi (vr)	ดำ	dam
affondare (andare a fondo)	จม	jom
tesori (m)	สมบัติ	sǒm-bàt

168. Montagne

monte (m), montagna (f)	ภูเขา	phoo khǎo
catena (f) montuosa	ทิวเขา	thiw khǎo
crinale (m)	สันเขา	sǎn khǎo

cima (f)	ยอดเขา	yôrt khǎo
picco (m)	ยอด	yôrt
piedi (m pl)	ตีนเขา	dteun khǎo
pendio (m)	ไหลเขา	lài khǎo

vulcano (m)	ภูเขาไฟ	phoo khǎo fai
vulcano (m) attivo	ภูเขาไฟมีพลัง	phoo khǎo fai mee phá-lang
vulcano (m) inattivo	ภูเขาไฟที่ดับแล้ว	phoo khǎo fai thêe dàp láew

eruzione (f)	ภูเขาไฟระเบิด	phoo khǎo fai rá-bèrt
cratere (m)	ปล่องภูเขาไฟ	bplòng phoo khǎo fai
magma (m)	หินหนืด	hǐn nèut
lava (f)	ลาวา	laa-waa

fuso (lava ~a)	หลอมเหลว	lŏrm lĕo
canyon (m)	หุบเขาลึก	hùp khăo léuk
gola (f)	ช่องเขา	chôrng khăo
crepaccio (m)	รอยแตกภูเขา	roi dtàek phoo khăo
precipizio (m)	หุบเหวลึก	hùp wăy léuk

passo (m), valico (m)	ทางผ่าน	thaang phàan
altopiano (m)	ที่ราบสูง	thêe râap sŏong
falesia (f)	หน้าผา	nâa phăa
collina (f)	เนินเขา	nern khăo

ghiacciaio (m)	ธารน้ำแข็ง	thaan náam khăeng
cascata (f)	น้ำตก	nám dtòk
geyser (m)	น้ำพุร้อน	nám phú rórn
lago (m)	ทะเลสาบ	thá-lay sàap

pianura (f)	ที่ราบ	thêe râap
paesaggio (m)	ภูมิทัศน์	phoom thát
eco (f)	เสียงสะท้อน	sĭang sà-thón

alpinista (m)	นักปีนเขา	nák bpeen khăo
scalatore (m)	นักไต่เขา	nák dtài khăo
conquistare (~ una cima)	ไต่เขาถึงยอด	dtài khăo thĕung yôt
scalata (f)	การปีนเขา	gaan bpeen khăo

169. Fiumi

fiume (m)	แม่น้ำ	mâe náam
fonte (f) (sorgente)	แหล่งน้ำแร่	làeng náam râe
letto (m) (~ del fiume)	เส้นทางแม่น้ำ	sên thaang mâe náam
bacino (m)	ลุ่มน้ำ	lûm náam
sfociare nel ...	ไหลไปสู่...	lăi bpai sòo...

affluente (m)	สาขา	săa-khăa
riva (f)	ฝั่งแม่น้ำ	fàng mâe náam

corrente (f)	กระแสน้ำ	grà-săe náam
a valle	ตามกระแสน้ำ	dtaam grà-săe náam
a monte	ทวนน้ำ	thuan náam

inondazione (f)	น้ำท่วม	nám thûam
piena (f)	น้ำท่วม	nám thûam
straripare (vi)	เอ่อล้น	èr lón
inondare (vt)	ท่วม	thûam

secca (f)	บริเวณน้ำตื้น	bor-rí-wayn náam dtêun
rapida (f)	กระแสน้ำเชี่ยว	grà-săe nám-chîeow

diga (f)	เขื่อน	khèuan
canale (m)	คลอง	khlorng
bacino (m) di riserva	ที่เก็บกักน้ำ	thêe gèp gàk náam
chiusa (f)	ประตูระบายน้ำ	bprà-dtoo rá-baai náam
specchio (m) d'acqua	พื้นน้ำ	phéun náam
palude (f)	บึง	beung

pantano (m)	ห้วย	hûay
vortice (m)	น้ำวน	nám won
ruscello (m)	ลำธาร	lam thaan
potabile (agg)	น้ำดื่มได้	nám dèum dâai
dolce (di acqua ~)	น้ำจืด	nám jèut
ghiaccio (m)	น้ำแข็ง	nám khǎeng
ghiacciarsi (vr)	แชแข็ง	châe khǎeng

170. Foresta

foresta (f)	ป่าไม้	bpàa máai
forestale (agg)	ป่า	bpàa
foresta (f) fitta	ป่าทึบ	bpàa théup
boschetto (m)	ป่าละเมาะ	bpàa lá-mór
radura (f)	ทุงโล่ง	thûng lôhng
roveto (m)	ป่าละเมาะ	bpàa lá-mór
boscaglia (f)	ป่าละเมาะ	bpàa lá-mór
sentiero (m)	ทางเดิน	thaang dern
calanco (m)	รองธาร	rông thaan
albero (m)	ต้นไม้	dtôn máai
foglia (f)	ใบไม้	bai máai
fogliame (m)	ใบไม้	bai máai
caduta (f) delle foglie	ใบไม้ร่วง	bai máai rûang
cadere (vi)	ร่วง	rûang
cima (f)	ยอด	yôrt
ramo (m), ramoscello (m)	กิ่ง	gìng
ramo (m)	กานไม้	gâan mái
gemma (f)	ยอดอ่อน	yôrt òrn
ago (m)	เข็ม	khěm
pigna (f)	ลูกสน	lôok sǒn
cavità (f)	โพรงไม้	phrohng máai
nido (m)	รัง	rang
tana (f) (del fox, ecc.)	โพรง	phrohng
tronco (m)	ลำต้น	lam dtôn
radice (f)	ราก	râak
corteccia (f)	เปลือกไม้	bplèuak máai
musco (m)	มอส	môt
sradicare (vt)	ถอนราก	thǒrn râak
abbattere (~ un albero)	โค่น	khôhn
disboscare (vt)	ตัดไม้ทำลายป่า	dtàt mái tham laai bpàa
ceppo (m)	ตอไม้	dtor máai
falò (m)	กองไฟ	gorng fai
incendio (m) boschivo	ไฟป่า	fai bpàa

spegnere (vt)	ดับไฟ	dàp fai
guardia (f) forestale	เจ้าหน้าที่ดูแลป่า	jâo nâa-thêe doo lae bpàa
protezione (f)	การปกป้อง	gaan bpòk bpôrng
proteggere (~ la natura)	ปกป้อง	bpòk bpôrng
bracconiere (m)	นักลอบล่าสัตว์	nák lôrp lâa sàt
tagliola (f) (~ per orsi)	กับดักเหล็ก	gàp dàk lèk
raccogliere (vt)	เก็บ	gèp
perdersi (vr)	หลงทาง	lŏng thaang

171. Risorse naturali

risorse (f pl) naturali	ทรัพยากร ธรรมชาติ	sáp-pá-yaa-gon tham-má-châat
minerali (m pl)	แร่	râe
deposito (m) (~ di carbone)	ตะกอน	dtà-gorn
giacimento (m) (~ petrolifero)	บ่อ	bòr
estrarre (vt)	ขุดแร่	khùt râe
estrazione (f)	การขุดแร่	gaan khùt râe
minerale (m) grezzo	แร่	râe
miniera (f)	เหมืองแร่	mĕuang râe
pozzo (m) di miniera	ช่องเหมือง	chôrng mĕuang
minatore (m)	คนงานเหมือง	khon ngaan mĕuang
gas (m)	แก๊ส	gáet
gasdotto (m)	ท่อแก๊ส	thôr gáet
petrolio (m)	น้ำมัน	nám man
oleodotto (m)	ท่อน้ำมัน	thôr náam man
torre (f) di estrazione	บ่อน้ำมัน	bòr náam man
torre (f) di trivellazione	ปั้นจั่นขนาดใหญ่	bpân jàn khà-nàat yài
petroliera (f)	เรือบรรทุกน้ำมัน	reua ban-thúk nám man
sabbia (f)	ทราย	saai
calcare (m)	หินปูน	hĭn bpoon
ghiaia (f)	กรวด	grùat
torba (f)	พีต	phêet
argilla (f)	ดินเหนียว	din nĭeow
carbone (m)	ถ่านหิน	thàan hĭn
ferro (m)	เหล็ก	lèk
oro (m)	ทอง	thorng
argento (m)	เงิน	ngern
nichel (m)	นิเกิล	ní-gêrn
rame (m)	ทองแดง	thorng daeng
zinco (m)	สังกะสี	săng-gà-sĕe
manganese (m)	แมงกานีส	maeng-gaa-nêet
mercurio (m)	ปรอท	bpa -ròrt
piombo (m)	ตะกั่ว	dtà-gùa
minerale (m)	แร่	râe
cristallo (m)	ผลึก	phà-lèuk

marmo (m)	หินอ่อน	hǐn òrn
uranio (m)	ยูเรเนียม	yoo-ray-niam

La Terra. Parte 2

172. Tempo

tempo (m)	สภาพอากาศ	sà-phâap aa-gàat
previsione (f) del tempo	พยากรณ์	phá-yaa-gon
	สภาพอากาศ	sà-phâap aa-gàat
temperatura (f)	อุณหภูมิ	un-hà-phoom
termometro (m)	ปรอทวัดอุณหภูมิ	bpà-ròrt wát un-hà-phoom
barometro (m)	เครื่องวัดความดัน	khrêuang wát khwaam dan
	บรรยากาศ	ban-yaa-gàat
umido (agg)	ชื้น	chéun
umidità (f)	ความชื้น	khwaam chéun
caldo (m), afa (f)	ความร้อน	khwaam rórn
molto caldo (agg)	ร้อน	rórn
fa molto caldo	มันร้อน	man rórn
fa caldo	มันอุ่น	man ùn
caldo, mite (agg)	อุ่น	ùn
fa freddo	อากาศเย็น	aa-gàat yen
freddo (agg)	เย็น	yen
sole (m)	ดวงอาทิตย์	duang aa-thít
splendere (vi)	สองแสง	sòrng sǎeng
di sole (una giornata ~)	มีแสงแดด	mee sǎeng dàet
sorgere, levarsi (vr)	ขึ้น	khêun
tramontare (vi)	ตก	dtòk
nuvola (f)	เมฆ	mâyk
nuvoloso (agg)	มีเมฆมาก	mee mâyk mâak
nube (f) di pioggia	เมฆฝน	mâyk fǒn
nuvoloso (agg)	มืดครึ้ม	mêut khréum
pioggia (f)	ฝน	fǒn
piove	ฝนตก	fǒn dtòk
piovoso (agg)	ฝนตก	fǒn dtòk
piovigginare (vi)	ฝนปรอย	fǒn bproi
pioggia (f) torrenziale	ฝนตกหนัก	fǒn dtòk nàk
acquazzone (m)	ฝนห่าใหญ่	fǒn hàa yài
forte (una ~ pioggia)	หนัก	nàk
pozzanghera (f)	หลุมน้ำ	lùm nám
bagnarsi (~ sotto la pioggia)	เปียก	bpìak
foschia (f), nebbia (f)	หมอก	mòrk
nebbioso (agg)	หมอกจัด	mòrk jàt
neve (f)	หิมะ	hì-má
nevica	หิมะตก	hì-má dtòk

165

173. Rigide condizioni metereologiche. Disastri naturali

temporale (m)	พายุฟ้าคะนอง	phaa-yú fáa khá-nong
fulmine (f)	ฟ้าผ่า	fáa phàa
lampeggiare (vi)	แลบ	lâep
tuono (m)	ฟ้าคะนอง	fáa khá-norng
tuonare (vi)	มีฟ้าคะนอง	mee fáa khá-norng
tuona	มีฟ้ารอง	mee fáa rórng
grandine (f)	ลูกเห็บ	lôok hèp
grandina	มีลูกเห็บตก	mee lôok hèp dtòk
inondare (vt)	ท่วม	thûam
inondazione (f)	น้ำทวม	nám thûam
terremoto (m)	แผ่นดินไหว	phàen din wǎi
scossa (f)	ไหว	wǎi
epicentro (m)	จุดเหนือศูนย์แผ่นดินไหว	jùt něua sǒon phàen din wǎi
eruzione (f)	ภูเขาไฟระเบิด	phoo khǎo fai rá-bèrt
lava (f)	ลาวา	laa-waa
tromba (f) d'aria	พายุหมุน	phaa-yú mǔn
tornado (m)	พายุทอร์เนโด	phaa-yú thor-nay-doh
tifone (m)	พายุไต้ฝุ่น	phaa-yú dtâi fùn
uragano (m)	พายุเฮอร์ริเคน	phaa-yú her-rí-khayn
tempesta (f)	พายุ	phaa-yú
tsunami (m)	คลื่นสึนามิ	khlêun sèu-naa-mí
ciclone (m)	พายุไซโคลน	phaa-yú sai-khlohn
maltempo (m)	อากาศไม่ดี	aa-gàat mâi dee
incendio (m)	ไฟไหม้	fai mâi
disastro (m)	ความหายนะ	khwaam hǎa-yá-ná
meteorite (m)	อุกกาบาต	ùk-gaa-bàat
valanga (f)	หิมะถล่ม	hì-má thà-lòm
slavina (f)	หิมะถลม	hì-má thà-lòm
tempesta (f) di neve	พายุหิมะ	phaa-yú hì-má
bufera (f) di neve	พายุหิมะ	phaa-yú hì-má

Fauna

174. Mammiferi. Predatori

predatore (m)	สัตว์กินเนื้อ	sàt gin néua
tigre (f)	เสือ	sĕua
leone (m)	สิงโต	sĭng dtoh
lupo (m)	หมาป่า	măa bpàa
volpe (m)	หมาจิ้งจอก	măa jîng-jòk
giaguaro (m)	เสือจากัวร์	sĕua jaa-gua
leopardo (m)	เสือดาว	sĕua daao
ghepardo (m)	เสือชีตาห์	sĕua chee-dtaa
pantera (f)	เสือดำ	sĕua dam
puma (f)	สิงโตภูเขา	sĭng-dtoh phoo khăo
leopardo (m) delle nevi	เสือดาวหิมะ	sĕua daao hì-má
lince (f)	แมวป่า	maew bpàa
coyote (m)	โคโยตี้	khoh-yoh-dtêe
sciacallo (m)	หมาจิ้งจอกทอง	măa jîng-jòk thorng
iena (f)	ไฮยีนา	hai-yee-naa

175. Animali selvatici

animale (m)	สัตว์	sàt
bestia (f)	สัตว์	sàt
scoiattolo (m)	กระรอก	grà rôk
riccio (m)	เมน	mâyn
lepre (f)	กระต่ายป่า	grà-dtàai bpàa
coniglio (m)	กระต่าย	grà-dtàai
tasso (m)	แบดเจอร์	baet-jer
procione (f)	แร็คคูน	ráek khoon
criceto (m)	หนูแฮมสเตอร์	nŏo haem-sà-dtêr
marmotta (f)	มารมอต	maa-môt
talpa (f)	ตุ่น	dtùn
topo (m)	หนู	nŏo
ratto (m)	หนู	nŏo
pipistrello (m)	ค้างคาว	kháang khaao
ermellino (m)	เออร์มิน	er-min
zibellino (m)	เซเบิล	say bern
martora (f)	มารเทิน	maa thern
donnola (f)	เพียงพอนสีน้ำตาล	phiang phon sĕe nám dtaan
visone (m)	เพียงพอน	phiang phorn

| castoro (m) | บีเวอร์ | bee-wer |
| lontra (f) | นาก | nâak |

cavallo (m)	ม้า	máa
alce (m)	กวางมูส	gwaang môot
cervo (m)	กวาง	gwaang
cammello (m)	อูฐ	òot

bisonte (m) americano	วัวป่า	wua bpàa
bisonte (m) europeo	วัวป่าออรอช	wua bpàa or rôt
bufalo (m)	ควาย	khwaai

zebra (f)	ม้าลาย	máa laai
antilope (f)	แอนทีโลป	aen-thi-lòp
capriolo (m)	กวางโรเดียร์	gwaang roh-dia
daino (m)	กวางแฟลโลว์	gwaang flae-loh
camoscio (m)	เลียงผา	liang-phǎa
cinghiale (m)	หมูป่า	mǒo bpàa

balena (f)	วาฬ	waan
foca (f)	แมวน้ำ	maew náam
tricheco (m)	ช้างน้ำ	cháang náam
otaria (f)	แมวน้ำมีขน	maew náam mee khǒn
delfino (m)	โลมา	loh-maa

orso (m)	หมี	měe
orso (m) bianco	หมีขั้วโลก	měe khûa lôhk
panda (m)	หมีแพนดา	měe phaen-dâa

scimmia (f)	ลิง	ling
scimpanzè (m)	ลิงชิมแปนซี	ling chim-bpaen-see
orango (m)	ลิงอุรังอุตัง	ling u-rang-u-dtang
gorilla (m)	ลิงกอริลลา	ling gor-rin-lâa
macaco (m)	ลิงแม็กแกก	ling mâk-khâk
gibbone (m)	ชะนี	chá-nee

elefante (m)	ช้าง	cháang
rinoceronte (m)	แรด	râet
giraffa (f)	ยีราฟ	yee-râaf
ippopotamo (m)	ฮิปโปโปเตมัส	híp-bpoh-bpoh-dtay-mát

| canguro (m) | จิงโจ้ | jing-jôh |
| koala (m) | หมีโคอาล่า | měe khoh aa lâa |

mangusta (f)	พังพอน	phang phon
cincillà (f)	ดินคิลลา	khin-khin laa
moffetta (f)	สกุ๊งก์	sà-gang
istrice (m)	เมน	mâyn

176. Animali domestici

gatta (f)	แมวตัวเมีย	maew dtua mia
gatto (m)	แมวตัวผู้	maew dtua phôo
cane (m)	สุนัข	sù-nák

cavallo (m)	ม้า	máa
stallone (m)	ม้าตัวผู้	máa dtua phôo
giumenta (f)	ม้าตัวเมีย	máa dtua mia

mucca (f)	วัว	wua
toro (m)	กระทิง	grà-thing
bue (m)	วัว	wua

pecora (f)	แกะตัวเมีย	gàe dtua mia
montone (m)	แกะตัวผู้	gàe dtua phôo
capra (f)	แพะตัวเมีย	pháe dtua mia
caprone (m)	แพะตัวผู้	pháe dtua phôo

| asino (m) | ลา | laa |
| mulo (m) | ลอ | lôr |

porco (m)	หมู	mŏo
porcellino (m)	ลูกหมู	lôok mŏo
coniglio (m)	กระต่าย	grà-dtàai

| gallina (f) | ไก่ตัวเมีย | gài dtua mia |
| gallo (m) | ไก่ตัวผู้ | gài dtua phôo |

anatra (f)	เป็ดตัวเมีย	bpèt dtua mia
maschio (m) dell'anatra	เป็ดตัวผู้	bpèt dtua phôo
oca (f)	ห่าน	hàan

| tacchino (m) | ไก่งวงตัวผู้ | gài nguang dtua phôo |
| tacchina (f) | ไก่งวงตัวเมีย | gài nguang dtua mia |

animali (m pl) domestici	สัตว์เลี้ยง	sàt líang
addomesticato (agg)	เลี้ยง	líang
addomesticare (vt)	เชื่อง	chêuang
allevare (vt)	ขยายพันธุ์	khà-yăai phan

fattoria (f)	ฟาร์ม	faam
pollame (m)	สัตว์ปีก	sàt bpèek
bestiame (m)	วัวควาย	wua khwaai
branco (m), mandria (f)	ฝูง	fŏong

scuderia (f)	คอกม้า	khôrk máa
porcile (m)	คอกหมู	khôrk mŏo
stalla (f)	คอกวัว	khôrk wua
conigliera (f)	คอกกระต่าย	khôrk grà-dtàai
pollaio (m)	เล้าไก่	láo gài

177. Cani. Razze canine

cane (m)	สุนัข	sù-nák
cane (m) da pastore	สุนัขเลี้ยงแกะ	sù-nák líang gàe
pastore (m) tedesco	เยอรมันเชฟเฟิร์ด	yer-rá-man chayf-fêrt
barbone (m)	พูเดิ้ล	phoo dêrn
bassotto (m)	ดัชชุน	dàt chun
bulldog (m)	บูลด็อก	boon dòrk

boxer (m)	บ็อกเซอร์	bòk-sêr
mastino (m)	มัสตีฟ	mát-dtèef
rottweiler (m)	ร็อตไวเลอร์	rót-wai-ler
dobermann (m)	โดเบอร์แมน	doh-ber-maen
bassotto (m)	บาสเซ็ต	bàat-sét
bobtail (m)	บ็อบเทล	bòp-thayn
dalmata (m)	ดัลเมเชียน	dan-may-chian
cocker (m)	ค็อกเกอรสเปเนียล	khórk-gêr sà-bpay-nian
terranova (m)	นิวฟาวน์ดฮาวน์ดแลนด์	niw-faao-dà-haao-dà-lăen
sanbernardo (m)	เซนต์เบอรนารด	sayn ber nâat
husky (m)	ฮัสกี้	hát-gêe
chow chow (m)	เชาเชา	chao chao
volpino (m)	สูปิตซ	sà-bpìt
carlino (m)	ปั๊ก	bpák

178. Versi emessi dagli animali

abbaiamento (m)	เสียงเห่า	sìang hào
abbaiare (vi)	เห่า	hào
miagolare (vi)	รองเหมียว	rórng mĭeow
fare le fusa	ทำเสียงคราง	tham sìang khraang
muggire (vacca)	ร้องมอๆ	rórng mor mor
muggire (toro)	สงเสียงคำราม	sòng sĭang kham-raam
ringhiare (vi)	โฮก	hôhk
ululato (m)	เสียงหอน	sĭang hŏn
ululare (vi)	หอน	hŏrn
guaire (vi)	ครางหงิงๆ	khraang ngĭng ngĭng
belare (pecora)	ร้องแบะๆ	rórng bàe bàe
grugnire (maiale)	ร้องอูดๆ	rórng ùùt ùùt
squittire (vi)	รองเสียงแหลม	rórng sĭang lăem
gracidare (rana)	ร้องอ๊บๆ	rórng ôp ôp
ronzare (insetto)	หึ่ง	hèung
frinire (vi)	ทำเสียงจ๊อกแจ๊ก	tham sĭang jòrk jáek

179. Uccelli

uccello (m)	นก	nók
colombo (m), piccione (m)	นกพิราบ	nók phí-râap
passero (m)	นกกระจิบ	nók grà-jìp
cincia (f)	นกติด	nók dtít
gazza (f)	นกสาลิกา	nók săa-lí gaa
corvo (m)	นกอีกา	nók ee-gaa
cornacchia (f)	นกกา	nók gaa
taccola (f)	นกจำพวกกา	nók jam phûak gaa

corvo (m) nero	นกการู๊ค	nók gaa róok
anatra (f)	เป็ด	bpèt
oca (f)	ห่าน	hàan
fagiano (m)	ไก่ฟ้า	gài fáa

aquila (f)	นกอินทรี	nók in-see
astore (m)	นกเหยี่ยว	nók yìeow
falco (m)	นกเหยี่ยว	nók yìeow

| grifone (m) | นกแร้ง | nók ráeng |
| condor (m) | นกแร้งขนาดใหญ่ | nók ráeng kà-nàat yài |

cigno (m)	นกหงส์	nók hŏng
gru (f)	นกกระเรียน	nók grà rian
cicogna (f)	นกกระสา	nók grà-săa

pappagallo (m)	นกแก้ว	nók gâew
colibrì (m)	นกฮัมมิ่งเบิร์ด	nók ham-mîng-bèrt
pavone (m)	นกยูง	nók yoong

| struzzo (m) | นกกระจอกเทศ | nók grà-jòrk-thâyt |
| airone (m) | นกยาง | nók yaang |

| fenicottero (m) | นกฟลามิงโก | nók flaa-ming-goh |
| pellicano (m) | นกกระทุง | nók-grà-thung |

| usignolo (m) | นกไนติงเกล | nók-nai-dting-gayn |
| rondine (f) | นกนางแอน | nók naang-àen |

tordo (m)	นกเดินดง	nók dern dong
tordo (m) sasello	นกเดินดงร้องเพลง	nók dern dong rórng phlayng
merlo (m)	นกเดินดงสีดำ	nók-dern-dong sĕe dam

rondone (m)	นกแอ่น	nók àen
allodola (f)	นกลาร์ค	nók lâak
quaglia (f)	นกคุ่ม	nók khûm

picchio (m)	นกหัวขวาน	nók hŭa khwăn
cuculo (m)	นกดุเหว่า	nók dù hăy wâa
civetta (f)	นกฮูก	nók hôok
gufo (m) reale	นกเค้าใหญ่	nók kháo yài
urogallo (m)	ไก่ป่า	gài bpàa

| fagiano (m) di monte | ไก่ดำ | gài dam |
| pernice (f) | นกกระทา | nók-grà-thaa |

storno (m)	นกกิ้งโครง	nók-gîng-khrohng
canarino (m)	นกขุ่มิ้น	nók khà-mîn
francolino (m) di monte	ไก่น้ำตาล	gài nám dtaan

| fringuello (m) | นกจาบ | nók-jàap |
| ciuffolotto (m) | นกบูลฟินช์ | nók boon-fin |

gabbiano (m)	นกนางนวล	nók naang-nuan
albatro (m)	นกอัลบาทรอส	nók an-baa-thrôt
pinguino (m)	นกเพนกวิน	nók phayn-gwin

180. Uccelli. Cinguettio e versi

cantare (vi)	ร้องเพลง	rórng phlayng
gridare (vi)	ร้อง	rórng
cantare (gallo)	ร้องขัน	rórng khăn
chicchirichì (m)	เสียงขัน	sĭang khăn
chiocciare (gallina)	ร้องกุ๊กๆ	rórng gúk gúk
gracchiare (vi)	ร้องเสียงกาๆ	rórng sĭang gaa gaa
fare qua qua	ร้องกาบๆ	rórng gâap gâap
pigolare (vi)	ร้องเสียงจิ๊ ๆ	rórng sĭang jíp jíp
cinguettare (vi)	ร้องจอกแจก	rórng jòk jáek

181. Pesci. Animali marini

abramide (f)	ปลาบรีม	bplaa bpreem
carpa (f)	ปลาคาร์ป	bplaa khâap
perca (f)	ปลาเพิร์ช	bplaa phêrt
pesce (m) gatto	ปลาดุก	bplaa-dùk
luccio (m)	ปลาไพค์	bplaa phai
salmone (m)	ปลาแซลมอน	bplaa saen-morn
storione (m)	ปลาสเตอร์เจียน	bpláa sà-dtêr jian
aringa (f)	ปลาเฮอร์ริง	bplaa her-ring
salmone (m)	ปลาแซลมอนแอตแลนติก	bplaa saen-mon àet-laen-dtìk
scombro (m)	ปลาซูบะ	bplaa saa-bà
sogliola (f)	ปลาลิ้นหมา	bplaa lín-măa
lucioperca (f)	ปลาไพค์เพิร์ช	bplaa phái phert
merluzzo (m)	ปลาค็อด	bplaa khót
tonno (m)	ปลาทูนา	bplaa thoo-nâa
trota (f)	ปลาเทราท์	bplaa thrau
anguilla (f)	ปลาไหล	bplaa lăi
torpedine (f)	ปลากระเบนไฟฟ้า	bplaa grà-bayn-fai-fáa
murena (f)	ปลาไหลมอเรย์	bplaa lăi mor-ray
piranha (f)	ปลาปิรันยา	bplaa bpì-ran-yâa
squalo (m)	ปลาฉลาม	bplaa chà-lăam
delfino (m)	โลมา	loh-maa
balena (f)	วาฬ	waan
granchio (m)	ปู	bpoo
medusa (f)	แมงกะพรุน	maeng gà-phrun
polpo (m)	ปลาหมึก	bplaa mèuk
stella (f) marina	ปลาดาว	bplaa daao
riccio (m) di mare	หอยเม่น	hŏi mâyn
cavalluccio (m) marino	ม้าน้ำ	máa nám
ostrica (f)	หอยนางรม	hŏi naang rom
gamberetto (m)	กุ้ง	gûng

astice (m)	กุ้งมังกร	gûng mang-gon
aragosta (f)	กุ้งมังกร	gûng mang-gon

182. Anfibi. Rettili

serpente (m)	งู	ngoo
velenoso (agg)	พิษ	phít

vipera (f)	งูแมวเซา	ngoo maew sao
cobra (m)	งูเห่า	ngoo hào
pitone (m)	งูเหลือม	ngoo lĕuam
boa (m)	งูโบอา	ngoo boh-aa

biscia (f)	งูเล็กที่ไม่เป็นอันตราย	ngoo lék thêe mâi bpen an-dtà-raai
serpente (m) a sonagli	งูหางกระดิ่ง	ngoo hăang grà-dìng
anaconda (f)	งูอนาคอนดา	ngoo a -naa-khon-daa

lucertola (f)	กิ้งก่า	gîng-gàa
iguana (f)	อีกัวนา	ee gua naa
varano (m)	กิ้งกามอนิเตอร์	gîng-gàa mor-ní-dtêr
salamandra (f)	ซาลาแมนเดอร	saa-laa-maen-dêr
camaleonte (m)	กิ้งกาคามิเลียน	gîng-gàa khaa-mí-lian
scorpione (m)	แมงป่อง	maeng bpòrng

tartaruga (f)	เต่า	dtào
rana (f)	กบ	gòp
rospo (m)	คางคก	khaang-kók
coccodrillo (m)	จระเข้	jor-rá-khây

183. Insetti

insetto (m)	แมลง	má-laeng
farfalla (f)	ผีเสื้อ	phĕe sêua
formica (f)	มด	mót
mosca (f)	แมลงวัน	má-laeng wan
zanzara (f)	ยุง	yung
scarabeo (m)	แมลงปีกแข็ง	má-laeng bpèek khăeng

vespa (f)	ต่อ	dtòr
ape (f)	ผึ้ง	phêung
bombo (m)	ผึ้งบัมเบิลบี	phêung bam-bern bee
tafano (m)	เหลือบ	lèuap

ragno (m)	แมงมุม	maeng mum
ragnatela (f)	ใยแมงมุม	yai maeng mum

libellula (f)	แมลงปอ	má-laeng bpor
cavalletta (f)	ตั๊กแตน	dták-gà-dtaen
farfalla (f) notturna	ผีเสื้อกลางคืน	phĕe sêua glaang kheun
scarafaggio (m)	แมลงสาบ	má-laeng sàap
zecca (f)	เห็บ	hèp

| pulce (f) | หูมัด | màt |
| moscerino (m) | ริน | rín |

locusta (f)	ตั๊กแตน	dták-gà-dtaen
lumaca (f)	หอยทาก	hŏi thâak
grillo (m)	จิ้งหรีด	jîng-rèet
lucciola (f)	หิ่งหอย	hìng-hôi
coccinella (f)	แมลงเต่าทอง	má-laeng dtào thorng
maggiolino (m)	แมงอีนูน	maeng ee noon

sanguisuga (f)	ปูลิง	bpling
bruco (m)	บุ้ง	bûng
verme (m)	ไส้เดือน	sâi deuan
larva (f)	ตัวออน	dtua òrn

184. Animali. Parti del corpo

becco (m)	จงอยปาก	ja-ngoi bpàak
ali (f pl)	ปีก	bpèek
zampa (f)	เท้า	tháo
piumaggio (m)	ขนนก	khŏn nók
penna (f), piuma (f)	ขนนก	khŏn nók
cresta (f)	ขนหัว	khŏn hŭa

branchia (f)	เหงือก	ngèuak
uova (f pl)	ไข่ปลา	khài-bplaa
larva (f)	ตัวออน	dtua òrn
pinna (f)	ครีบ	khrêep
squama (f)	เกล็ด	glèt

zanna (f)	เขี้ยว	khîeow
zampa (f)	เท้า	tháo
muso (m)	จมูกและปาก	jà-mòok láe bpàak
bocca (f)	ปาก	bpàak
coda (f)	หาง	hăang
baffi (m pl)	หนวด	nùat

| zoccolo (m) | กีบ | gèep |
| corno (m) | เขา | khăo |

carapace (f)	กระดอง	grà dorng
conchiglia (f)	เปลือก	bplèuak
guscio (m) dell'uovo	เปลือกไข่	bplèuak khài

| pelo (m) | ขน | khŏn |
| pelle (f) | หนัง | năng |

185. Animali. Ambiente naturale

ambiente (m) naturale	ที่อยู่อาศัย	thêe yòo aa-săi
migrazione (f)	การอพยพ	gaan òp-phá-yóp
monte (m), montagna (f)	ภูเขา	phoo khăo

| scogliera (f) | แนวปะการัง | naew bpà-gaa-rang |
| falesia (f) | หน้าผา | nâa phǎa |

foresta (f)	ป่า	bpàa
giungla (f)	ป่าดิบชื้น	bpàa dìp chéun
savana (f)	สะวันนา	sà wan naa
tundra (f)	ทันดรา	than-draa

steppa (f)	ทุ่งหญ้าสเตปป์	thûng yâa sà-dtàyp
deserto (m)	ทะเลทราย	thá-lay saai
oasi (f)	โอเอซิส	oh-ay-sít

mare (m)	ทะเล	thá-lay
lago (m)	ทะเลสาบ	thá-lay sàap
oceano (m)	มหาสมุทร	má-hǎa sà-mùt

palude (f)	บึง	beung
di acqua dolce	น้ำจืด	nám jèut
stagno (m)	บ่อน้ำ	bòr náam
fiume (m)	แม่น้ำ	mâe náam

tana (f) (dell'orso)	ถ้ำสัตว์	thâm sàt
nido (m)	รัง	rang
cavità (f) (~ in un albero)	โพรงไม้	phrohng máai
tana (f) (del fox, ecc.)	โพรง	phrohng
formicaio (m)	รังมด	rang mót

Flora

186. Alberi

albero (m)	ต้นไม้	dtôn máai
deciduo (agg)	ผลัดใบ	phlàt bai
conifero (agg)	สน	sǎn
sempreverde (agg)	ซึ่งเขียวชอุ่ม	sêung khǎeow chá-ùm
	ตลอดปี	dtà-lòrt bpee
melo (m)	ต้นแอปเปิ้ล	dtôn àep-bpêrn
pero (m)	ต้นแพร	dtôn phae
ciliegio (m)	ต้นเชอร์รี่ป่า	dtôn cher-rêe bpàa
amareno (m)	ต้นเชอร์รี่	dtôn cher-rêe
prugno (m)	ตนพลัม	dtôn phlam
betulla (f)	ต้นเบิร์ช	dtôn bèrt
quercia (f)	ต้นโอ๊ค	dtôn óhk
tiglio (m)	ตนไม้ดอกเหลือง	dtôn máai dòrk lûuang
pioppo (m) tremolo	ต้นแอสเพน	dtôn ae sà-phayn
acero (m)	ตนเมเปิ้ล	dtôn may bpêrn
abete (m)	ต้นเฟอร์	dtôn fer
pino (m)	ต้นเกี๊ยะ	dtôn gía
larice (m)	ตนลารช	dtôn lâat
abete (m) bianco	ต้นเฟอร์	dtôn fer
cedro (m)	ตนซีดาร์	dtôn-see-daa
pioppo (m)	ต้นปอปลาร์	dtôn bpor-bplaa
sorbo (m)	ตนโรแวน	dtôn-roh-waen
salice (m)	ต้นวิลโลว์	dtôn win-loh
alno (m)	ตนอัลเดอร์	dtôn an-dêr
faggio (m)	ต้นบีช	dtôn bèet
olmo (m)	ตนเอล์ม	dtôn elm
frassino (m)	ต้นแอช	dtôn aesh
castagno (m)	ตนเกาลัด	dtôn gao lát
magnolia (f)	ต้นแมกโนเลีย	dtôn mâek-noh-lia
palma (f)	ต้นปาล์ม	dtôn bpaam
cipresso (m)	ตนไซเปรส	dtôn-sai-bpràyt
mangrovia (f)	ต้นโกงกาง	dtôn gohng gaang
baobab (m)	ต้นเบาบับ	dtôn bao-bàp
eucalipto (m)	ต้นยูคาลิปตัส	dtôn yoo-khaa-líp-dtàt
sequoia (f)	ตนสนซีควัยยา	dtôn sǎn see kua yaa

187. Arbusti

cespuglio (m)	พุ่มไม้	phúm máai
arbusto (m)	ตนไมพุม	dtôn máai phúm
vite (f)	ต้นองุ่น	dtôn a-ngùn
vigneto (m)	ไรองุน	râi a-ngùn
lampone (m)	พุ่มราสเบอร์รี่	phúm râat-ber-rêe
ribes (m) nero	พุมแบล็คเคอรแรนท	phúm blàek-khêr-raen
ribes (m) rosso	พุมเรดเคอรุแรนท	phúm râyt-khêr-raen
uva (f) spina	พุมกูสเบอรรี	phúm gòot-ber-rêe
acacia (f)	ต้นอาเคเชีย	dtôn aa-khay-chia
crespino (m)	ตนบารเบอรรี	dtôn baa-ber-rêe
gelsomino (m)	มะลิ	má-lí
ginepro (m)	ต้นจูนิเปอร์	dtôn joo-ní-bper
roseto (m)	พุมกุหลาบ	phúm gù làap
rosa (f) canina	พุมดอกโรส	phúm dòrk-rôht

188. Funghi

fungo (m)	เห็ด	hèt
fungo (m) commestibile	เห็ดกินได้	hèt gin dâai
fungo (m) velenoso	เห็ดมีพิษ	hèt mee pít
cappello (m)	ดอกเห็ด	dòrk hèt
gambo (m)	ตนเห็ด	dtôn hèt
porcino (m)	เห็ดพอร์ชินี	hèt phor chí nee
boleto (m) rufo	เห็ดพอรชุนีดูอกเหลือง	hèt phor chí nee dòrk lûuang
porcinello (m)	เห็ดตับเตวที่ขึ้นบนตนเบิรช	hèt dtàp dtào thêe khêun bon dtôn-bèrt
gallinaccio (m)	เห็ดก่อเหลือง	hèt gòr lûuang
rossola (f)	เห็ดตะได	hèt dtà khai
spugnola (f)	เห็ดมอเรล	hèt mor rayn
ovolaccio (m)	เห็ดพิษหมวกแดง	hèt phít mùak daeng
fungo (m) moscario	เห็ดระโงกหิน	hèt rá ngôhk hǎn

189. Frutti. Bacche

frutto (m)	ผลไม้	phǎn-lá-máai
frutti (m pl)	ผลไม	phǎn-lá-máai
mela (f)	แอปเปิ้ล	àep-bpêrn
pera (f)	ลูกแพร	lôok phae
prugna (f)	พลัม	phlam
fragola (f)	สตรอว์เบอรรี่	sà-dtror-ber-rêe
amarena (f)	เชอรรี	cher-rêe

ciliegia (f)	เชอร์รี่ป่า	cher-rêe bpàa
uva (f)	องุ่น	a-ngùn

lampone (m)	ราสเบอร์รี่	râat-ber-rêe
ribes (m) nero	แบล็คเคอรแรนท์	blàek khêr-raen
ribes (m) rosso	เรดเคอรแรนท	râyt-khêr-raen
uva (f) spina	กูสเบอรรี่	gòot-ber-rêe
mirtillo (m) di palude	แครนเบอรรี่	khraen-ber-rêe

arancia (f)	ส้ม	sôm
mandarino (m)	สมแมนดาริน	sôm maen daa rin
ananas (m)	สับปะรด	sàp-bpà-rót
banana (f)	กล้วย	glúay
dattero (m)	อินทผลัม	in-thá-phâ-lam

limone (m)	เลมอน	lay-mon
albicocca (f)	แอปริคอท	ae-bprì-khôrt
pesca (f)	ลูกทอ	lôok thór
kiwi (m)	กีวี	gee wee
pompelmo (m)	สมโอ	sôm oh

bacca (f)	เบอร์รี่	ber-rêe
bacche (f pl)	เบอร์รี่	ber-rêe
mirtillo (m) rosso	คาวเบอร์รี่	khaao-ber-rêe
fragola (f) di bosco	สตรอวเบอรรี่ป่า	sá-dtrorw ber-rêe bpàa
mirtillo (m)	บิลเบอร์รี่	bil-ber-rêe

190. Fiori. Piante

fiore (m)	ดอกไม้	dòrk máai
mazzo (m) di fiori	ชอดอกไม้	chôr dòrk máai

rosa (f)	ดอกกุหลาบ	dòrk gù làap
tulipano (m)	ดอกทิวลิป	dòrk thiw-líp
garofano (m)	ดอกคารเนชั่น	dòrk khaa-nay-chân
gladiolo (m)	ดอกแกลดิโอลัส	dòrk gaen-dì-oh-lát

fiordaliso (m)	ดอกคอร์นฟลาวเวอร์	dòrk khon-flaao-wer
campanella (f)	ดอกระฆัง	dòrk rá-khang
soffione (m)	ดอกแดนดิไลออน	dòrk daen-dì-lai-on
camomilla (f)	ดอกคาโมมายล์	dòrk khaa-moh maai

aloe (m)	ว่านหางจระเข้	wâan-hǐ ang-jor-rá-khây
cactus (m)	ตะบองเพชร	dtà-bong-phét
ficus (m)	ตนเลียบ	dtôn lîap

giglio (m)	ดอกลิลี่	dòrk lí-lêe
geranio (m)	ดอกเจอราเนียม	dòrk jer-raa-niam
giacinto (m)	ดอกไฮอะซินท	dòrk hai-a-sin

mimosa (f)	ดอกไมยราบ	dòrk mai râap
narciso (m)	ดอกนารซิสซัส	dòrk naa-sít-sát
nasturzio (m)	ดอกแนสเตอรชัม	dòrk nâet-dtêr-cham
orchidea (f)	ดอกกล้วยไม	dòrk glúay máai

peonia (f)	ดอกโบตั๋น	dòrk boh-dtǐ n
viola (f)	ดอกไวโอเล็ต	dòrk wai-oh-lét

viola (f) del pensiero	ดอกแพนซี	dòrk phaen-see
nontiscordardimé (m)	ดอกฟอร์เก็ตมีน็อต	dòrk for-gèt-mee-nót
margherita (f)	ดอกเดซี	dòrk day see

papavero (m)	ดอกป๊อปปี้	dòrk bpóp-bpêe
canapa (f)	กัญชา	gan chaa
menta (f)	สะระแหน่	sà-rá-nàe

mughetto (m)	ดอกลิลลี่แห่งหุบเขา	dòrk lí-lá-lêe hàeng hùp khǐ o
bucaneve (m)	ดอกหยาดหิมะ	dòrk yàat hì-má

ortica (f)	ตำแย	dtam-yae
acetosa (f)	ซอร์เรล	sor-rayn
ninfea (f)	บัว	bua
felce (f)	เฟิร์น	fern
lichene (m)	ไลเคน	lai-khayn

serra (f)	เรือนกระจก	reuan grà-jòk
prato (m) erboso	สนามหญ้า	sà-nǐ am yâa
aiuola (f)	สนามดอกไม้	sà-nǐ am-dòrk-máai

pianta (f)	พืช	phêut
erba (f)	หญ้า	yâa
filo (m) d'erba	ใบหญ้า	bai yâa

foglia (f)	ใบไม้	bai máai
petalo (m)	กลีบดอก	glèep dòrk
stelo (m)	ลำต้น	lam dtôn
tubero (m)	หัวใต้ดิน	hǒa dtâi din

germoglio (m)	ต้นอ่อน	dtôn òrn
spina (f)	หนาม	nǐ am

fiorire (vi)	บาน	baan
appassire (vi)	เหี่ยว	hìeow
odore (m), profumo (m)	กลิ่น	glìn
tagliare (~ i fiori)	ตัด	dtàt
cogliere (vt)	เด็ด	dèt

191. Cereali, granaglie

grano (m)	เมล็ด	má-lét
cereali (m pl)	ธัญพืช	than-yá-phêut
spiga (f)	รวงข้าว	ruang khâao

frumento (m)	ข้าวสาลี	khâao sǐ a-lee
segale (f)	ข้าวไรย์	khâao rai
avena (f)	ข้าวโอ๊ต	khâao óht
miglio (m)	ข้าวฟ่าง	khâao fâang
orzo (m)	ข้าวบาร์เลย์	khâao baa-lây
mais (m)	ข้าวโพด	khâao-phôht

179

| riso (m) | ข้าว | khâao |
| grano (m) saraceno | บัควีท | bàk-wêet |

pisello (m)	ถั่วลันเตา	thùa-lan-dtao
fagiolo (m)	ถั่วรูปไต	thùa rôop dtai
soia (f)	ถั่วเหลือง	thùa lûuang
lenticchie (f pl)	ถั่วเลนทิล	thùa layn thin
fave (f pl)	ถั่ว	thùa

GEOGRAFIA REGIONALE

Paesi. Nazionalità

192. Politica. Governo. Parte 1

politica (f)	การเมือง	gaan meuang
politico (agg)	ทางการเมือง	thang gaan meuang
politico (m)	นักการเมือง	nák gaan meuang
stato (m) (nazione, paese)	รัฐ	rát
cittadino (m)	พลเมือง	phon-lá-meuang
cittadinanza (f)	สัญชาติ	săn-châat
emblema (m) nazionale	ตราประจำชาติ	dtraa bprà-jam châat
inno (m) nazionale	เพลงชาติ	phlayng châat
governo (m)	รัฐบาล	rát-thà-baan
capo (m) di Stato	ผู้นำประเทศ	phôo nam bprà-thâyt
parlamento (m)	รัฐสภา	rát-thà-sà-phaa
partito (m)	พรรคการเมือง	phák gaan meuang
capitalismo (m)	ทุนนิยม	thun ní-yom
capitalistico (agg)	แบบทุนนิยม	bàep thun ní-yom
socialismo (m)	สังคมนิยม	săng-khom ní-yom
socialista (agg)	แบบสังคมนิยม	bàep săng-khom ní-yom
comunismo (m)	ลัทธิคอมมิวนิสต์	lát-thí khom-miw-nít
comunista (agg)	แบบคอมมิวนิสต์	bàep khom-miw-nít
comunista (m)	คนคอมมิวนิสต	khon khom-miw-nít
democrazia (f)	ประชาธิปไตย	bprà-chaa-thíp-bpà-dtai
democratico (m)	ผู้นิยมประชาธิปไตย	phôo ní-yom bprà-chaa-típ-bpà-dtai
democratico (agg)	แบบประชาธิปไตย	bàep bprà-chaa-thíp-bpà-dtai
partito (m) democratico	พรรคประชาธิปัตย์	phák bprà-chaa-tí-bpàt
liberale (m)	ผู้เอียงเสรีนิยม	phôo iang săy-ree ní-yom
liberale (agg)	แบบเสรีนิยม	bàep săy-ree ní-yom
conservatore (m)	ผู้เอียงอนุรักษ์นิยม	phôo iang a-nú rák ní-yom
conservatore (agg)	แบบอนุรักษ์นิยม	bàep a-nú rák ní-yom
repubblica (f)	สาธารณรัฐ	săa-thaa-rá-ná rát
repubblicano (m)	รีพับลิกัน	ree pháp lí gan
partito (m) repubblicano	พรรครีพับลิกัน	phák ree-pháp-lí-gan
elezioni (f pl)	การเลือกตั้ง	gaan lêuak dtâng
eleggere (vt)	เลือก	lêuak

elettore (m)	ผู้ออกเสียงลงคะแนน	phôo òrk sĭang long khá-naen
campagna (f) elettorale	การรณรงค์หาเสียง	gaan ron-ná-rorng hăa sĭang
votazione (f)	การออกเสียงลงคะแนน	gaan òrk sĭang long khá-naen
votare (vi)	ลงคะแนน	long khá-naen
diritto (m) di voto	สิทธิในการเลือกตั้ง	sìt-thí nai gaan lêuak dtâng
candidato (m)	ผู้สมัคร	phôo sà-màk
candidarsi (vr)	ลงสมัคร	long sà-màk
campagna (f)	การรณรงค์	gaan ron-ná-rorng
d'opposizione (agg)	ฝ่ายด้าน	fàai kháan
opposizione (f)	ฝ่ายคาน	fàai kháan
visita (f)	การเยือน	gaan yeuan
visita (f) ufficiale	การเยือนอย่างเป็น ทางการ	gaan yeuan yàang bpen thaang gaan
internazionale (agg)	แบบสากล	bàep săa-gon
trattative (f pl)	การเจรจา	gaan jayn-rá-jaa
negoziare (vi)	เจรจา	jayn-rá-jaa

193. Politica. Governo. Parte 2

società (f)	สังคม	săng-khom
costituzione (f)	รัฐธรรมนูญ	rát-thà-tham-má-noon
potere (m) (~ politico)	อำนาจ	am-nâat
corruzione (f)	การทุจริตคอรัปชั่น	gaan thút-jà-rìt khor-ráp-chân
legge (f)	กฎหมาย	gòt măai
legittimo (agg)	ทางกฎหมาย	thaang gòt măai
giustizia (f)	ความยุติธรรม	khwaam yút-dtì-tham
giusto (imparziale)	เป็นธรรม	bpen tham
comitato (m)	คณะกรรมการ	khá-ná gam-má-gaan
disegno (m) di legge	ราง	râang
bilancio (m)	งบประมาณ	ngóp bprà-maan
politica (f)	นโยบาย	ná-yoh-baai
riforma (f)	ปฏิรูป	bpà-dtì rôop
radicale (agg)	รุนแรง	run raeng
forza (f) (potenza)	กำลัง	gam-lang
potente (agg)	ทรงพลัง	song phá-lang
sostenitore (m)	ผู้สนับสนุน	phôo sà-nàp-sà-nŭn
influenza (f)	อิทธิพล	ìt-thí pon
regime (m) (~ militare)	ระบอบการปกครอง	rá-bòrp gaan bpòk khrorng
conflitto (m)	ความขัดแย้ง	khwaam khàt yáeng
complotto (m)	การคบคิด	gaan khóp khít
provocazione (f)	การยั่วยุ	gaan yûa yú
rovesciare (~ un regime)	ล้มล้าง	lóm láang
rovesciamento (m)	การลม	gaan lóm

rivoluzione (f)	ปฏิวัติ	bpà-dtì-wát
colpo (m) di Stato	รัฐประหาร	rát-thà-bprà-hǎan
golpe (m) militare	การยึดอำนาจ	gaan yéut am-nâat
	ด้วยกำลังทหาร	dûay gam-lang thá-hǎan

crisi (f)	วิกฤติ	wí-grìt
recessione (f) economica	ภาวะเศรษฐกิจถดถอย	phaa-wá sàyt-thà-gìt thòt thǒi
manifestante (m)	ผู้ประท้วง	phôo bprà-thúang
manifestazione (f)	การประท้วง	gaan bprà-thúang
legge (f) marziale	กฎอัยการศึก	gòt ai-yá-gaan sèuk
base (f) militare	ฐานทัพ	thǎan tháp

stabilità (f)	ความมั่นคง	khwaam mân-khong
stabile (agg)	มั่นคง	mân khong

sfruttamento (m)	การขูดรีด	gaan khòot rêet
sfruttare (~ i lavoratori)	ขูดรีด	khòot rêet

razzismo (m)	ลัทธินิยมเชื้อชาติ	khá-dtì ní-yom chéua châat
razzista (m)	ผู้เหยียดผิว	phôo yìat phǐw
fascismo (m)	ลัทธิฟาสซิสต์	lát-thí fâat-sít
fascista (m)	ผู้นิยมลัทธิฟาสซิสต์	phôo ní-yom lát-thí fâat-sít

194. Paesi. Varie

straniero (m)	คนต่างชาติ	khon dtàang châat
straniero (agg)	ต่างชาติ	dtàang châat
all'estero	ต่างประเทศ	dtàang bprà-thâyt

emigrato (m)	ผู้อพยพ	phôo òp-phá-yóp
emigrazione (f)	การอพยพ	gaan òp-phá-yóp
emigrare (vi)	อพยพ	òp-phá-yóp

Ovest (m)	ตะวันตก	dtà-wan dtòk
Est (m)	ตะวันออก	dtà-wan òrk
Estremo Oriente (m)	ตะวันออกไกล	dtà-wan òrk glai

civiltà (f)	อารยธรรม	aa-rá-yá-tham
umanità (f)	มนุษยชาติ	má-nút-sà-yá-châat
mondo (m)	โลก	lôhk
pace (f)	ความสงบสุข	khwaam sà-ngòp-sùk
mondiale (agg)	ทั่วโลก	thûa lôhk

patria (f)	บ้านเกิด	bâan gèrt
popolo (m)	ประชาชน	bprà-chaa chon
popolazione (f)	ประชากร	bprà-chaa gon
gente (f)	ประชาชน	bprà-chaa chon
nazione (f)	ชาติ	châat
generazione (f)	รุ่น	rûn

territorio (m)	อาณาเขต	aa-naa khàyt
regione (f)	ภูมิภาค	phoo-mí-phâak
stato (m)	รัฐ	rát
tradizione (f)	ธรรมเนียม	tham-niam

costume (m)	ประเพณี	bprà-phay-nee
ecologia (f)	นิเวศวิทยา	ní-wâyt wít-thá-yaa
indiano (m)	อินเดียนแดง	in-dian daeng
zingaro (m)	คนยิปซี	khon yíp-see
zingara (f)	คนยิปซี	khon yíp-see
di zingaro	ยิปซี	yíp see
impero (m)	จักรวรรดิ	jàk-grà-wàt
colonia (f)	อาณานิคม	aa-naa ní-khom
schiavitù (f)	การใช้แรงงานทาส	gaan chái raeng ngaan thâat
invasione (f)	การบุกรุก	gaan bùk rúk
carestia (f)	ความอดอยาก	khwaam òt yàak

195. Principali gruppi religiosi. Credi religiosi

religione (f)	ศาสนา	sàat-sà-nǎa
religioso (agg)	ศาสนา	sàat-sà-nǎa
fede (f)	ศรัทธา	sàt-thaa
credere (vi)	นับถือ	náp thěu
credente (m)	ผู้ศรัทธา	phôo sàt-thaa
ateismo (m)	อเทวนิยม	a-thay-wá ní-yom
ateo (m)	ผู้เชื่อว่า ไม่มีพระเจ้า	phôo chêua wâa mâi mee phrá jâo
cristianesimo (m)	ศาสนาคริสต์	sàat-sà-nǎa khrít
cristiano (m)	ผู้นับถือ ศาสนาคริสต์	phôo náp thěu sàat-sà-nǎa khrít
cristiano (agg)	ศาสนาคริสต์	sàat-sà-nǎa khrít
cattolicesimo (m)	ศาสนาคาธอลิก	sàat-sà-nǎa khaa-thor-lík
cattolico (m)	ผู้นับถือ ศาสนาคาธอลิก	phôo náp thěu sàat-sà-nǎa khaa-thor-lík
cattolico (agg)	คาธอลิก	khaa-thor-lík
Protestantesimo (m)	ศาสนา โปรแตสแตนท์	sàat-sà-nǎa bproh-dtàet-dtaen
Chiesa (f) protestante	โบสถ์นิกาย โปรแตสแตนท์	bòht ní-gaai bproh-dtàet-dtaen
protestante (m)	ผู้นับถือศาสนา โปรแตสแตนท์	phôo náp thěu sàat-sà-nǎa bproh-dtàet-dtaen
Ortodossia (f)	ศาสนาออร์ทอดอกซ์	sàat-sà-nǎa or-thor-dòrk
Chiesa (f) ortodossa	โบสถ์ศาสนาออร์ทอดอกซ์	bòht sàat-sà-nǎa or-thor-dòrk
ortodosso (m)	ผู้นับถือ ศาสนาออร์ทอดอกซ์	phôo náp thěu sàat-sà-nǎa or-thor-dòrk
Presbiterianesimo (m)	นิกายเพรสไบทีเรียน	ní-gaai phrayt-bai-thee-rian
Chiesa (f) presbiteriana	โบสถ์นิกาย เพรสไบทีเรียน	bòht ní-gaai phrayt-bai-thee-rian
presbiteriano (m)	ผู้นับถือนิกาย เพรสไบทีเรียน	phôo náp thěu ní-gaai phrayt bai thee rian

Luteranesimo (m)	นิกายลูเทอแรน	ní-gaai loo-thay-a-răen
luterano (m)	ผู้นับถือนิกาย	phôo náp thĕu ní-gaai
	ลูเทอแรน	loo-thay-a-răen

confessione (f) battista	นิกายแบ๊บติสท์	ní-gaai báep-dtìt
battista (m)	ผู้นับถือนิกาย	phôo náp thĕu ní-gaai
	แบบติสท	báep-dtìt

Chiesa (f) anglicana	โบสถ์นิกายแองกลิกัน	bòht ní-gaai ae-ngók-lí-gan
anglicano (m)	ผู้นับถือนิกาย	phôo náp thĕu ní-gaai
	แองกลิกัน	ae ngók lí gan

mormonismo (m)	นิกายมอร์มอน	ní-gaai mor-mon
mormone (m)	ผู้นับถือนิกาย	phôo náp thĕu ní-gaai
	มอรมอน	mor-mon

giudaismo (m)	ศาสนายิว	sàat-sà-năa yiw
ebreo (m)	คนยิว	khon yiw

buddismo (m)	ศาสนาพุธ	sàat-sà-năa phút
buddista (m)	ผู้นับถือ	phôo náp thĕu
	ศาสนาพุธ	sàat-sà-năa phút

Induismo (m)	ศาสนาฮินดู	sàat-sà-năa hin-doo
induista (m)	ผู้นับถือ	phôo náp thĕu
	ศาสนาฮินดู	sàat-sà-năa hin-doo

Islam (m)	ศาสนาอิสลาม	sàat-sà-năa ìt-sà-laam
musulmano (m)	ผู้นับถือ	phôo náp thĕu
	ศาสนาอิสลาม	sàat-sà-năa ìt-sà-laam
musulmano (agg)	มุสลิม	mút-sà-lim

sciismo (m)	ศาสนา	sàat-sà-năa
	อิสลามนิกายชีอะฮ์	ìt-sà-laam ní-gaai shi-à
sciita (m)	ผู้นับถือนิกายชีอะฮ์	phôo náp thĕu ní-gaai shi-à

sunnismo (m)	ศาสนา	sàat-sà-năa
	อิสลามนิกายซุนนี	ìt-sà-laam ní-gaai sun-nee
sunnita (m)	ผู้นับถือนิกาย	phôo náp thĕu ní-gaai
	ซุนนี	sun-nee

196. Religioni. Sacerdoti

prete (m)	นักบวช	nák bùat
Papa (m)	พระสันตะปาปา	phrá săn-dtà-bpaa-bpaa

monaco (m)	พระ	phrá
monaca (f)	แม่ชี	mâe chee
pastore (m)	ศาสนาจารย์	sàat-sà-năa-jaan

abate (m)	เจ้าอาวาส	jâo aa-wâat
vicario (m)	เจาอาวาส	jâo aa-wâat
vescovo (m)	มุขนายก	múk naa-yók
cardinale (m)	พระคาร์ดินัล	phrá khaa-dì-nan

predicatore (m)	นักเทศน์	nák thâyt
predica (f)	การเทศนา	gaan thâyt-sà-nǎa
parrocchiani (m)	ลูกวัด	lôok wát

credente (m)	ผู้ศรัทธา	phôo sàt-thaa
ateo (m)	ผู้เชื่อว่า	phôo chêua wâa
	ไม่มีพระเจ้า	mâi mee phrá jâo

197. Fede. Cristianesimo. Islam

| Adamo | อาดัม | aa-dam |
| Eva | เอวา | ay-waa |

Dio (m)	พระเจ้า	phrá jâo
Signore (m)	พระเจ้า	phrá jâo
Onnipotente (m)	พระผู้เป็นเจ้า	phrá phôo bpen jâo

peccato (m)	บาป	bàap
peccare (vi)	ทำบาป	tham bàap
peccatore (m)	คนบาป	khon bàap
peccatrice (f)	คนบาป	khon bàap

| inferno (m) | นรก | ná-rók |
| paradiso (m) | สวรรค์ | sà-wǎn |

| Gesù | พระเยซู | phrá yay-soo |
| Gesù Cristo | พระเยซูคริสต์ | phrá yay-soo khrít |

Spirito (m) Santo	พระจิต	phrá jìt
Salvatore (m)	พระผู้ไถ่	phrá phôo thài
Madonna	พระนางมารีย์	phrá naang maa ree
	พรหมจารี	phrom-má-jaa-ree

Diavolo (m)	มาร	maan
del diavolo	ของมาร	khǒrng maan
Satana (m)	ซาตาน	saa-dtaan
satanico (agg)	ซาตาน	saa-dtaan

angelo (m)	เทวทูต	thay-wá-thôot
angelo (m) custode	เทวดาผู้	thay-wá-daa phôo
	คุมครอง	khúm khrorng

| angelico (agg) | ของเทวดา | khǒrng thay-wá-daa |

apostolo (m)	สาวก	sǎa-wók
arcangelo (m)	หัวหน้าทูตสวรรค์	hǔa nâa thôot sà-wǎn
Anticristo (m)	ศัตรูของพระคริสต์	sàt-dtroo khǒrng phrá khrít

Chiesa (f)	โบสถ์	bòht
Bibbia (f)	คัมภีร์ไบเบิ้ล	kham-phee bai-bêrn
biblico (agg)	ไบเบิ้ล	bai-bêrn

Vecchio Testamento (m)	พันธสัญญาเดิม	phan-thá-sǎn-yaa derm
Nuovo Testamento (m)	พันธสัญญาใหม่	phan-thá-sǎn-yaa mài
Vangelo (m)	พระวรสาร	phrá won sǎan

Sacra Scrittura (f)	พระคัมภีร์ไบเบิล	phrá kham-phee bai-bern
Il Regno dei Cieli	สวรรค์	sà-wǎn
comandamento (m)	บัญญัติ	ban-yàt
profeta (m)	ผู้เผยพระวจนะ	phôo phǒie phrá wá-jà-ná
profezia (f)	คำพยากรณ์	kham phá-yaa-gon
Allah	อัลลอฮ์	an-lor
Maometto	พระมูฮัมหมัด	phrá moo ham màt
Corano (m)	อัลกุรอาน	an gù-rá-aan
moschea (f)	สุเหร่า	sù-rào
mullah (m)	มุลละ	mun lá
preghiera (f)	บทสวดมนต์	bòt sùat mon
pregare (vi, vt)	สวด	sùat
pellegrinaggio (m)	การจาริกแสวงบุญ	gaan jaa-rík sà-wǎeng bun
pellegrino (m)	ผู้แสวงบุญ	phôo sà-wǎeng bun
La Mecca (f)	มักกะฮ	mák-gà
chiesa (f)	โบสถ์	bòht
tempio (m)	วิหาร	wí-hǎan
cattedrale (f)	มหาวิหาร	má-hǎa wí-hǎan
gotico (agg)	แบบโกธิก	bàep goh-thík
sinagoga (f)	โบสถ์ของศาสนายิว	bòht khǒrng sàat-sà-nǎa yiw
moschea (f)	สุเหรา	sù-rào
cappella (f)	ห้องสวดมนต์	hôrng sùat mon
abbazia (f)	วัด	wát
convento (m) di suore	สำนักแม่ชี	sǎm-nák mâe chee
monastero (m)	อาราม	aa raam
campana (f)	ระฆัง	rá-khang
campanile (m)	หอระฆัง	hǒr rá-khang
suonare (campane)	ตีระฆัง	dtee rá-khang
croce (f)	ไม้กางเขน	mái gaang khǎyn
cupola (f)	หลังคาทรงโดม	lǎng kaa song dohm
icona (f)	รูปเคารพ	rôop kpao-róp
anima (f)	วิญญาณ	win-yaan
destino (m), sorte (f)	ชะตากรรม	chá-dtaa gam
male (m)	ความชั่วร้าย	khwaam chûa ráai
bene (m)	ความดี	khwaam dee
vampiro (m)	ผีดูดเลือด	phěe dòot lêuat
strega (f)	แมมด	mâe mót
demone (m)	ปีศาจ	bpee-sàat
spirito (m)	ผี	phěe
redenzione (f)	การไถ่ถอน	gaan thài thǒrn
redimere (vt)	ไถ่ถอน	thài thǒrn
messa (f)	พิธีมิสซา	phí-tee mít-saa
dire la messa	ประกอบพิธี	bprà-gòp phí-thee
	ศีลมหาสนิท	sěen má-hǎa sà-nìt

| confessione (f) | การสารภาพ | gaan sǎa-rá-phâap |
| confessarsi (vr) | สารภาพ | sǎa-rá-phâap |

santo (m)	นักบุญ	nák bun
sacro (agg)	ศักดิ์สิทธิ์	sàk-gà-dì sìt
acqua (f) santa	น้ำมนต์	nám mon

rito (m)	พิธีกรรม	phí-thee gam
rituale (agg)	แบบพิธีกรรม	bpaep phí-thee gam
sacrificio (m) (offerta)	การบูชายัญ	gaan boo-chaa yan

superstizione (f)	ความเชื่องมงาย	khwaam chêua ngom-ngaai
superstizioso (agg)	เชื่องมงาย	chêua ngom-ngaai
vita (f) dell'oltretomba	ชีวิตหลังความตาย	chee-wít lǎng khwaam dtaai
vita (f) eterna	ชีวิตอันเป็นนิรันดร์	chee-wít an bpen ní-ran

VARIE

198. Varie parole utili

aiuto (m)	ความช่วยเหลือ	khwaam chûay lĕua
barriera (f) (ostacolo)	สิ่งกีดขวาง	sìng gèet-khwǎang
base (f)	ฐาน	thǎan
bilancio (m) (equilibrio)	สมดุล	sà-má-dun
categoria (f)	หมวดหมู่	mùat mòo
causa (f) (ragione)	สาเหตุ	sǎa-hàyt
coincidenza (f)	ความบังเอิญ	khwaam bang-ern
comodo (agg)	สะดวกสบาย	sà-dùak sà-baai
compenso (m)	การชดเชย	gaan chót-choie
confronto (m)	การเปรียบเทียบ	gaan bpriap thîap
cosa (f) (oggetto, articolo)	สิ่ง	sìng
crescita (f)	การเติบโต	gaan dtèrp dtoh
differenza (f)	ความแตกต่าง	khwaam dtàek dtàang
effetto (m)	ผลกระทบ	phǒn grà-thóp
elemento (m)	องค์ประกอบ	ong bprà-gòrp
errore (m)	ข้อผิดพลาด	khôr phìt phlâat
esempio (m)	ตัวอย่าง	dtua yàang
fatto (m)	ข้อเท็จจริง	khôr thét jing
forma (f) (aspetto)	รูปร่าง	rôop râang
frequente (agg)	ถี่	thèe
genere (m) (tipo, sorta)	ประเภท	bprà-phâyt
grado (m) (livello)	ระดับ	rá-dàp
ideale (m)	อุดมคติ	u-dom khá-dtì
inizio (m)	จุดเริ่มต้น	jùt rêrm-dtôn
labirinto (m)	เขาวงกต	khǎo-wong-gòt
modo (m) (maniera)	วิธีทาง	wí-thěe thaang
momento (m)	ช่วงเวลา	chûang way-laa
oggetto (m) (cosa)	สิ่งของ	sìng khǒrng
originale (m) (non è una copia)	ตนฉบับ	dtôn chà-bàp
ostacolo (m)	อุปสรรค	u-bpà-sàk
parte (f) (~ di qc)	ส่วน	sùan
particella (f)	อนุภาค	a-nú phâak
pausa (f)	การหยุด	gaan yùt
pausa (f) (sosta)	การหยุดพัก	gaan yùt phák
posizione (f)	ตำแหน่ง	dtam-nàeng
principio (m)	หลักการ	làk gaan
problema (m)	ปัญหา	bpan-hǎa
processo (m)	กระบวนการ	grà-buan gaan
progresso (m)	ความก้าวหน้า	khwaam gâao nâa

| proprietà (f) (qualità) | คุณสมบัติ | khun-ná-sŏm-bàt |
| reazione (f) | ปฏิกิริยา | bpà-dtì gì-rí-yaa |

rischio (m)	ความเสี่ยง	khwaam sìang
ritmo (m)	จังหวะ	jang wà
scelta (f)	ตัวเลือก	dtua lêuak
segreto (m)	ความลับ	khwaam láp
serie (f)	ลำดับ	lam-dàp

sfondo (m)	ฉากหลัง	chàak lăng
sforzo (m) (fatica)	ความพยายาม	khwaam phá-yaa-yaam
sistema (m)	ระบบ	rá-bòp
situazione (f)	สถานการณ์	sà-thăan gaan
soluzione (f)	ทางแก	thaang gâe

standard (agg)	เป็นมาตรฐาน	bpen mâat-dtrà-thăan
standard (m)	มาตรฐาน	mâat-dtrà-thăan
stile (m)	สไตล	sà-dtai
sviluppo (m)	การพัฒนา	gaan phát-thá-naa
tabella (f) (delle calorie, ecc.)	ตาราง	dtaa-raang

termine (m)	จบ	jòp
termine (m) (parola)	คำ	kham
tipo (m)	ประเภท	bprà-phâyt
turno (m) (aspettare il proprio ~)	ตา	dtaa
urgente (agg)	เร่งด่วน	râyng dùan

urgentemente	อย่างเร่งด่วน	yàang râyng dùan
utilità (f)	ความมีประโยชน์	khwaam mee bprà-yòht
variante (f)	ขอ	khôr
verità (f)	ความจริง	khwaam jing
zona (f)	โซน	sohn